SNS時代の論理と感性による企業変革

イノベーションの創発と組織能力の強化・拡大

湯浅 忠

SNS時代の論理と感性による企業変革

イノベーションの創発と組織能力の強化・拡大

は　し　が　き

　情報革命は経済社会や産業界を変えている。その変化は、膨大な情報が国境、企業の壁、個人を超えたコミュニケーション革命であり、産業界だけでなく、社会、文化、そして市民の生活様式をも変えようとしている。産業界の変化は、インターネットによる情報取引コストの激減と伝達スピードが、飛躍的に向上して従来のビジネス秩序を壊している。また企業と市場の距離や区分がなくなり、新しい業務プロセスやビジネスモデルが台頭している。SNS（ソーシャルネットワーキング・サービス）時代の企業経営は、新しい経済性原理によるパラダイムチェンジを引き起こしており、それは、あらゆる経済組織、企業間や内部の部門間、個人間レベルの情報拡散と情報ネットワーク経営から情報と知識による知識経営への転換をしようとしている。ソーシャルネットワーキングサービスとは、人と人のつながりを色々なソーシャルメディアを通してコミュニケーションをサポートするインフラであり、企業は広く市場・消費者、利害関係者、コミュニティ・友人と繋がる社会的な変化に従って企業変革を行っていかないと取り残されていくのである。

　今回の執筆は、次のような動機からである。企業変革は、企業の持続的成長と競争優位にとって根幹的な経営課題であり、先行研究では戦略論や組織論をはじめ、オペレーション領域の多くの論点から業務改革や新しい事業モデルの研究がなされているものの、成功事例は極めて少ない。その背景は、上位の戦略レベルから論理的な分析や策定に関する方法論が多く、人と組織が主体となって実践するオペレーションやマネジメントに関する経験、知識、情報による実践論が数少ないからである。特に、企業の人や組織には、顕在的、潜在的を問わない多くの守旧的な要因が粘着しており、それは変革の実践にとって緊密に絡み合い、影響を及ぼし合っているからである。また企業変革が進まない理由は第一に、優秀なスタッフが、部屋に閉じこもり業績分析や戦略策定の作業から分厚い企画書を作成する。経営者は、その企画書に従って指示をするものの、相変わらず短期的な業績目標に強い関心を持ち、現場層の課題を一緒に考え、支援するなどの行動をしない。そのスタッ

フは、企画書の提出をもって仕事が終了したものと思い、計画の進捗や結果を見届けようとしない。第二に、企業環境は、グローバル化や情報化によって、パラダイムチェンジが進んでいるにも関わらず、多くの経営者は、市場動向や企業内の経営資源の多様化など、変化やスピードに追いついていけない状況にある。経営課題は、多様化と分散化が進んでおり、人や組織を動かすには、そのソリューションに論理的な戦略性や説明性と、実践の「場」に状況対応力と感情的な配慮を必要とするからである。

　企業経営は、ビジネスシステムのプロセスが、多くの利害関係者と関係性の維持の下で業務処理と情報処理として行われ、そこからデータ・情報や暗黙的で感覚的な情報を生成し、拡散させている。本書で論ずる企業変革とは、経営課題の多様化と分散化の要件に対して情報技術の活用とリーダーシップを基本的な牽引力としている。またその実践は二つの対局的な視点、一つは論理的な現状認識と分析を行い、精度の高い戦略を立て、連鎖する要因をマッピングして戦略的に実行することである。もう一つは、人間特有の深層的で心理的要因や感覚的な視点から、「場」の状況と影響を十分配慮して行動を取ることである。つまり、SNS時代の企業変革の実践は、牽引機能としてリーダーシップと情報技術の活用が必要であり、そのリーダーシップとはコミュニケーションを肝的機能として戦略的意図のもとで、規範的な活動指針に基づく業務活動を行うことである。もう一つの情報技術の活用とは、競争優位性や業務プロセスの合理性と効率性の追求のために利害関係者を繋ぎ、さらに適格な業務判断や意思決定をするために情報の支援を得ることである。またその実践過程では、利害関係者間で利害衝突が発生し、その調整と譲歩のために合意形成の協議として効果的なコミュニケーションと情報活用（本書ではコミュニケーション（情報活用）表示）を必要とするからである。

　本書の企業変革のコンテクストは、企業側の企業調査資料や関連の先行研究と企業環境の現状から、企業変革の方向性とその実践の取り組みについて牽引機能と推進機能の初期設定を定義した。方向性は三つあり、第一に変革を進める素地づくりの醸成によってビジネスシステムを継続的に進化させることである。第2番目は、「イノベーションの創発」であり、市場の動向に内

部の経営資源を適合させて商品・サービスの創出だけでなく、市場開発やビジネスプロセスの創発、さらに人間系の生活スタイルや感性の世界に入り込んでいくイノベーションの創発である。第3番目は、「組織能力の強化・拡大」であり、変化やスピードに対処していくために現在と不確実な将来に対して経営資源の創造・変更・修正を行い、さらに準備に備える戦略策定の能力と実行力を強化・拡大させることである。企業変革を実践する枠組みは、三つの方向性を進める牽引機能と推進機能であり、その牽引機能に応えて実践していく推進機能が重要である。その推進機能は、四つの推進要因と推進基盤として企業変革の要件に即応性をもつ戦略的企業情報システムである。

本書は、6章から構成されており、各章は、企業変革を実践する経営層、現場層の対象者に対し、方向性別に論点を絞り、新規性と有意性について探索をしている。企業変革の実践は、三つの方向性に対して、牽引機能、推進要因や推進基盤を従属変数とする実践過程を明らかにし、検証には成功企業の事例や新聞雑誌によって行っている。また新規性と有意性の特徴は、各章別の探索議論と最後の結章でまとめているが、コンテキストは、人と組織が主役となって、リーダーシップと情報技術の活用による論理性と感覚性の両輪に基づく業務活動を行うことである。三つの方向性は、コミュニケーション（情報活用）を肝的機能として論理性と感覚性の実践を継続する組織体質を作ることである。また企業経営の大きな潮流は、今転換期にあり、合理性と効率性本位の情報ネットワーク経営から情報共有やナレッジを活用した価値創造のための知識経営に移りつつあることを示唆するものである。

筆者は1970年過ぎから約四半世紀の間、米国の外資系企業で勤務した経験を持ち、ちょうど工業化社会の成熟期にあたり、著名な経営学者の戦略論が、社内の経営方針に取り込まれて実際に展開されるような企業環境の中でビジネス活動に励んだ。米国の仲間たちは、業務活動に論理を優先させて自己主張を行い、自説を容易に妥協しないところがある一方、仕事を離れた場では、素直な価値観や人間的な素顔を見せる場面に触れることが多かった。まさにビジネスは、合理性と効率性を追求するプロフェッショナルの論理性がぶつかり合う「場」であり、反面、人間固有の感覚的・感情的な要素が、根底に潜んでいる体験をした。

実務界の体験と学習した学術理論からいえることとして、企業経営による業績は、理論や論理的な手法が基本であり重要であるが、現実的な成果はそれだけで成功するのではなく、人を得て組織が動き、時代の背景や幾多の偶然が重なりあい、時の勢いが勝手に後押をしてくれて業績に結びつく事例を多く学んだ。企業変革の実践も、まったく同義であり、論理的な理論や手法だけでなく、人や組織を動かすためには、人間特有の感覚的・感情的な視点を重視して、人と組織に戦略的意図を浸透させ、活動の「場」では気遣いや配慮などの感情的な作法を取り入れることが大切といえる。その実践は、論理性と感覚性が両輪となって、方向性に向けて多様な局面に対する状況対応力を強化することであり、経営者と現場層が、一体となって信頼関係を築き、大きな耳、光り輝く瞳とスマートな頭脳によって前向きに行動することといえる。

　本書の出版にあたって多くの方に感謝を申し上げなければならない。実務界にいたときは、国際化、情報化、自由化の環境下で、顧客の皆様をはじめ、ご一緒させていただいた上司や同僚の方々から、多くの経営課題とそのソリューションについて学習する機会を与えられ、ご指導やご支援をいただいた。最後のステージは、大阪市立大学大学院創造都市研究科でお世話になり、都市ビジネス専攻・システムソリューション分野で企業変革と情報技術の活用のテーマで教壇に立つ機会をいただいた。また本書を著すにあたって当研究科の明石先生はじめ、同僚の先生方からお力添えや貴重なご助言を頂くとともに、社会人大学院生のみなさんには、色々な現場の経営課題と情報技術の活用のあり方に、熱い議論や考える「場」をいただいた。そして当出版を快く引き受けていただいた関西学院大学出版会の方々にも深く謝意を表したい。さらに地域の老人ホームなどのガーデニングを通してボランティア活動に励む妻典子にも感謝したい。本当に多くの皆様に心から感謝を申し上げる次第である。

　　　2012 年 11 月

　　　　　　　　　　　　　　　　　　　　　　　　　　　湯浅　　忠

目　次

はしがき　3

序　章　企業変革の方向性とその枠組み　13

　　　企業変革と研究目的　13
　　　企業変革の枠組み　14
　　　本書の構成　16
　　　本書の対象読者層と出所資料について　18

第 *1* 章　企業変革の背景と枠組み　21

1　企業変革の背景と先行研究　21
　　　1.1　企業変革の背景　21
　　　1.2　企業変革の先行研究　26
　　　1.3　先行研究の補完すべき視点　32

2　企業変革の初期設定と枠組み　37
　　　2.1　企業変革が進まない現状と課題　37
　　　2.2　企業変革の方向性　39
　　　2.3　方向性と推進機能の推進要因　43
　　　2.4　企業変革の枠組み　50

3　企業変革の方向性とその実践　53
　　　3.1　戦略的企業情報システムの構築　53
　　　3.2　企業変革の素地づくりとビジネスシステムの進化　55
　　　3.3　企業変革と「イノベーション」の創発　57
　　　3.4　企業変革と「組織能力」の拡大・強化　59

第 *2* 章　企業変革の推進機能としての戦略的企業情報システムの構築　65

1　推進機能の戦略的企業情報システムの要件　65
1.1　戦略的企業情報システムの意義と要件　65
1.2　ビジネスシステムと情報技術の活用　69
1.3　情報システムの評価と経営者の役割　73

2　戦略的企業情報システムの構築　77
2.1　戦略的企業情報システムは経営戦略に従う　77
2.2　資源調達と資源管理の意義と規程　80

3　戦略的企業情報システムの提示、オペレーショナルとプロフェッショナルの二層型システム構造　83
3.1　オペレーショナルとプロフェッショナルのシステムの特徴と意義　83
3.2　二つのシステム構造とその分岐機能　86
3.3　戦略的企業情報処理システムの運用と保守　88

第 *3* 章　牽引機能と推進機能による企業変革の素地づくり
　　　　　　二つの機能の相互作用から変革の素地が作られる　97

1　牽引機能としての情報技術の活用　97
1.1　牽引機能と情報技術の活用の変遷　97
1.2　企業変革と情報技術の活用に関する補完的論点　102

2　企業変革の牽引機能としてのリーダーシップ　108
2.1　企業変革を拒む守旧的構造　108
2.2　「場」のコミュニケーションと段階的なステップ　111
2.3　企業変革と牽引機能としてのリーダーシップ　114

3　素地づくりの推進機能とその要因　119
3.1　推進要因としての人・組織への戦略的意図の浸透　119
3.2　推進機能の推進要因としての三つの活動指針　123
3.3　推進機能の推進要因としてのコミュニケーション（情報活用）　129
3.4　推進機能の推進要因としての「場」の論理性と感覚性の運用　132

第4章 ビジネスシステムの進化としての企業変革　137

1　ビジネスシステムの斬新的進化　137
　1.1　ビジネスシステムの進化はインターフェースの適合機能　137
　1.2　市場(消費者と競合先)と経営資源の適合機能　140
　1.3　適合機能は情報技術の活用と情報活用　143
　1.4　ビジネスシステムの「可視化」から「見える化」　147

2　企業変革の素地づくりとその類型化　150
　2.1　素地づくりの三つの類型　150
　2.2　論理的な手法によるビジネスシステムの進化型　151
　2.3　コミュニケーションと感情的な作法重視型　153
　2.4　論理的手法と感情的作法による合意形成型　155

3　事例 ── ビジネスモデルとローコストオペレーションの追求　156
　3.1　(株)スーパーホテルの顧客目線とローコストオペレーション　156
　3.2　成功要因の検証 ── ビジネスモデルと情報技術の活用　159

第5章 企業変革と「イノベーション」の創発　165

1　企業変革とイノベーションの現状　165
　1.1　イノベーションの現状　165
　1.2　経営課題とイノベーションに関する企業の認識　169
　1.3　シャープ(株)のイノベーションとそのジレンマ　175
　1.4　イノベーションは市場開拓と既存モデルの脱皮　179

2　企業変革の「イノベーション」創発と情報技術の活用に関する先行研究　183
　2.1　ビジネスプロセスのイノベーション　183
　2.2　イノベーションの創発と進化　187
　2.3　イノベーションと情報技術の活用　190
　2.4　情報技術の活用によるイノベーションの創発とジレンマの事例　194

3　イノベーションの創発と牽引機能と推進機能　199
　3.1　イノベーションの創発と牽引機能と推進要因　199

　　　　3.2　イノベーションの創発とコミュニケーション（情報活用）　203
　　　　3.3　イノベーションの創発と多様化の方向　206

　　4　事例―― 蘇ったアップル社　213
　　　　4.1　業界のサプライ・チェーン構造を変えるイノベーション　213
　　　　4.2　イノベーションの創発と牽引機能　215
　　　　4.3　アップル社の業績推移と優位性　216
　　　　4.4　成功要因の検証と日本企業への教訓　220

第6章　企業変革と「組織能力」の強化・拡大　227

　　1　企業変革と組織能力の現状　227
　　　　1.1　企業変革と人と組織の企業能力　227
　　　　1.2　経営課題の認識と組織能力の強化・拡大　233

　　2　組織能力と牽引機能のリーダーシップと
　　　　情報技術の活用に関する先行研究　237
　　　　2.1　牽引機能とリーダーシップ　237
　　　　2.2　企業業績、組織能力、情報技術の活用の関係性　240
　　　　2.3　組織能力とコミュニケーション（情報活用）、組織学習、情報文化　244
　　　　2.4　組織能力に関する先行研究の補完的論点　249

　　3　組織能力の強化・拡大と推進機能　252
　　　　3.1　組織能力と推進要因　252
　　　　3.2　組織能力と自律的な現場力と組織学習　256
　　　　3.3　組織能力とイノベーションの創発の共進性　260

　　4　事例―― 組織能力重視の三菱商事とリクルート　266
　　　　4.1　「コア・コンピタンスは総合力」で成長を続ける三菱商事　266
　　　　4.2　情報サービスの潮流に組織能力で適応したリクルート　270
　　　　4.3　三菱商事とリクルートの組織能力の強化・拡大の検証　273

結　章　本書のまとめと論じた新規性と有意性　　　279

　　本書のまとめ　279
　　本書で論じた新規性と有意性　281

序章

企業変革の方向性とその枠組み

企業変革と研究目的

　本書の研究目的は、SNS（ソーシャルネットワーキング・サービス）時代の企業成長には、企業変革が命題であり、その方向性と牽引機能や推進機能の初期設定をして実践過程を明らかにしようとするものである。初期設定は、アンケート調査による企業認識と多くの先行研究から企業変革の方向性とその牽引機能と推進機能を定義し、先行研究の理論と企業の現状から実践について補足すべき論点を明らかにした。実践過程では、初期設定した機能の多くの因子が相互に作用を及ぼしており、その過程を明らかにし、公開されている成功事例をもって検証している。企業変革の方向性は、企業変革の素地づくり、イノベーションの創発、組織能力の強化・拡大の三つを挙げている。実践課程のコンテキストは、人や組織が牽引機能と推進機能によって継続的な変革の業務活動を行うことである。

　企業経営は、多様化した市場動向や競合他社の動きに対して自社の有形・無形の経営資源を適合と制御をすることであり、企業変革は、企業経営を通じてその方向性に対して牽引機能や推進機能にもとづいて実践することである。それは、図表0-1で示す通り、三つの方向性が明示され、共通した企業変革の実践は、牽引機能、推進機能を構成する因子の相互作用によって取

図表 0-1 企業変革の方向性と実践

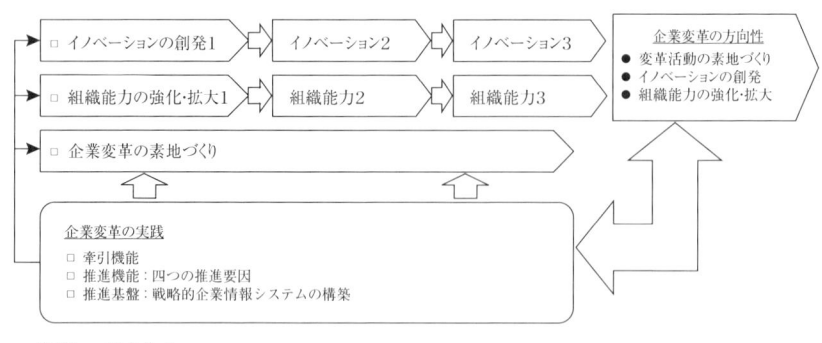

出所）筆者作成

り組みが行われる。牽引機能は、リーダーシップと情報技術の活用であり、推進機能は、四つの推進要因と推進基盤の戦略的企業情報システムである。推進機能は四つの推進要因を定義しており、経営者の戦略的意図、業務活動の規範的な活動指針、業務活動の肝的機能のコミュニケーション（情報活用）、そして論理と感性の両輪による「場」の運用としている。また推進基盤は、有意的な変革を促す情報支援の基盤であり、SNS時代の要件を満たす戦略的企業情報システムの構築と特に情報活用を強調している。図中の方向性に記されている数字の意味は、経験や学習による段階的な進化を示している。これらの推進要因の特長は、先行研究を補完する論点としてがコミュニケーション（情報活用）を重要視しており、もう一つは規範的な活動指針に基づく業務活動が、論理中心による取り組みだけでなく、論理性と感覚性の状況対応力による「場」の運用を指摘していることである。

企業変革の枠組み

企業変革の枠組みは、図表0-2で示している通り、その方向性、牽引機能、推進機能を関連づけてその実践過程を図式化している。変革の方向性は、企業変革の素地づくり、イノベーションの創発、組織能力の強化・拡大の三つがあり、その牽引機能は、リーダーシップと情報技術の活用をあげ、

序　章　企業変革の方向性とその枠組み　　15

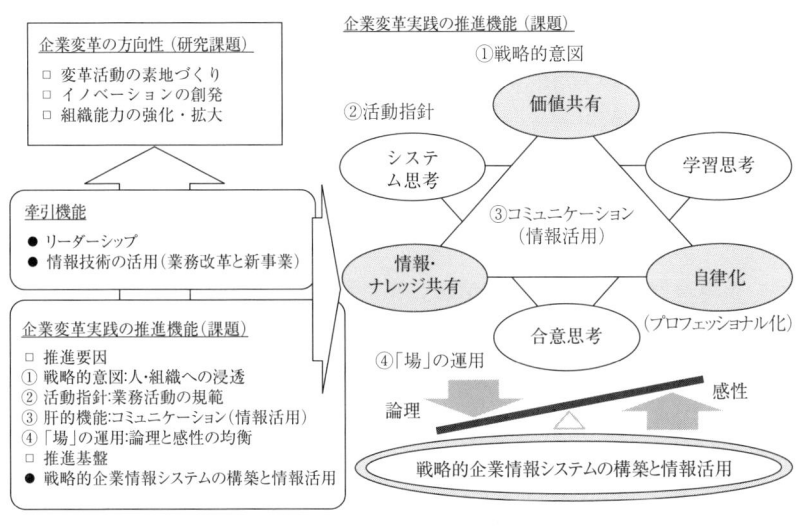

出所）　筆者作成

　また推進機能として推進要因と推進基盤を挙げている。さらに推進機能は4つの推進要因から構成されており、①経営者の戦略的意図は人や組織に浸透させる、②業務活動は、規範的な活動指針に従って行う、③組織・人と業務活動は、コミュニケーション（情報活用）を肝的機能として行う、④業務活動の「場」の運用は、論理性の視点から「論理的な手法」、感覚性の視点から「感情的な作法」をダイナミックに相補と均衡によって行う、過程をあげている。これらの4つの推進要因は、人間の深層的な感性や心理面に与える特徴を持っており、段階的かつ継続的に次のように進めていく。

(1) 推進要因の図中①「戦略的意図」は、「価値共有」「情報・ナレッジ共有」「自律化・プロフェッショナル化」の因子から構成され、人や組織に浸透させて整列化させる。
(2) 推進要因の図中②「活動指針」は、業務活動を「システム思考」「学習思考」「合意思考」に基づいて行う、規範的な指針である。
(3) 推進要因の図中③「コミュニケーション（情報活用）」は、人や組織

と業務活動を結び付け、論理的手法による事象の確認から事前・事後の対策・評価を共有し、感情的な作法による動機づけやモチベーションによって人や組織を動かす肝的機能を担う。
(4) 推進要因の図中④「場」の運用は、業務活動のデータ・情報の活用による論理的手法と人や組織を動かす感情的な作法の動機づけを織り交ぜて「場」を活性化させることである。

　また推進基盤は、人や組織が業務処理を合理的・効率的に進める情報処理システムであり、計画や実行の準備と支援のための情報活用のサービスである。企業環境に即した戦略的企業情報システムが必要であり、企業変革の要件に従ってシステム化をすることである。

　企業変革の実践は、企業環境に即応して経営資源の適合と制御のために、マネジメントやオペレーションのスキル、技能・技術能力について現在だけでなく、将来の不確実な変化に備えることである。また経営者層と現場層が一体化した実践の取り組みが大切であるが、一般的に三つの問題が見られる。第一に経営者は、短期的な業績目標に追われ、企業変革の課題共有や負荷や時間を割いていない。第二に策定や実行は、将来の組織・人事上の不安によって守旧的となり、活動が形骸化しがちになることである。第三に経営者やスタッフ部門は、データをもとに分析から計画策定を行うが、現場部門に出掛けて対面的なコミュニケーションによる確認や進捗・評価をし、次の計画に反映するなど見届けの機会が極めて少ないことである。本書の強調する実践は、コミュニケーション（情報活用）を肝的機能として部門間や階層間で整合性のある実践をすすめ、人や組織を動かす「場」では、論理性の「論理的な手法」と感覚性の「感情的な作法」の相補的な運用を指摘している。

本書の構成

　本書は第1章から6章で構成されており、SNS時代の企業変革は、方向性として変革の素地づくり、イノベーションの創発、組織能力の強化・拡大を設定しており、実践には、牽引機能としてリーダーシップと情報技術の活

用、また推進機能として推進要因と推進基盤を位置づけている。研究目的はこの三つの方向性について牽引機能と推進機能による実践過程を明らかにすることである。その探索は方向性に関する背景や現状認識と先行研究から補完すべき論点と有効的な実践方法を明らかにし、検証は、一般的に評価の高い企業の成功事例や新聞雑誌に基づいて証左している。

第1章では、企業変革の背景には、企業環境の現状認識と多くの先行研究があり、初期設定の導出と有効的な実践を進める機能の枠組みを設定している。その機能の関連は、業務活動に携わる人・組織がすすめる企業変革の方向性の明示化と現状認識や先行研究から牽引機能や推進機能を設定している。実践過程は、組織に定着化するために、俯瞰的で有効な情報支援基盤と段階的な実践ステップの枠組みを提示している。

第2章では、SNS時代の企業変革を進める推進基盤として戦略的企業情報システムを提示している。戦略的企業情報システムは、基本的な要件として二つ、定型的な業務処理を合理的・効率的に行うことと、変化とスピードの多様化に迅速に対応することである。その情報処理システムは、前者は基幹業務を中心とするオペレーショナルシステム、後者はプロフェッショナルシステムとして非定型と迅速対応型の二層型システム構造を提示している。

第3章では、方向性の第1番目として企業変革の素地づくりについて、牽引機能のリーダーシップや情報技術の活用と推進機能の推進要因の相互作用を探索している。企業変革を機能化させる推進要因は、戦略的意図、業務活動の活動指針、コミュニケーション（情報活用）及び業務活動の「場」の活性化であり、特に運用の「場」における論理性と感覚性の相補的な「論理的な手法」と「感情的な作法」の運用を強調している。

第4章では、企業変革の基本型は、素地づくりの過程からビジネスシステムの進化がなされることを論じている。ビジネスシステムの進化は、変化する外部市場と内部の経営資源の戦略的な適合のためにインターフェース機能の摺合せがあり、さらに利害が対立する課題は論理性と人間固有の感覚性から譲歩しあう合意形成によるソリューションが重要である。その実践の過程は、牽引機能と推進機能の推進要因による組み合わせや相互作用によるものであり、その特性から類型化を明らかにしている。

第5章では、企業変革の方向性として、「イノベーション」の創発の視点から、その実践過程を論じている。イノベーションは、変化する市場と内部の経営資源を適合させる意図と方法であり、複数の要素技術を組み合わせた商品開発やそのオペレーションのプロセス改革など、論理的な手法とリーダーシップ、執着心、アイディアから創発的に生まれる産物といえる。特にマーケティングやサプライ・チェーンの領域では、消費者行動の多様化対応やビジネスプロセスのイノベーションがあり、業務プロセスを繋ぐ機能やコミュニケーションの対応に関するイノベーションを必要としている。今後のイノベーションの目的・対象・形態は、人間の生活様式や社会的要請に対して多様化・オープン化・協働化の要件を指摘している。

　第6章では、企業変革の方向性と同じく、「組織能力」の強化・拡大の視点からその実践を論じている。組織能力は、戦略策定、マネジメント手法、技術・技能のコア・コンピタンス、やる気などの企業能力であり、その形成過程を明らかにしている。それは、経営資源の効率的な調達と運用をするために、その計画と実行に関する創造・変更・修正を行う能力である。「場」の活動には、論理的な手法による分析や計画策定と感情的な作法による実行時のコミュニケーション、動機づけ、配慮・気配りなどが大切である。さらに人と組織が中心となって有形・無形の経営資源のPDCAを回していく自主的な組織学習による現場力強化の重要性を指摘している。

本書の対象読者層と出所資料について

　本書の読者層は、企業変革の有効的な実践に関して情報・知識と経験の融合から進めようとする企業の経営者やリーダー、IT部門のCIOあるいはその候補者、さらに理論と実践について総合性・論理性・感覚性の視点を重視する研究者を対象としている。さらに企業変革の段階では、これから戦略的な意図をもって始めようとする方、あるいはすでに始めたものの形骸化や挫折を経験済みの方に、もう一度その現場を思い描きながら、是非読んでいただきたい。企業変革は人、組織、戦略、オペレーション領域にまたがる複合的なマネジメントであり、経営層と現場層が一体となってリーダーシップ

と情報技術の活用による業務活動を共有することである。その有効的な実践は、論理本位だけでは、組織や人に染み着いている企業体質や人的属性の抵抗にあう。有効的な取り組みは時間をかけて意識改革や企業独自の論理と人間固有の感性の二面性から粘り強く進め、進捗と評価をオープンにして見届けることである。

　本書は、筆者の社会人大学院講義資料をもとに、統計データや調査資料は各省庁やその他関係機関の白書や報告書から引用した。経営に関する用語は、神戸大学大学院経営学研究室『経営学大辞典』[2002]（株）中央経済社と野村総研の「経営用語」集から引用し、IT関連の用語は、＠IT情報マネジメントを参照した。また企業事例等の企業のIR情報は、各企業のホームページと新聞や雑誌の記事から引用している。

　主な出所のURL：

http://www.nri.co.jp/opinion/r_report/m_word/index.html

http://www.atmarkit.co.jp/im/terminology/

第1章

企業変革の背景と枠組み

1　企業変革の背景と先行研究

1.1　企業変革の背景

(1) 企業変革と経営課題に関する企業アンケートの報告

　企業変革は企業経営の根幹的な課題であり、その背景にはいくつかの理由がある。産業界や企業の構造変化は、業種・業界を問わずグローバル化と情報化・スピード化によって、一つは事業と競争の構造が大きく変化しており、もう一つは市場の飽和化に伴ってヒット商品のライフサイクルの短命化と低価格化が起きている。

　産業界や企業では、第一に主力事業の構造変化が起きていることである。中小企業金融公庫「経営環境実態調査」では、企業規模別に10年前から主力事業の内容変化の状況について調査を行った。主力事業とは、売上高に占める割合が最も高いサービス・商品を提供する事業のことを指しており、三つの質問の内容は、①10年前と比較して業種・業態が異なっている、②業種・業態は変わらないが提供する商品・サービスが変わっている、③10年前と変わっていない、である。図表1-1は、2005年版中小企業白書の報告書か

図表1-1　10年間の主力事業の内容変化

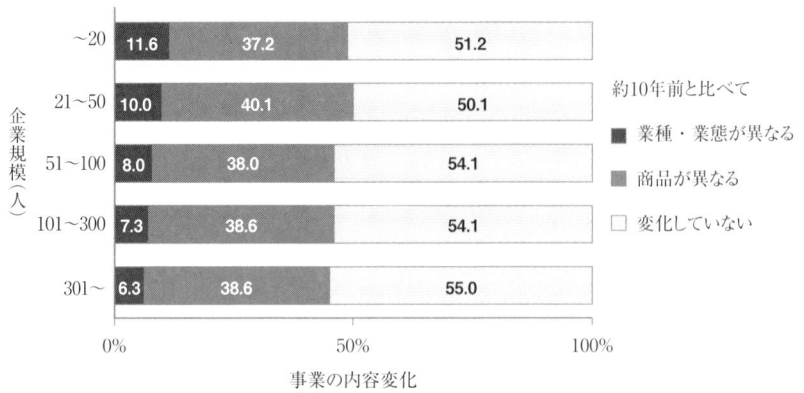

出所）　中小企業庁［2005］中小企業白書［資料：中小企業金融公庫「経営環境実態調査」（2004年11月）］

ら10年間の内容変化を示しており、業種・業態の転換を含めた主力商品の変更や事業の内容変化が企業規模を問わず約5割に上っている。企業規模は従業員数で表わしているが企業規模が小さくなるに従って、事業内容の変化の割合が増加傾向にある。企業環境の潮流や経営者の戦略的な意思が反映されている結果と見られ、変化に適応する企業変革を行われなければ取り残されてしまう危機感による取り組みがこのような内容変化を表わしている。

　第二に、市場の飽和化に伴ってヒット商品のライフサイクルが短命化にある。(社)中小企業研究所は、2004年11月に「製造業販売活動実態調査」を実施し、ライフサイクルの単位を1年未満から5年超まで1年ごとの期間で5分類した比率と年代別に1970年代以前と以降10年単位の4段階での分析結果が、図表1-2に示しているヒット商品のライフサイクルの変化である。主な傾向は、5年超は、1970年代以前ではおよそ60％であったが2000年代にその割合は一桁台になり急激に短命化している。3年超のライフサイクルは、およそ85％を占めていたが、2000年代に入り20数％に落ち込み、逆に2年未満のヒット商品がおよそ10％から50％を超えるまでになり、著しい短命化を示している。その背景にある理由は、第一に同種の商品の価格競争が激化して商品の短命化を加速させ、第二に市場のニーズが変わり、ライフ

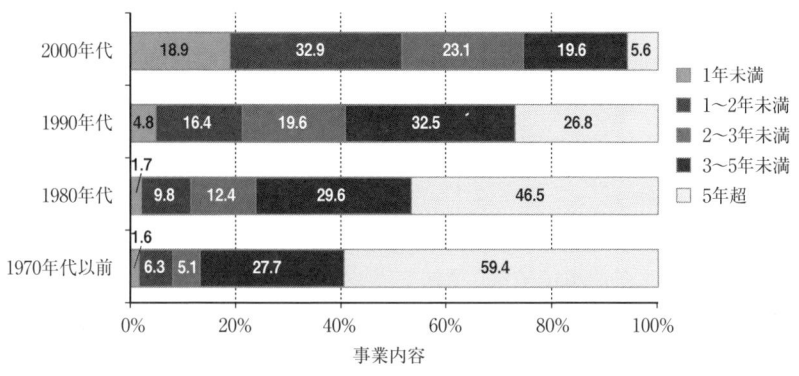

図表1-2 ヒット商品のライフサイクルの変化

出所) （社)中小企業研究所「製造業販売活動実態調査」（2004年11月）

スタイルの変化に合わせた商品が多様化してサイクルを短期化している、第三に代替製品が市場に脅威として出現していると考えられる。

企業外部の市場の変化や飽和化に伴って、内部の経営資源は、多様化と低価格化に対応せざるを得ず、共通して言えることは、多くの製造業がグローバル化によって海外製品との競合に直面し、特に中小製造業では売上比率の約5割に達し、そのうちの7割は中国製品との価格面の競合である。

また従来の大企業の下請け構造の形態は、大企業と中小企業の新たな協業関係を作り、高度な機能や性能の約束を交わし、特に、技術力をもつ中小企業では、相手先企業の商品開発の企画や開発段階から参加するなど、機能発注や性能発注方式による受注形態へと変化している。また企業変革は個々の中小企業の強みを持ち寄る補完的な企業間連携、大学や研究機関との産学共同、さらに消費者との共同開発など新しい業務連携を始めている。こうした背景から企業は、存続や持続的な成長のために危機感に対する意識改革を行い、差別的で独自のイノベーションによる技能・技術の開発と人材の組織能力の強化・拡大を必要としている。

(2) 関係機関の報告

総務省や経済同友会は、企業変革の必要性とその取り組みに情報技術の活

用を示唆している。総務省は今後の企業成長の創造的企業変革をすすめる要件として情報技術の活用を指摘し、また経済同友会は、一企業や特定業種の利害を超えた幅広い専権的な視野から、変転極まりない国内外の経済の潮流に対する企業のアンケート調査結果から、21世紀の日本企業のあるべき姿を実現するために必要な要件とその方向性を示唆している。

　第一に、総務省は、これからの企業の成長と情報技術の利活用について『平成21年版情報通信白書』で次のような指針を発信している。企業変革にとって情報技術の活用は必須であり、その関連性は、図表1-3に示している通り、処理機能とデータ・情報の共有や伝達は、一次的な効果を発現し、さらに人や組織において情報と知識を融合して経済性、合理性、知力性・組織能力、社会性などの二次的な効果を生むことになるとしている。

　情報技術の一次的な効果は、業務プロセス上のムリ・ムダの削減による経営資源の直接的な効率性と多くの業務処理の経験によって習熟度や課題解決につながるとしている。また二次的な効果は、企業変革に対する意識や関心の程度に相関しており、経営者や上位層は、情報技術の活用に関してその企

図表 1-3　企業変革と情報技術の活用

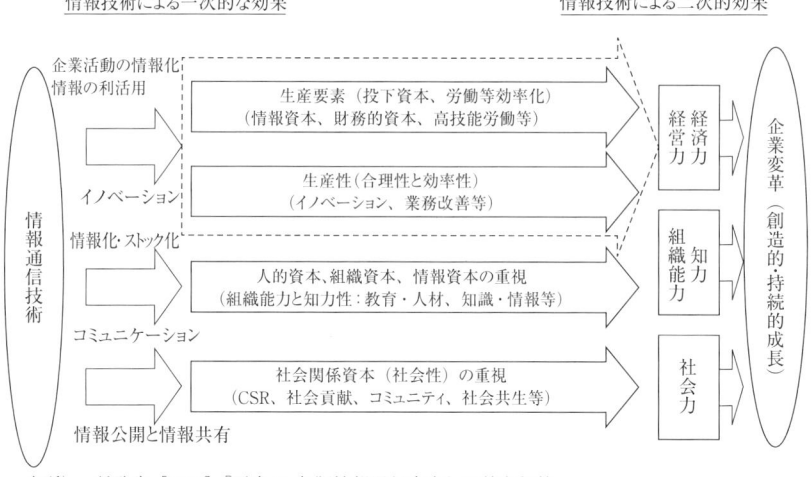

出所）　総務省［2009］『平成21年版情報通信白書』に筆者加筆

業情報システムに蓄えられたデータ・情報の積極的活用と状況確認や共通理解を深めるために現場側とコミュニケーションをすすめることとしている。すなわち情報技術の活用は、その機能を活用することによって業務活動の合理性や効率性の視点から企業間や部門間のビジネスルールや業務ルールを見直す道具として活用していくことである。

　業務プロセスの見直しによる改善や改革の結果は、その再構築、あるいは新規の事業構造の情報システムを構築することである。図表の一次的な効果は、経営資源の合理性と効率性を追求する業務プロセスの改善であり、それはイノベーションを通して、コミュニケーションによる情報の共有がなされ、次工程の計画や段取り作業の精度に貢献する。二次的な効果は、一次的な効果の波及効果が期待され、ムリ・ムダの効果は在庫の圧縮や配送業務の一元化などによって、財務体質の改善に繋がる。また企業活動の標準化やシステム化による、ソフトウェア資源の開発やデータ・情報の蓄積は、人的資産・組織資産・情報資産の強化に結び付いている。企業活動と情報技術の活用、特に情報活用は、組織能力の点から情報共有や意識改革によって「知力性」を強化し、また市場や消費者への情報開示や説明責任は、「社会性」の訴求効果と考えられる。先行研究では、情報技術の活用による合理性や効率性の追求が多いが、効果の連鎖的な二次、三次効果として情報活用とコミュニケーションを通じて情報共有・ナレッジ化による組織能力の強化・拡大をすべきである。

　第二に、図表1-4に示す通り、『第16回企業白書』「新・日本流経営の創造」のアンケート調査の結果報告がある。その実現要素の上位七つの順位は、①現場におけるプロセスイノベーション、②優れた擦り合わせ技術、現場のネットワーキング、そして品質へのこだわり、③徹底した生産性・効率性の追求、④技術力を生かした少子高齢化への取り組み、⑤官民一体の護送船団方式との決別、⑥資源獲得競争への対応、⑦新規事業創造などの促進である。これらの企業側の課題認識は、企業変革の方向性として、イノベーションの促進と組織能力の拡大を指摘しており、全社的な企業組織が経営者から現場層まで企業変革に対する危機感やその意識改革の共有の必要性をあげている。さらに企業変革は、経営者がリーダーシップを発揮して革新的な

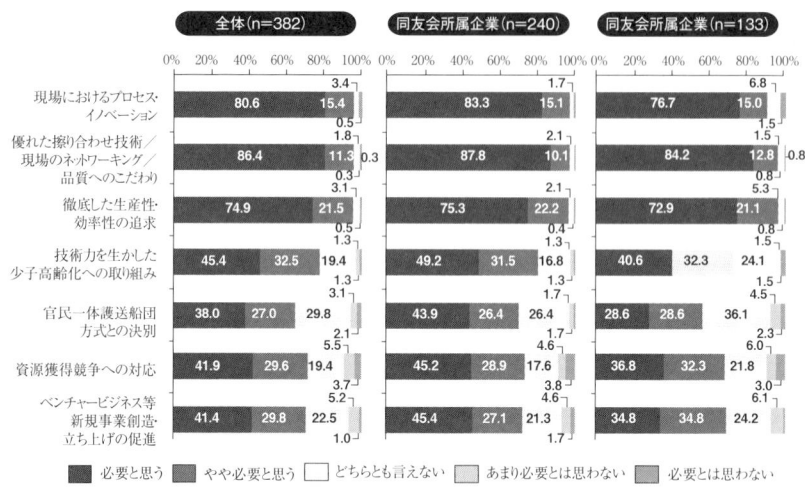

図表1-4 企業経営に関するアンケートの結果

出所) （社）経済同友会［2009年7月］『第16回企業白書』「新・日本流経営の創造」

事業構造を構築する方法と、統制層や現場層が自律的に斬新的な日常活動の改革や改善を図るものなど、階層や変革の大小を問わず、変革の取り組みをすすめることとしている。革新的な変革の典型例は、新規事業分野の進出、M&Aの実施あるいは不採算事業の売却・撤退など戦略や組織の再設計などの大規模な変革を指摘している。

1.2 企業変革の先行研究

(1) 企業変革に関する先行研究の変遷

　企業変革とはイノベーションの概念と同等であり、シュンペーター的に言うと生産要素や業務プロセスの新結合といえる。イノベーションは工業化社会の進展に沿ってプロダクト、プロセス、さらにビジネスプロセスイノベーションへと進展しているが、機能や要因の組合せや相互作用による形態があり、明確にその領域を区分することは難しい。プロダクトイノベーションとは、商品・サービス自体の革新的な創造や改良による需要に応える新商品

の産物であり、次いでプロセスイノベーションは個人所有の技能や熟練に依存した生産指向から製品指向に移り、生産技術や自動化技術に発展したものである。それは資源の投入から付加価値を伴う産出の生産過程の革新である。やがてビジネスプロセスイノベーションが受注から設計開発、生産管理の資材購買、組立・工程管理につながりさらに、流通システムやロジスティックスに至る消費者に納入される過程まで拡大され、利便性や業務品質として競争優位性や業務プロセスの効率性につながっていった。

　このようなイノベーションの進化には、第一にイゴール・アンゾフ（Ansoff. H. I）［2007］が提唱した事業拡大と多角化の戦略は、市場と商品事業の特性軸を既存または新規とする四つのマトリックスについてそれぞれ固有の事業戦略を指摘している。成長戦略にはメリットとジレンマの両面性があり、多角化のメリットは既存事業の流通チャネル、設計開発、製造、人材、ブランド、管理手法などが共用され、その共用効果はコスト、付加価値のシナジー効果、収益源の複数化によるリスクの分散に寄与している。一方、多角化のジレンマの点では、企業内での競争原理を煽った結果、経営資源の獲得が既存事業との軋轢や競合や新事業に必要な行動様式と企業文化や既存システムの諸制度やビジネスルールに縛られている。

　第二に、D・A・アーカー［1986］は、市場戦略の視点から、市場開発の評価と展開の成功要件として四つの推進要因を指摘している。多角化と既存事業の関連性について、市場と製品が両方とも新しい場合はその関連性は低いが、流通チャネルや設計開発分野の共通機能が高い場合は既存事業との関連性は高くなると指摘している。彼はこれらの共通性の機能をイゴール・アンゾフの二次元のマトリックスに加えて第3の軸として三次元で捉えている。事業拡大戦略は、製品と市場の軸だけでなく第3の軸として技術、調達、生産、流通、販売の機能の組み合わせによるイノベーションの展開を考えなくてはならないとしている。

　20世紀後半に入り、工業化社会は、製品や販売の企業間競争が熾烈を極める時代に突入した。ピーター・ドラッカー（Peter Ferdinand Drucker）［2001］は、企業に直接的に携わり、マネジメントとミッション・人・組織領域に関心を持ち、特に組織形態を内部から観察や調査を行うなど研究を

重ねた。マネジメントとは人と組織が成果を上げるための道具、機能、機関であり、ミッション、人、組織をトライアングルの相互関係として捉えている。ミッションとは人の志あるいは人が持つ強い意志であり、組織は社会や経済体の構造的な機関といえる。企業はミッションに基づいて顧客を創りだすことが目的であり、その顧客創造の機能は、戦略、マーケティング、イノベーションであると断言している。それは企業が成果を上げるための領域であり、経営資源に関する合理性・効率性や時間的な尺度など、機能の調整とコントロールに関して中長期的な方向性を示す戦略の重要性を指摘している。彼のマネジメントとは、ミッション、人、組織のトライアングルと企業の顧客創造の視点からマーケティング、イノベーション、戦略のトライアングルを繋ぎ結合させて機能化させるものであり、後世の研究者に基本的な考え方として大きな影響を与えている。

(2) ジョン・P・コッターの企業変革の実践要件

経営に関する先行研究は、ピーター・ドラッカーのマネジメント体系を源流に複数の領域から多くの構成要素として拡大されていった。マイケル・E・ポーター（Michael Eugene Porter）は競争戦略論に特化し、マーケティングに集中したフィリップ・コトラー（Philip Kotler）、イノベーションのメカニズムを精緻に論じたクレイトン・クリステンセン（Clayton M. Christensen）などがいる。複数領域にまたがる先行研究として、C・K・プラハラード（C. K. Prahalad）はコア・コンピタンスの重要性を主張して注目を集め、企業のミッションから戦略、さらにイノベーションへと対象領域の相互作用について探索している。ヘンリー・ミンツバーグ（Henry Mintzberg）は主に人と組織を統制するマネジメント手法やマネジャーの役割、そして特に構成要素間の対立や相互作用について十分な交差による創発的な戦略や学習に焦点を当てている。

企業経営が市場の変化や多様化に伴って企業変革を余儀なくされるようになり、リーダーシップ論を研究していたジョン・コッター（John P. Kotter）［2008］は、松下幸之助の日本的経営思想の影響を受けており、ハーバード大学の冠講座を担当した。彼は人と組織の複合領域から企業変革や

リーダーシップ論などを研究し、30年にわたる企業の調査研究からその結果はおよそ70％が、失敗に終わっている実情を指摘した。その原因は変革へのアプローチが全体的でなく、局所的な経営課題の施策に偏っていることを挙げている。また彼は、[2003]はこれに対して時系列的な四つの段階と八つの変革ステップを提起している。段階別の第1段階は、組織変革の準備を整える段階で、①危機意識を高める、②変革推進チームをつくる。第2段階ではリーダーシップによって、③ビジョンと戦略を立て、④変革のビジョンを周知徹底する。第3段階では行動をするために、⑤行動しやすい環境を整え、⑥変革の短期的な課題に取り組む、⑦さらに短期的な成果を活かして変革を拡大していく、など適切なマネジメントを行う。最後に⑧新しく形成された方法を企業文化や企業体質として定着化させることであるとしている。

さらにジョン・コッター（John P. Kotter）[2006]は大規模な企業変革の成功には、八つの変革ステップの流れによる実践を提唱しているが、変革プロセスは複雑で必ずしも直列的ではないと言う。実際の「場」では複数の段階が同時に進行し、変革推進チームがいくつもの階層に設置され、評価サイクルの異なる複数の変革を扱うこともある。その結果、変革推進チームは、変革の規模によって組織の肥大化や組織間の利害衝突が生じ、その整合性と調整に新たな問題を生ずることになる。すべての段階を通して最も基本的な問題は、従業員の行動や姿勢をいかに変えるかである。第1段階の最大の問題は、情勢の変化や問題の認識にもかかわらず何もしないで不満ばかり言い続ける行動である。第2段階の問題は、変革をリードする立場にある人の行動や信用と情熱の器量である。第3段階の問題は、ビジョンや戦略の策定がなされ、それが配下の多くの人から支持を受けて実行されるかを思い巡らす配慮の点である。本社と現場部門、策定者と実行部隊がいかに相手を思いやり次工程の活動に配慮をするかという思いやりである。第4段階ではコミュニケーションを通して変革のビジョンを共有するかという問題である。第5段階ではビジョンや戦略の共通認識に基づいて行動を継続して定着することが課題である。

企業変革は仕事のやり方や思考方法を変え、従業員一人ひとりが自分の仕事であることの自覚と認識をする自律性が重要である。そして企業変革は最

初の策定から実行の積み重ねによって、企業文化として定着化させるために、リーダーシップとマネジメントの両輪を必要とする。リーダーシップは変化を続ける企業環境に適応していくために将来のあるべき姿を描き、ビジョンを明示化して価値観の共有を図る。そして実行の過程では利害関係者とコミュニケーションを通して共通の価値観と組織や人を励起状態に導いていく。マネジメントは、予測される成果をあげるために策定した方法で計画通りに達成することであり、その計画策定は優先順位やスケジュールを決め、組織や職務に応じた人材を適材適所に配置する。また計画と評価は、途中経過の時点で実績状況を把握して進捗状況の確認や評価を行い、組織学習や他部門との調整・合意形成によって必要な修正や追加をしなければいけない。

(3) 企業変革と情報技術の活用に関する先行研究

企業変革と情報技術の活用の先行研究を整理する。ガルブレイス（Galbraith, Jay）[1980] は、職務の不確実性と情報処理の関係に関して、情報処理モデルは、「職務の不確実性が大きければ大きいほど、意思決定者とその決定を実行していく部門との間で交換されるべき情報の量が増えてくる」と指摘している。これは職務の実行段階で知識や経験が不足している場合、資源の配分、スケジュール、職務の優先順位等の決定や変更は、より多くの情報量と情報処理を必要とする。現下の環境は不確実性や変化とスピードが激しく、まさに的確な情報処理と情報の収集や選択が重要であるといえる。

ズボフ（Zuboff, S.）[1]は、情報技術の活用を自動化と情報化という二つの側面で捉えた。自動化の機能は機器間で機械的信号を伝達させる、例えば交通制御システム、プラントオペレーションシステム、生産ラインのファクトリーオートメーションなどの自動化技術である。もう一つの情報化とは、業務処理のシステム化であり、ソフトウェアが対象の情報処理によってデータに変換し、情報として表示する技術である。例えば販売業務の業務処理は、コンピュータの情報処理ソフトウェアが人の業務処理を代行しており、情報技術を知識化する技術として捕らえている。

マイケル・ハマー（Michael Hammer）[2002] は、企業改革のために既存

の組織や企業間のビジネスルールを抜本的に見直し、業務プロセスの職務、業務フロー、管理機能の見直しなどリエンジニアリングの概念によって情報システムの再設計を指摘した。その後、情報技術を活用した業務の再構築の論文において、単純な従来の自動化や合理化では効率性の限界があるとし、経営と情報技術の両視点から融合的なリエンジニアリングを提起している。また抜本的な改革をすすめる手法の人事報酬制度では、従来の活動や能力重視の視点から結果重視の考え方に変更し、そして市場の顧客満足度のような課題についても業務プロセス単位で評価を貨幣換算化して反映するべきであるとしている。一方、報酬は、スキルや技術を得ようとする努力や姿勢を評価することを指摘もしている。これらの指摘が日本の評価システムと同等であると断定は難しいが、昇進や昇格についても業績結果だけではなく、色々な潜在的能力を加味した多面的に評価されるべきであるとも述べられている。

　トーマス・H・ダベンポート（Thomas H. Davenport）[1994][2]は、リエンジニアリングと情報技術の活用は、情報技術は業務に携わる人の革新的でより効率的な活用によって、従来と異なる仕事のやり方を支援することで効果を発揮するとしている。彼は業務活動と人と組織の関係と同様に、業務プロセスのイノベーションと人の関係が重要であり、それを支援する機能が情報技術であると指摘している。変革は既存の業務プロセスをそのまま機械化によってスピードアップ化をするのではなく、人と業務との噛み合いや利害の合意形成をもって再設計し、情報システム化をすべきであると強調している。ゲイリー・ハメル（Gary Hamel）とC・K・プラハラード（C. K. Praharad）[1995]は、企業環境の不確実な変化に大競争時代を生き抜く企業の戦略としてコア・コンピタンスと経営資源の適応についてその継続した創発的な活動をすることであると強調している。ジェイ・B・バーニー（Jay B. Barney）[2003]は、不確実な環境変化への適応に戦略論のリソース・ベーストビューの視点から、競争優位な持続的特性を指摘し、さらにデビッド・ティース（David J. Teece）[2010]らは、企業変革にとって「意図的な経営資源の創造・拡大・修正する能力」としてダイナミック・ケイパビリティの概念を主張している。

　国領[1995]は、従来の囲い込み型の経営方式は、外部資源を有効に活

用するための情報技術の活用による情報ネットワーク経営であり、今後は「オープン型経営」の方向に変わるとし、その線に沿って移行すべきであると主張している。さらに彼［1999］の情報技術の活用を根底とする「オープン化型経営」は、商品・サービスの商品化過程のオープン化、物流のロジスティクス業務や商流の情報交換のオープン化、そして人的資源による共通業務サービスのオープン化など三つの類型を指摘している。また日本の先行研究として著名な野中や伊丹は、知識創造の理論を世界に発信し、経営戦略とオペレーションの擦り合わせ過程の重要性について技術的な論理性と人間固有の感覚性の共存を指摘している。既に紹介したジョン・P・コッターは、企業変革のマネジメントの過程で企業変革の活動は組織において人間固有の価値観や行動観をもとにして段階的で実効的な取り組みを重視している。人間の価値観や行動は、社会システムの習慣や文化的な要素が根強く働き、企業内では企業体質や人間関係に強い影響を与えている。

　本書では、企業変革は多様な人と組織が多様化した経営課題に対処し、企業変革の方向性に向かって人と組織を動かす要因の相互作用に焦点を当てている。実効的な変革の推進要因は、企業の経営理念やビジョンに対する価値観を整列化させ、浸透を図ることによって同じ価値観のもとで論理的な手法による業務活動を行う。そして論理的な活動の限界領域には感情的な作法による動機づけとモチベーションを織り交ぜたコミュニケーションを重要視して相互作用を増幅させていく過程を探索している。

1.3　先行研究の補完すべき視点

（1）企業変革は人と組織の論理性と感覚性の両輪

　企業変革は人・組織の論理性と感覚性の両輪から業務活動をコミュニケーションと情報活用を肝にして行われるところに意義がある。ジョン・P・コッター（John P. Kotter）［2003］は、変革には企業内の部門間や企業間での利害衝突が生じ、その利害得失の調整や関連する感情的なコントロールに関しても色々な新しい問題が生ずるとしている。彼は変革の成功事例のパターンから次の三つの感覚的能力「見る、感じる、変化する」を挙げている。

第一に「見る」は、心に訴え目を引く劇的な状況を作り、危機意識の高揚や戦略の策定、自発的な行動など、変革を進める上での問題点、解決策、進捗状況を目に見えるようにする。第二に、「感じる」は考えることと相等であり、明晰な思考は、大規模な変革に不可欠なものであり、適切な戦略の策定や危機意識の情報として、また短期的な成果を実現する選択肢にとって重要である。変革には明晰な思考による論理性と同様に心に訴えかける感情的な配慮が必要であり、現場部門のリーダーには「場」の状況判断が重要である。第三に「変化する」は、人は変革に伴う自己の処遇に敏感であり、すべての段階を通してコントロールやコミュニケーションをする必要がある。また変化とスピードの企業環境下で組織は何を求めていくべきかという課題の適応力が大きな命題である。

　本書の企業変革では、企業の認識と先行研究の双方から強調すべき論点を次のように二つを提起している。一つはピーター・ドラッカーが提唱するトライアングルのミッション、人、組織の領域を組織に成果を上げるためにマネジメントとリーダーシップの手段にコミュニケーション（情報活用）を肝的な機能とすることである。もう一つは業務活動の「場」を論理性と人間固有の感覚性の両輪を重視して、「論理的な手法」と「感情的な作法」のもとで行うことを提起している。実際の業務活動の「場」では、「論理的な手法」の情報活用による論理的な活動は、情報の濃淡や曖昧性、多義的な意味合いにおいて限界を持っている。双方の理解のためには、背景や情報の精度や真実を確認するためにコミュニケーションを通して行う、配慮・心遣いなどの「感情の作法」の必要性を指摘している。

　すなわち日常の業務活動では論理性の視点から企業内外のデジタル・アナログの情報をもとに他部門や取引先の利害関係に関して歩み寄りや利害をコントロールすることでありその進展のために、「感情の作法」の補足によって課題解決や方策に取り組むマネジメントを行うことである。また変革を進めるリーダーは、現場層の課題の発見と解決過程を共有して目で見て、耳で聴き、現場で手に触れる支援を行い具体的な手段を示すことである。この一連の行動に関する情報開示が、感情を揺さぶり、心躍らせる形でリーダーと現場部門の一体感を作り、情報の共有、知識の共有、経験の共有となって信

頼の輪を広げ、組織全体が変化の気運になびいていく。

(2) 企業変革は「場」の運用にコミュニケーションと情報活用

企業変革の論理性重視の視点は情報活用である。図表1-5では、情報技術の活用軸とその効果軸を示し、横軸の情報技術の活用軸は、一つが業務活動の合理性と効率性を追求する処理機能を行う情報処理システムの構築であり、もう一つは企業内外のアナログやデジタルの属性を問わない情報から経営資源の状況を把握し、多様な経営課題に対応するために情報を活用することを示している。一方縦軸は情報技術の活用による発現効果を表しており、情報システムの構築によって貨幣換算が可能な直接的効果とコミュニケーションや情報の活用による共有化、知識化など間接的な効果を示している。図表中の矢印は、情報システムの構築から情報活用の領域への重要性を主張示している。

企業変革は企業内部の経営戦略、オペレーション、人事・組織、財務・会計など状況や情報と製品・サービスの商流と物流の資源情報を業務プロセス単位で把握することから始まる。その状況情報は業務プロセスや経営資源の

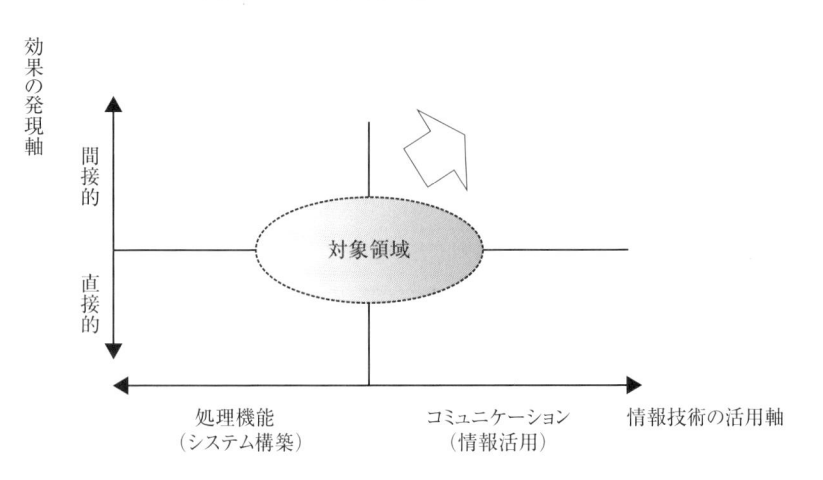

図表1-5 企業変革と情報技術の活用領域

(縦軸)効果の発現軸: 間接的 / 直接的
(横軸)情報技術の活用軸: 処理機能(システム構築) / コミュニケーション(情報活用)
対象領域

出所) 筆者作成

視点から企業間関係や生産、販売、流通・物流等のムリ・ムダを発見し、さらに消費者・顧客の満足度を分析してビジネス・ルールや業務プロセスの再構築を検討していく。

　本書で強調したい論点は、基本的な情報技術の活用に加えて、情報の活用に焦点を置き、情報活用はアナログやデジタルの属性を問わずコミュニケーションと情報の活用を肝的機能として運用とマネジメントを行うことである。経営層は価値共有、情報共有・ナレッジ、自律・プロフェッショナル化という戦略的意図を人と組織に浸透させ、現場の業務活動は規範的な活動指針のシステム思考、学習思考、合意思考に準じて行うことである。経営層、統制層、現場層は、階層を超えてコミュニケーションと情報活用によって実行と評価をし、経営課題と施策状況の交差による整合性を十分行い、次の実行計画に反映させることである。

(3) 企業変革は「場」の運用に「感情的な作法」

　企業変革の感覚性の視点は、活動の「場」において「論理的な手法」に「感情的な作法」を相補させて運用することである。

　第一に、戦略的意図の浸透した人と組織は、コミュニケーションと情報活用を肝的機能と位置づけ、業務処理を活動指針に準じて連鎖的に行うことである。業務活動は業務処理を包摂する情報処理によってデータ・情報の変換と保存を行う。作業レベルでは業務処理を写像する情報処理によって完結するが、業務対象の階層レベルでは取引先とのビジネスルールや社内の業務ルールの制約に縛られる。ビジネスルールは販売先や購買先などの取引条件であり、業務ルールは業務処理上の権限、規則、判断基準などであり、規程や手順にしたがって情報処理システムに繋がっている。業務プロセスにはこのような職務規程や業務規程に応じて権限規程があり、その運用は対象先との関係性や影響力によるものが多く、企業変革の機会に十分検討されるべきものである。

　第二にデータ・情報は、内容や精度の点から完全に実態を反映した一元的で正確なものでなく、曖昧な意味や期待的な数値、はたまた虚偽や捏造によるデータなどが混在していると言ってよい。精度の高い適格な意思決定に

は、情報を読み、情報の確認のために対面的なコミュニケーションを行う必要性も生じ、その「場」には、当事者の立場を考慮に入れた感情的な配慮が必要である。多くの報告書や出力情報の背景には、曖昧性や恣意性が考えられ、それは入力や出力情報にいろいろな圧力が働き、さらに受発信双方の先入観や期待感による解釈がなされている。色々な圧力とは、組織目標や業績予測に多く見られ、組織体質や業界特有の見えない力として影響を与えているからである。この見えない影響を受けた情報から真実の情報を確認し、共有することは、組織や人に対する配慮、気配りが必要なのである。データ・情報の活用は、コミュニケーションを通して動機付けやモチベーションによって実状の把握から共通の理解と次の行動に反映させていくことである。また企業変革を駆り立てる感情には、信頼、信用、前向きな姿勢、情熱、希望などがあり、一方、変革の意欲を損なう感情には、怒り、プライド、悲観、不安、心配がある。このような論理性と感覚性の表裏一体となった二面的なマネジメントが重要である。

　企業変革は業務処理に付帯するデータ・情報の異変・異常に感知と気付きがあり、活動指針に準じて組織学習を通して改革や改善に進んでいく。業務処理の異常への気づきは、「場」の雰囲気として伝搬し、行動の関心や漣波から、組織全体の普及に拡大される。現行の業務プロセスの改善・改革から新しい発見や大小を問わないイノベーションの成果に結びつき、この一連の活動は、人や組織に情報・経験・知識として宿っていくことになる。しかし業務プロセスと人と組織の企業変革は、論理的な手法それだけで成功するのではなく、人を得て、組織全体の意識改革や課題に対する対策や施策を進める人間本位の自律的な行動に基づいているのである。企業変革は、「論理的な手法」と「感情的な作法」の二つの側面を自在に調和させる運用とマネジメントが重要であることを強調したい。

2 企業変革の初期設定と枠組み

2.1 企業変革が進まない現状と課題

(1) 企業変革がうまく進まない課題

　現状では、成功と成果を上げて定着化している企業変革の事例は少ない。企業側のアンケート調査などの報告によれば企業が持続的成長を続けていくためには、企業環境の変化に適応し続けていかないといけないという認識は強い。また先行研究では、合理的で論理的・戦略的な方法論が多く、経営者主導の強いリーダーシップによる重要性を指摘している。多くの企業変革は、組織全体の危機意識の浸透が進まず、自発的な行動に至らず、本社部門や上位層の指示に従うものが多い。企業変革の取り組みには必ず、人員配置や転属・職種替え等の計画が隠されており、個々人が将来の処遇を心配し、また過去の功績を残した先輩たちがつくったルールや慣習に束縛され、気遣いや配慮からそのスピードを鈍らせ、やがてその雰囲気は守旧的な抵抗勢力の台頭ともなっている。

　企業変革に対する抵抗は、欧米や日本の企業に関わらず保守的な守旧の障壁が立ちはだかる。ジェームズ・オトゥール（James O'Toole）[1996] は、その抵抗について従業員側の変革を拒む憶見を次のように分析している。第一に多くの従業員は、変革による新しい制度によって個人や組織の配置や処遇への心配について否定的な見方をしがちである。第二に、変革によって合理化と効率性の施策が仕事量の増加につながる不安をもつ。第三に、旧来の企業内の慣れ親しんだ手続きや習慣から脱却しなければならないことである。第四に、企業変革の組織や制度改革に関して将来の青写真を早い段階から明示化して背景や理由の説明をすることは、かえって情報の内容や公平性の視点で難しいと指摘している。さらに変革の策定は、本社部門が現場の実態を十分把握しないまま作成しており、現場部門では市場の消費者や業務と深いつながりを持っており、現実・現状と乖離を生じている。

　日本企業特有の特徴的な点が二つあり、一つは人に対する気配りをする点

である。一般的に創業者や経営者の志は強くいきわたっており、事業の撤退や縮小化などの提案は容易に受け入れがたい。その理由として経営層は、創業者や歴代の経営者の影響を受けており、革新的な意思決定に躊躇する。もう一つは企業体質の慣習的な力があり、合理的な策定がなされてもそれはあくまで計画であり、実行は企業内と提携先の賛同や人的な合意が必要となる。企業変革には、危機感の高揚を煽り、具体的な計画を進めるために自企業だけでなく、経済社会や業界の動きと同期し、取引企業の協力を得ることも重要である。さらにこうした経済社会の潮流、業界の動き、他企業の協力姿勢、企業内の理解と協力を得る難しさと課題がある。

(2) 企業変革の現場の課題

多くの企業は、企業変革を根底的な経営課題とし、時間や工数と費用をかけて取り組んでいる。しかし期待される成果が人や組織の中に具体的な発現化の様相として見られない状況にある。その理由の背景には、業界固有の特性や企業外の取引先との力関係などがあり、企業内では組織全体の意識をはじめ人的属性や先人たちの功績などの目に見えない要因や影響が働いている。多くの企業では、本社部門のスタッフが部屋に閉じこもり、市場環境や業界の構図と企業内の経営資源の把握に財務データを中心にして分析と計画策定を行っている。また計画の策定は基準や評価を無理矢理一元化しようとするあまり、管理指標や目標設定が自社固有の問題や現場の実態から乖離してしまう傾向にある。実効的な取り組みの方法は、次の三つの基準を定める必要がある。

(1) 第一の基準は、経営層をはじめ従業員全員の自発的な意思と姿勢による取り組みを基本として、企業変革に要する時間と負荷は、それぞれの任務と仕事であることを徹底することである。企業環境と従業員の価値観や就労観は多様化しており、また計画の選択肢や内容は時間とともに変容しており、現場側が一番有効的な行動を自ら選択して行えるようにする。管理指標は現場部門の特異性を取り入れた選択に任せ、計画と実行を現場に委譲する現場力重視の考え方を取ることである。

(2) 第二は、経営者は現場力に委譲するために経営ビジョンや戦略的意図を明示し、人や組織に浸透させて価値観の共有化と方向性の整列化を行う。戦略的意図は、いろいろな形で情報（ナレッジ）の共有や共用化、価値観の共有化、そして自律的でプロフェッショナル化のもとで変革の活動を進めることである。

(3) 第三は、先行研究の多くは、分析や計画を重視したリーダーシップによるトップダウン方式の管理型マネジメントを指摘してきたが、その従来型から現場部門が主導する自発型の率先方式に転換をしていくことである。現場のリーダーは、コミュニケーション（情報活用）を肝にして、相手先と合意の創発を繰り返し、現場の自律的な行動を尊重し、権限の委譲と責任について信頼関係を築く率先方式に改めることである。

有効的な企業変革の実践は、組織全体の意識改革を浸透させて全員が関心を持ち、実施計画と進捗評価を照らし合わせて状況確認や情報共有を行い、経営層と現場層が一体感を持つことである。

上位層やリーダーは、信頼と権限の委譲をすることによって現場部門の自発的・自律化を進め、現場の課題は現場層が一番熟知している認識に改めて計画や実行を支援していく姿勢に変えていくべきである。現場側の自発的で自律的な活動は、いろいろな状況に対応する状況対応力となる組織能力を作り上げ、上位層はその活動に関心を傾け、支援を行うことによって信頼関係を強めていく。その論理的な「場」に上位層と現場層の新たな信頼関係が成り立ち、「論理的な手法」による業務活動を進め、信頼と支援に後押しされた「感情的な作法」の相補関係をもって、企業変革をすすめていくことである。

2.2　企業変革の方向性

(1) 企業変革の方向性として基本的な変革の素地づくり

企業変革の方向性の第一は、基本的な組織の素地づくりであり、まず組織や人の意識改革や推進要因を浸透させ、規模の大小を問わない改善・革新の業務活動に取り組む素地づくりを醸成することである。図表1-6は、業務

プロセスを包摂する情報処理システムの機能関連を示した関連図である。左側部の二つの矢印は、経営者の戦略的意図と規範的な業務活動を行う活動指針であり、企業変革の推進要因である。中央部の業務活動は、ビジネスシステムとその業務プロセスの流れであり、その推進基盤である戦略的企業情報処理システムによってコミュニケーション（情報活用）を行う関連性を示している。ビジネスシステムの業務活動は、経営資源の調達と運用を行うことであり、その業務プロセスを包摂している情報処理システムによってデータ・情報に変換の処理をする。業務プロセスの流れと情報処理システムは、コミュニケーションと情報活用によって次工程に繋がっていく。

　企業変革はこのような業務活動を健全に運用することによって基本的な素地づくりを形成し、その産物として知識や経験を組織や人の間に蓄積し、次の機会で活用していくサイクルにすることである。現場層では自律的な学習や経験を通して、上位者や他の部門の業務内容や経営課題を学び、自部門の課題解決だけでなく、他部門との一連の業務改善に関心を持つことに発展する。さらに企業変革の素地づくりは、情報共有やナレッジ化が強力な企業能力となり、広い視野から全社的な経営革新に拡大されて意図的なイノベーションの創発や組織能力の強化・拡大に展開されていく。

図表1-6　企業変革の素地づくりと要因の関連図

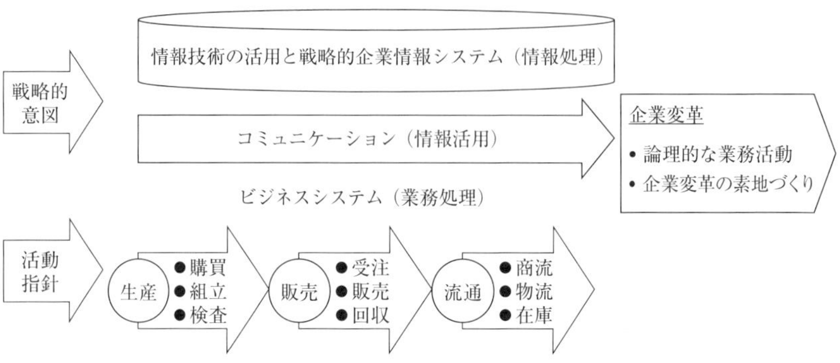

出所）　筆者作成

(2) 企業変革の方向性としてイノベーションの創発

　企業変革の方向性の第二は、イノベーションの創発であり、シュンペーター的に言えば、生産要素の結合や組合せの終わりなき継続といえる。イノベーションにおける情報技術の活用は、第一に情報処理基盤技術やネットワーク技術が業務処理を繋ぐ機能によってビジネスプロセスイノベーションの創発を可能にしたことである。それはコンピュータ技術の処理能力やネットワーク技術の高速化、大容量化であり、データベースや検索技術が、適用業務の広範囲化や高度化に貢献した。また情報技術は、企業内の部門間や企業外との情報ネットワークの構築によって、業務処理や情報伝達のスピード化と情報共有化をすすめている。

　第二に、情報技術の活用は、すべての業務プロセスに関連して複数の組織部門や階層にまたがり、コミュニケーション、情報の活用・伝達・共有化に大きな変化を与え、業務のやり方のイノベーションに貢献している。また消費者から直接、消費者目線のアイディアやクレーム情報を収集し、分析をすることによって新商品企画や流通チャネルの改善に活用している。イノベーションのタイプは、戦略に基づいたトップダウン型や、現場側で消費者や利害関係者のアイディアをもとに、組織学習をベースにしてボトムアップ中心の創発型の業務改善まで多彩であり、斬新的で小さな活動の堆積によって成果を生み出しているものもある。

　第三に、イノベーションのタイプは、従来型のプロダクトイノベーションやプロセスイノベーションが主流であったが、飽和市場や消費者目線が強くなり、ビジネスプロセスイノベーションに焦点が移り、それぞれの業務プロセス別だけでなく全体の流れをサプライチェーンとして捉え、組み合わせや複合的な技術システムの導入によって新たなビジネスの創造に貢献している。変遷の流れは、新製品や商品ラインを増やして市場に投入するプロダクトイノベーション、製造業の生産の視点では、生産・設計開発・物流業務などの技術や生産設備のプロセスイノベーションがあり、そして部門間や関連企業との需給業務のビジネスプロセスイノベーションの順に発展を辿ってきた。

　第四に、最近では、インターネットを介したマーケティングイノベーショ

ンが台頭している。マーケティングイノベーションは、コンピュータとインターネット技術によるものであり、その一つのデータベース・マーケティングは、消費者の囲い込みによるリピート注文など販売の確保や増加を狙い、売り上げ実績のデータベースからセグメント別、チャネル別、顧客別などの分析をすることによって顧客との関係性を深める方法である。もう一つ台頭の著しいインターネット・マーケティングは、企業と流通チャネルや消費者との空間に電子的な仮想空間を作る方法であり、市場調査、標的市場、マーケティングの個別戦略に加えて、消費者と直接的なワン・ツー・ワン（One To One）マーケティングをインターラクティブに繰り広げているのである。

(3) 企業変革の方向性として組織能力の強化・拡大

　変革の方向性の第三は、企業環境と競争優位を維持するために経営資源の適合について創造・変更・修正の戦略策定や実行を進める組織能力の強化・拡大を図っていくことである。企業変革は、戦略をはじめ、人事や組織の変革を再設計することが多いが、それだけでは不十分であり、業務活動を支えている組織文化や従業員の意識変革をすることが不可欠である。企業変革の原動力は、人と組織が中心になって企業のコア・コンピタンスや経営資源を有効的に活用する組織能力の強化・拡大であるといえる。企業変革は、まず全従業員の意識改革から始まり、戦略的な新しい事業構造の策定や業務プロセスの見直しについて選択と集中による戦略策定と実行をすることである。企業変革は色々な方式があり、それぞれ長所と短所をもっている。第一の方式はトップ主導モデルであり、経営者が変革のリーダーとなりスタッフや外部のコンサルタントの助力を得て、新しいビジョンや経営戦略を策定して企業変革の業務目標や管理目標を実行する方式である。特徴は非連続的な変革に適しており、従業員の共感や理解が得られない時は挫折することが多い。第二は、現場層の人々を巻き込む運動型の企業変革である。その具体的な手法は、古くは生産現場のQCサークル活動から始まり、全社的なTQC活動やマネジメント層を含む経営品質追求のTQM活動に発展し、コスト意識や品質改善の成果を上げようとするものである。この方式の特徴は現場部門単

位として意識改革と日常的な業務活動を通じて変革の強い動機づけを与えることである。第三は、統制層のリーダーが中心になる方式で、内部の管理基準を緩めて自由度と権限の裁量権を持ち、変革の経験・学習を積むことから成果を求める方法である。第四は、経営者主導と統制層中心の方法の折衷型であり、新しい先進的な行動様式や発想を生み出すチームを編成してその成果を梃子にして企業全体に変革の横展開を図ろうとする方法である。

　変革方式の選択は、企業の位置や業績状況、企業体質そして業界の動きから採択するが、共通していえることは、経営者と現場部門が同じ価値観と一体感をもって実行することが重要である。企業変革は、生い立ちの歴史や企業文化など企業独自の特性に加えて企業の経営課題の重要性や緊急性によって選択する。経営課題の重要性や緊急性は、経営者の危機感、志、エネルギー（熱意）の状況によって異なり、さらに人や組織の戦略性や実行力そしてビジネスシステムの成熟度によっても異なってくる。一般的に言えることは、当初従業員は変革に対して理解と反応を示すものの、変革活動の学習や計画が進んでくると、将来の組織や配置と処遇に自分を照らしあわせて、その高揚は次第にトーンダウンを始める。経営者は企業の危機感や経営ビジョンを明示的にして全従業員とあらゆる場と色々な形のコミュニケーションを通して働きかけることである。企業変革は、普遍的な経営理念によって求心力を保持し、将来の企業成長にとって必要な柔軟なシステム思考、個人や集団の組織学習、他部門や他企業との協調的姿勢や合意形成の経験をダイナミックにしていかなければならない。こうした一連の企業変革の取り組みが、組織能力として人や組織に蓄積されていく。

2.3　方向性と推進機能の推進要因

(1) 推進要因としての戦略的意図の浸透

　企業変革には、守旧的な抵抗力の組織体質や慣性力が実行に立ちはだかる。加護野［1988］は、単に戦略や組織を変えるだけでは不十分であるとし、戦略や業務プロセスを支えている企業文化や人々の意識や能力の改革が不可欠であり、危機感を高揚させることによって意識改革と価値観の共有化

の必要性を指摘している。本書の企業変革を進める四つの推進要因は、戦略的意図の人・組織への浸透、業務活動の規範的な活動指針、業務活動の肝的機能のコミュニケーション（情報活用）、「場」の運用に論理と感性の両輪を設定している。第一は経営者の戦略的意図を組織や人に浸透させることである。その戦略的意図は、経営理念のもとで経営ビジョンや経営目標を明示化して、組織と人に対して戦略的意図を浸透させて意識改革の整列化をすることである。図表1-7では、その戦略的意図の因子を表しており、組織と人の高揚のために戦略的意図として三つの因子を挙げている。

　その第一は「価値共有」である。電通総研［2004］『世界60カ国価値観データブック』によれば人々の価値観は、多様化しているものの、むやみやたらなランダムな分布ではなく、国や地域、文化圏ごとに、民族・宗教・言語・文化など根強い特徴を持っている。国際的な企業は異文化経営と標準化経営の両視点から、十分な理解が得られず、急な変更や修正は容易なことと言えない。価値観は組織や共同体に属することによって感化・継承され、個人的な体験をきっかけにして思索の積み重ねから、独自で新たに形成されることもあり、同じ価値観を抱く人同士は、互いの思考や行動に理解を示し、協調や協働作業を容易にしやすくする傾向が認められている。

　最近企業では企業環境のグローバル化と変化やスピード化など、多様化し

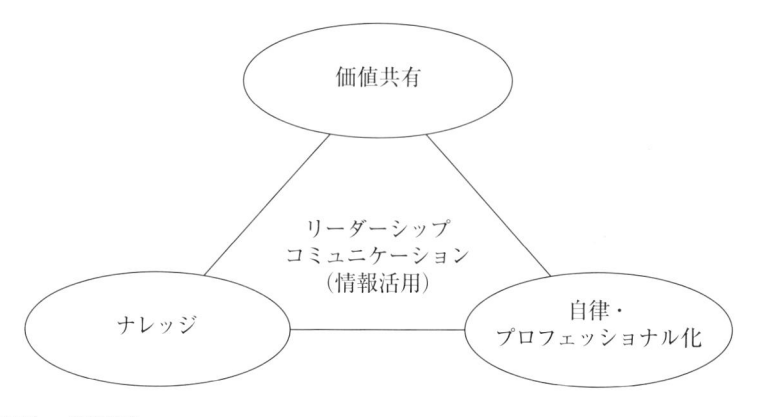

図表1-7　企業変革と戦略的意図

出所）　筆者作成

た課題対応として基本的な対処をするために、企業理念、経営戦略、経営目標などの「価値観の共有」を強くすすめている。リチャード・バレット（Richard Barrett）[2005] は、企業組織の価値観は、企業風土や人や組織の具体的な行動や消費者側の受け取るサービスや商品のありかたに影響し、結果として企業の存続・消滅にも波及するとしている。企業の持続的成長や社会的に求められる価値観を従業員と共有することは、経営者やリーダーの重要な仕事であると指摘している。共通の価値観にもとづく行動規範や判断規範は、業務プロセスにおいて探索・思考・処理の一連の過程で一貫性をもち、成果や能力が組織の中で一元的に共有化され、成果を上げてその横展開の源泉となっている。

　第二は、「ナレッジ・情報」の共有であり、組織と人に情報・知識・経験の伝搬と浸透をすすめることである。「ナレッジ」の共有は情報の共有化から始まり、相似的な認識、判断、行動に結びつく。情報には、デジタルとアナログの属性とその意義について一義性と多義性があり、さらに受発信者の間で解釈の相違が生じる。また情報は、モノと異なり使用によって摩耗や消失をしないばかりか、接触する人の経験・知識・情報と結合によって新たな知識・情報を増幅させる特性を持つ。野中と竹内 [1996] は、企業組織の知識の活用は、知識による処理目的ではなく、創造の重要性を指摘しており、ここをナレッジマネジメントの出発点としている。知識の創造は、知識を創造する基本的なプロセスを理解した上で、ナレッジの活用の段階を知り、どこのプロセスに何を注力すべきか考えることが大切であると指摘している。

　第三は、「自律・プロフェッショナル」化であり、組織や人が自律的で自主性をもって活動をすることである。片岡 [1992] は、現代の企業は、企業自体が資本の所有者として株主から自律化した「機能資本家」であり、これに対して株主は、価値増殖機能から疎外され、企業の外部利害集団となっていると指摘している。同様の構図が、企業内の組織を構成する経営者、中間の統制者、現場層に当てはまり、それぞれの使命に対して自律性を発揮し、マネジメントや業務活動に携わっているといえる。プロフェッショナルとは、自らの果たすべき役割を遂行できる能力を備えた人材であり、特定の分野において社内はもちろん、広く社外でも通用する専門知識、実務能力を持

ち、自らその分野で価値を生み出す戦略や方策を立案する、あるいは実行できる人材である。特定分野の深い知識や豊富な経験が要求され、客観的にプロとして認められ、業務上や技術的なスキル能力だけでなく、周囲から信頼される高い知識、見識と実行能力、そして強い責任感の持ち主を指している。

(2) 推進要因としての業務活動の活動指針

業務活動は、業務処理と情報処理を並行して行い、情報処理によって蓄積されたデータ・情報は、リアルタイムあるいは一定のサイクルで業務処理やその判断材料に活用され、一定のサイクルで生産要素の再投入や計画プロセスに連鎖していく。またこのデータベースは経営資源の状況に関する情報を提供し、業務処理品質の改善を支援している。業務活動は、産出する製品・サービスの仕様・品質・価格だけでなく、消費者の価値創造を創出し、市場の競争力やブランド力を維持する経営品質の向上に貢献している。さらに業務プロセスは、ビジネスルールや業務ルールに制約されており、それは業界や商慣習から生まれたものが多く、改善や改革には、企業内外との調整や十分な擦り合わせを行う必要がある。

業務活動は、三つの活動指針に基づいて行うことを設定している。図表1-8では、人と組織が、コミュニケーションを肝的機能にして規範的な活動指針による業務活動の関係を示している。活動指針の第一はシステム思考であり、それは行動パターンを見極め、行動や事象の法則性とシステム構造を明らかにして、人に依存しない業務プロセスや業務処理の標準パターンとして定型的なシステムの適用を図る。また思考方法は事象や課題の構造を見極め、因果関係のつながりを内省化する。その過程は業務処理に伴う情報に感知した事象についてシステム化思考によって、外部条件と内部条件の定式化やシステムのモデル化を探索する。この過程では、問題の部分を近視眼的・表層的にとらえるのではなく、全体のプロセスの本質的な原因を探して最も効果的な解決を探索することが重要である。

第二は、学習思考であり、実態の把握とソリューションの創造である。一般的な三現主義とは、現場、現物、現実の三つを重視し、現場で現物を観察し、現実の課題を認識した上で、問題の解決を図らなければならないと

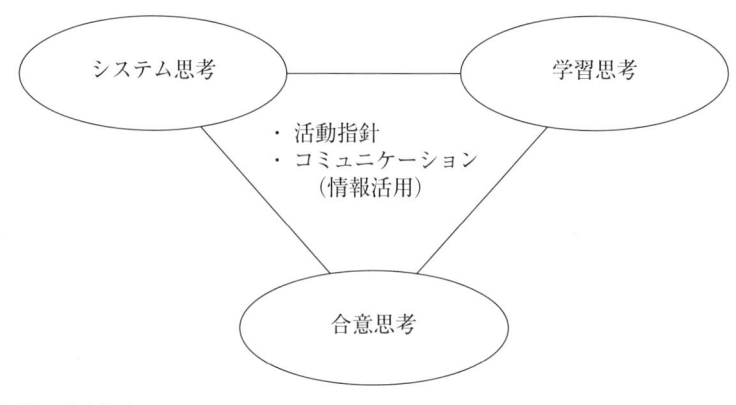

図表 1-8　業務活動の活動指針とコミュニケーション

```
    システム思考 ─────── 学習思考
         \              /
          ・活動指針
          ・コミュニケーション
           （情報活用）
              \      /
              合意思考
```

出所）　筆者作成

いう考え方のことである。本社部門や企画スタッフは現場に出かけ、課題や認識に関して現場部門と共有して課題解決や実行計画を立てなければならない。組織学習についてピーター・M・センゲ（Peter M. Senge）［1995］は、強い組織になる方法は、内部のすべての従業員が学習への意欲を持ち、学習能力を高めようとする組織運営にあると指摘している。またダニエル・H・キム（Daniel H. Kim）［1993］は、個人の学習と組織学習に関する理論として、学習には知識の習得と技能の習得の二つの側面があり、知識は「なぜ」（Know Why）で、技能は「どのようにして」（Know How）の視点から構成されるとしている。この2人は個人学習や組織学習の重要性を強調し、学習する組織の狙いは、業績を上げるために競争優位の構築と顧客との良好関係を築くことであり、その課題に積極的に取り組むことであると強調している。また学習は現場で行い、積極的な参画姿勢が大切であるとし、デイビッド・A・ガービン（David A. Garvin）［2008］らは、「学習する組織」の学習効果の鍵は、コミュニケーションや情報活用の形態が望ましいとしている。

　第三は、合意思考であり、現場部門ではこの思考による解決方法が、一番多いと考えられる。その背景として業務プロセスには、責任・権限と業務目標が設定されており、企業の部門間で責任の範囲や収益・費用の配賦について対立や衝突が起きる。また企業外の取引先との間で起こる利害関係は、双

方の利害を調整して歩み寄りをすることは大変困難である。経営者やリーダーシップは、利害に関連する問題について自発的に解決しようとする環境をつくって積極的に支援をしていくことである。ビジネスルールや業務ルールに関する検討は、まず利害関係の背景や実情を把握するために、双方の言い分の整理と理解を共有する。続いて問題の重要性や緊急性についての優先順位を付け、双方の利害は、長期的で協調的視な点からお互いの調整や譲歩による合意形成をすすめていくことである。その業務活動では、全体最適と相手先の理解を深めることであり、この調整と譲歩による合意形成を進める手法は、日本的な感覚的な商慣習と欧米的な論理的方法の折衷的なものとして有意性を強調している。

(3) 推進要因としての組織・人と業務活動のコミュニケーション(情報活用)

図表1-9では、人や組織は、コミュニケーション（情報活用）を肝的機能として業務活動を連鎖的に繋いでいく様式を示している。戦略的企業情報処理システムは業務処理と情報処理を行い、企業外の情報のやり取りは、企業と消費者や企業と企業の間で取引、要望、調整の交信を行っている。企業内では全社や事業部門の戦略の策定から、経営資源の実態把握として、モノや人の動き、そしてカネの出入りの把握などに関する情報サービスの支援によって活動を行っている。

また企業と消費者をまたぐ一連のプロセスのコミュニケーション（情報活用）は、商品・サービスのマーケティング、生産、販売、流通など業務プロセスの合理性と効率性に貢献している。図中③のコミュニケーション（情報活用）の機能は、人・組織と業務活動を繋ぐ肝的機能を担っており、①の戦略的意図は、組織の整列化と励起状態を作り、業務活動は、②の活動指針に基づいて行う。企業の第一線は、多様性と迅速性の要件に直面し、その現場の状況対応は、④の論理的な手法と人間固有の感情的な作法によって行われている。認識、判断、行動は、コミュニケーションと情報の活用から行われるものであり、業務活動と組織・人を結合する役割を担う。

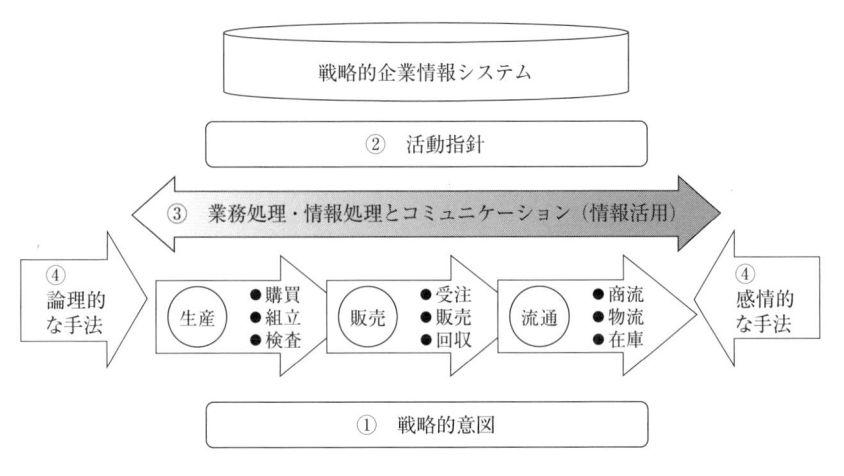

図表1-9 業務活動はコミュニケーション（情報活用）との結合

```
                  ┌─────────────────────┐
                  │  戦略的企業情報システム  │
                  └─────────────────────┘
                  ┌─────────────────────┐
                  │  ②  活動指針         │
                  └─────────────────────┘
        ⇔  ③ 業務処理・情報処理とコミュニケーション（情報活用）  ⇔

   ④          ┌──┐ ●購買  ┌──┐ ●受注  ┌──┐ ●商流     ④
  論理的        │生産│ ●組立 │販売│ ●販売 │流通│ ●物流    感情的
  な手法        └──┘ ●検査 └──┘ ●回収 └──┘ ●在庫    な手法

                  ┌─────────────────────┐
                  │  ①  戦略的意図       │
                  └─────────────────────┘
```

出所）　筆者作成

(4) 推進要因としての「場」の運用は「論理的手法」と「感情的作法」の両輪

　業務処理と情報処理は、データ入力による情報処理変換からデータ・情報の生成と蓄積がなされ、経営資源の再投入の意思決定に活用されるが、受発信側でそれぞれの思いによって情報の解釈について相違が生じている。企業内の流通情報は、期待感や恣意性が入り、一元的な精度や意味の基準から外れる可能性が生じている。経営戦略や資源配分に関する意思決定は、一見論理的に見えるデータ・情報による上申や報告をすべて信用することに限界があり、意思決定者は自身の知識や経験だけでなく、より精度と品質の高い情報の確認や検証にコミュニケーションや外部情報の収集に努めている。

　業務活動は、何らかの情報の異変に感知して経験や知識と照らして反応をおこし、事象の因果関係や問題について内省化と概念化を行い、仮説や次の行動計画を立てるサイクルにすすんでいく。「場」に流通する情報は、正確無比で一義的でないばかりか、真偽性や精度の点で多義的な曖昧性を持つことが多い。また入力データは、単純なミスだけでなく、入力時の状況や圧力がかかり、さらに加工工程でも同様に外圧要因が働き、真実の情報を恣意的に歪曲させていることがある。例えば外圧要因を受けた売上計画の予測情報

は誤った判断業務や資源計画の意思決定に繋がる恐れを持っている。

あくまで企業情報処理システムは、業務処理を情報処理に変換する情報装置であり、業務処理手順に従ってデータ入力を行い、データベースを生成・蓄積していく。情報のサービスは、加工・編集を加え、人や組織に流通させて経営資源のムリ・ムダを素早く知らせ、また消費者の要求に迅速かつ柔軟に対応するために情報の支援をするものでなければならない。

コミュニケーション（情報活用）は、二つの効果があり、一つは問題の発見から真実と実情を論理的に探索する活動から、業務プロセスの連鎖や活動状況の見える化と業務活動の透明化を進めていくことであり、もう一つは、直接的なコミュニケーションによって相手のモチベーションや組織の活性化に作用し、貢献することである。二つの効果は、活動実績や予測作業を素直に写像する風通しの良い企業体質を形成することであり、そのためには実態を反映した真実のデータ・情報によって、判断や意思決定ができる組織風土を作ることである。そして組織風土の形成には、真実のデータ・情報に基づく「論理的手法」による業務活動があり、一方人間固有の感覚性を重視した気遣いや心配りなどによる動機づけやモチベーションの「感情的作法」による運用が重要なのである。例えばパナソニックの経営理念では従来の経営理念に加えて次の特筆があり、それは、「スーパー正直」という一つの語句が追加されており、社内業務の透明性を高める真実の情報の重要性について指摘している。業務活動の透明化のために、最上位の概念である経営理念に補足条項として「スーパー正直」を掲げ、社内業務のデータや情報による写像性を求め、真実のデータ・情報の流通をすすめる組織風土づくりに努めている。（大鶴英嗣「松下電器の環境経営」工業経営研究学会記念講演、2007年9月11日参考）。

2.4 企業変革の枠組み

(1) 枠組みの牽引機能と推進機能の策定

企業変革の枠組みは、既に序章で図式化しているが、図表1-10でさらに詳細に示しており、企業変革の方向性を定め、その牽引機能と推進機能とし

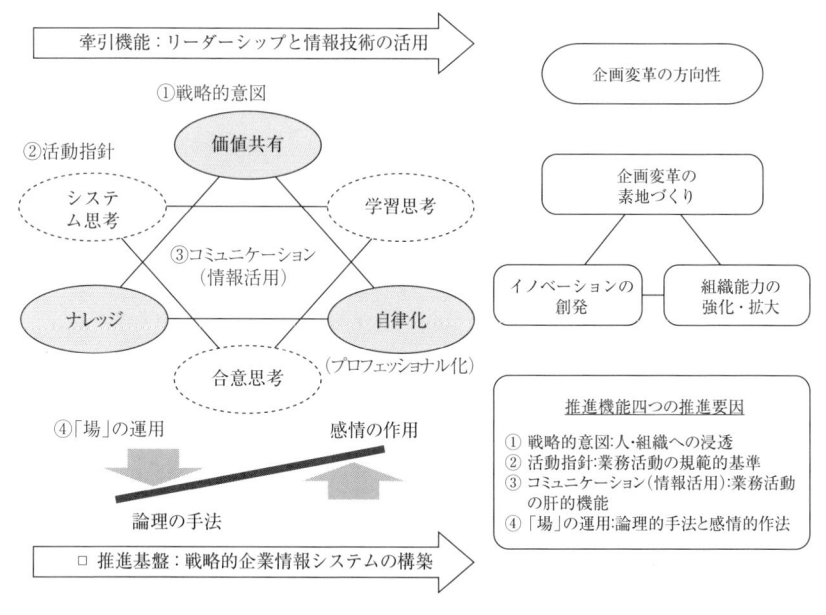

図表 1-10　企業変革の枠組みと実践

[図：企業変革の枠組み図
- 牽引機能：リーダーシップと情報技術の活用
- ①戦略的意図：価値共有
- ②活動指針：システム思考、学習思考
- ③コミュニケーション（情報活用）
- ナレッジ、自律化（プロフェッショナル化）
- 合意思考
- ④「場」の運用：論理の手法、感情の作用
- 企画変革の方向性
- 企画変革の素地づくり
- イノベーションの創発
- 組織能力の強化・拡大
- 推進機能四つの推進要因
  ① 戦略的意図：人・組織への浸透
  ② 活動指針：業務活動の規範的基準
  ③ コミュニケーション（情報活用）：業務活動の肝的機能
  ④ 「場」の運用：論理的手法と感情的作用
- 推進基盤：戦略的企業情報システムの構築]

出所）　筆者作成

ての推進基盤の構造と人間系の推進要因の初期設定をしている。それは、先行研究をはじめ、企業側の経営課題の認識、アンケート調査や総務省の情報技術の活用の示唆から定めており、さらに実践の推進要因は、経験や理論から導出したものである。

　第一に、企業変革の方向性は三つを定めており、①意識改革を徹底して、改善・改革の大小を問わない変革の素地づくりの組織体質を醸成すること。②二つ目は、明示的な方向性を「イノベーション」の創発として、従来のイノベーションからさらに発展して多くの利害関係者と創発活動を行い、要素技術を組み合わせるなど規模や形態を拡大する。③三つ目は、組織能力の強化・拡大をすすめ、組織が持っている機能や戦略などの創造、修正、追加の策定能力と実行力である。組織能力は、組織の企業体質や能力を表し個人では、知力、体力・持久力、徳力・倫理観、意欲、リーダーシップ、スキルを指している。

第二に、四つの推進要因は先行研究を補完して新しい論点を追加している。それは、第一に、戦略的意図の組み合わせや規範的な業務活動を行う活動指針の相互作用である。第二は、業務活動と人や組織を繋ぐコミュニケーション（情報活用）の肝的機能をあげている。特にコミュニケーションと情報活用は、意識改革を徹底し、リーダーシップと情報技術の活用による牽引機能によって戦略や目標を共有し、現場層は、業務活動の進捗や評価を自発的・自律的に行う要因である。第三は、本書の論点として、「場」の活性化と状況対応力として、人や組織の動機づけやモチベーションに、「感情的な作法」を採り入れたコミュニケーションを主張している点である。

(2)「場」の推進要因は人間系の論理性と感覚性の両輪

企業変革の新しい人事制度は、組織の人材配置、さらに給与・福利厚生等の処遇があり、長い間企業貢献に自負心をもつ従業員が不安や危惧を抱くことは妥当であるといえる。この感覚的な雰囲気から変革への守旧・抵抗力が生まれ、「論理的な手法」のやり方が行き詰まり、やがて企業変革の動きが形骸化の方向を辿るようになる。「場」の運用では、コミュニケーション（情報活用）を通して人情の機微や気持ちを汲む「感情的な作法」の配慮や気配りを採り入れて、動機づけやモチベーションを高め、企業変革の必要性や気運を高めていく必要がある。

ノーベル物理学賞、受賞者の江崎［2007］は、純粋科学といわれるサイエンスの世界についても次のように説明をしている。サイエンスには、ヤヌス的な二面性があり、一つは客観的、論理的、理性的で冷徹な面であり、これはサイエンスの成果や教科書などに記されているサイエンスである。もう一つは、主観的、個性的、情感的で想像性豊かなパトス的な面を指している。科学者の研究は、むしろパトス的な面が濃厚で、直感と霊感を頼りに暗中模索、悪戦苦闘、試行錯誤を繰り返し、やっとたまに闇の中に光彩を放つようなブレークスルーを見出して歓喜するとしている。ビジネスの世界でもこの論理性と感覚性の二面性は全く同じことが言える。

企業変革には、多様化した経営課題の背景に多様な顕在要因と潜在的なものがあり、その対応策と要因やそのソリューションの効果発現の関係性は、

単純に正の相関を示すものは少い。典型的な例は、イノベーションとそのジレンマといわれているものである。企業変革は、市場や技術の動向と自社の企業変革の課題についてしっかりした認識をもち、現場発想のイノベーションの創発に挑戦し、その過程においての組織学習などによる組織能力の強化・拡大をすすめる環境を作ることである。上位層と現場層は、一体となっていろいろなトレードオフの関係に調整、変更、修正、追加などのインターロックの協議や合意の検討を積極的に行い、利害の調整や支援を行うなど、強い意志と信頼によってすすめていかなければならない。

3　企業変革の方向性とその実践

3.1　戦略的企業情報システムの構築

　企業変革には推進機能の構造的な初期設定として企業環境の変化に応じた業務活動を支援する戦略的企業情報システムの構築を行う必要がある。情報技術の活用は、あらゆる経済体の情報ネットワーク化と合理性・効率性を追求する業務設計に基づいて情報処理と情報サービスの機能をはたす戦略的企業情報システムを構築することである。企業情報システムは、コンピュータ技術の処理速度や容量の恩恵を最も被った分野であるが、業務処理のシステムは、前もって手続きや取り決めを必要とする標準的でシステム化の要件を持っている。その背景には、取引先とのビジネスルールや部門間の業務ルールの制約要件があり、双方の合意が必要で一方的な業務設計は適切と言えないからである。したがって経営戦略や経営課題に対応する情報システムの構築は、ビジネスシステムの業務要件と情報技術のシステム要件の視点から検討と摺り合わせをしていく必要がある。

　企業情報システムの評価は、業務処理の範囲や機能、情報サービスの対応、運用の操作性、資源調達（開発や保守の迅速対応）の適格性、など多面的に評価がなされる。企業環境の変化と多様化の要件に追従していくことが極めて難しい状況にあり、特にビジネスルールや業務ルールの変更や改善

は、取引先や部門間の調整や合意形成に時間と負荷を要する。さらに情報処理システムは、変更や保守に要するコスト、工数、リスクなどが、変更・保守の大きな障壁となっており、評価は必ずしも高い状況とは言えない。経営者や利用部門は、企業環境に即応するために、新規業務システムの稼働を急ぎ、その迅速性と柔軟性を要請し、さらに既存のシステムについても経営戦略との適合性や情報サービスの変更対応の遅さに不満をもっている。

企業情報システムの主な要件は、グローバル化、変化・スピード、そして業務対象者の非正規社員や外国人の雇用者の運用操作など、の課題を持っている。また企業外部の市場競争の激化や消費者行動は、ますます多様化しておりその機能と消費者を支援する情報サービスに応えていかなければならない。それは持続的成長のために短期的な業務目標の達成だけでなく、長期的な競争力の強化の視点から、ブランドの形成や組織能力の強化・拡大のために、情報・知識の統合化に取り組んでいかなければならない。したがって戦略的企業情報システムの要件は、多様化、総合化、統合化、迅速化であると言える。

具体的な戦略的企業情報システムの構築や保守は、次のシステム要件が考えられる。業務設計の要件とシステム設計の資源調達の二つがあり、一つの業務設計の要件は、企業間の取引に関するビジネス・ルールや部門間の業務ルールの変更や修正に対して、迅速に情報システムの保守や変更に対応することである。また経営者、利用部門では、企業環境の変化に応じて分析視点や管理指標の変更・追加の要件が増え、これらの要求にも迅速に応えていく必要がある。もう一つは、システム設計の資源調達の要件があり、それは多様化と迅速化であり、ERPパッケージや資源の活用形態のクラウドコンピューティング[3]、SaaS[4]、ASP[5]などの導入がある。またその資源調達には、適用業務の特徴や既存の情報システムとの整合性があり、その選択基準は開発業務の重要性、緊急性、仕様要件の固定化度、企業固有の独自性などがある。さらにインフラの構築は、技術動向を重視することとコミュニケーションの機能、情報サービスの範囲やデータ・情報の保護・セキュリティの制約条件も重要視しなければならない。

運用要件は、企業の大小を問わず雇用者の多様化に対応しなければならない。その一つは国際企業の現地雇用と国内の外国人の雇用があり、もう一つ

は国内の就業者構造の変化である。就業者構造とは、パート、派遣、契約社員など非正規社員が2007年には1731万人と総就業者人口の35％程度を占めるに至っている。従って多様な従業員による運用は、標準化をすすめて定型的情報システムの構築を進めていく必要がある。また情報サービスは、利用部門が直接データベースを活用する編集・加工の操作環境を準備することであり、もう一つは定期的なサイクルで要求要件に応える情報サービスを強化することである。

さらに情報化投資の目的や効果の要件があり、財務指標だけでなく多様で長期的な非財務指標の視点から評価をすることが重要である。投資対効果は、貨幣換算による効果算定が非常に難しくなっており、経営者、利用部門、情報システム開発部門の三社がシステム企画を策定し、情報化投資と効果に関する責任範囲など合意形成のもとで企画し、稼働させていくことである。それは、業務プロセスの合理的かつ効率的な効果を求めることと、長期的な視点から人や組織の経営資源である、人的資産、組織資産、情報資産の目に見えない効果発現を狙うことである。

以上の要件から情報システムの構築は、二つの特性をもつシステム構造の実装概念を提示している。一つは基幹業務を対象とするオペレーションは、標準的・定型的な処理方式を採用し、もう一つは情報サービス提供や要件定義の不確定で柔軟性・迅速性対応を優先する適用業務は、非定型処理方式を採り入れる提示である。

3.2　企業変革の素地づくりとビジネスシステムの進化

企業変革の方向性の第一は、素地づくりの土壌形成とビジネスシステムの進化を明らかにすることである。企業変革は財務的・非財務的な経営資源を市場環境に適合させるために、全従業員が大小を問わない自律的な業務活動を続ける土壌を形成していくことである。さらにその進捗過程の結果は、経営目標や経営戦略を推進するビジネスシステムの改革として市場環境と企業内部の経営資源について適合度をはかることである。したがって実践過程は、2章にわたってそれぞれの過程を論じている。

第一に企業変革は、戦略的意図の三つの因子、「価値共有」、「ナレッジ」「自律化・プロフェッショナル化」の意識改革の下で、活動指針として定めた三つの「システム思考」「学習思考」「合意思考」に準じて業務活動を行い、コミュニケーション（情報活用）によって人や組織と業務活動を結合していく。そして活動の「場」では、論理本位の業務活動に加えて人間の感覚的要素の強い部分に臨機応変に感情的な手法を取り入れていくことである。企業変革は、意識改革と活動指針に則った業務活動の相互作用によって、業務上のスキルや情報・知識の共有と新しい情報・知識の増殖によって人や組織にそれらを蓄積していく。この情報共有、知識共有、経験共有は、非財務的な見えない資産として、人的資産、組織資産、情報資産を形成して、さらに相互作用の原動力となっていく。

　第二に、企業変革の「場」では、論理性と感覚性の両輪を重視して扱っている。業務活動は、論理性を重視して取り組むことが基本であるが、組織や個人に粘着している多様な問題は、「論理的手法」だけで片付けるには限界があり、それを補完して組織の雰囲気を変えていく「感情の作法」が必要である。「場」の運用は、状況対応として二つの両輪を持って組織と人を動かしていくこととしている。

　「場」の実践は、第一に規律性や論理性の比重が高い業務について、実績にもとづいたデータ・情報をもとに活動指針に準じて論理本位による業務活動を行う。業務プロセスの改善や改革は、企業外部の情報と企業内部の経営資源の状況情報の照合を通じて、適合性を評価し、その擦り合わせによって計画の修正・追加と実行をすすめていく。第二に、取引先や部門間で発生する利害に伴う対応の施策は、双方のデータ・情報を開示することと論理性と感覚性による主張や論拠の説明と共通理解から合意形成を進めることである。第三に、人間の感覚的な要素が圧倒的な比重を占める問題では、企業内の人的属性による影響力によるものが多い。過去の功績や貢献度によって発言力の重みが異なり、現役の引退後もその権力や影響力を継続することが多い。このような人的属性を引きずる変革は、感性を大事にした感情的な作法やコミュニケーションを尊重した取り組みをしていく。

　このような企業変革の実践では、意識改革と日常的な業務活動を通して素

地づくりが行われ、その成果としてビジネスシステムの進化が進む。ビジネスシステムの進化は、経営戦略の展開から、企業外部の市場や競合他社との適合と企業内部の経営資源との適合が重要な課題であり、それは業務設計の要件とシステム設計の要件に関係するインターフェース機能の課題である。業務設計の要件は、全社的なビジネスシステムの最適化とビジネスシステムを下位方向に展開する業務プロセスを繋ぐ、合理性・効率性の要件である。システム設計の要件は、ハードウェアや基本的なソフトウェアの物理的な接続性や統合性である。そしてこの二つの要件のかみ合わせが、情報と業務の流れについて、業務プロセス、ビジネスルールや業務ルールと情報技術に関する資源のインターフェース機能の適合であり、双方の側面を噛みわせるエンタープライズ・アーキテクチャー（EA：Enterprise Architecture）[7]と言われる概念である。

3.3 企業変革と「イノベーション」の創発

　企業変革の方向性の第二は、「イノベーション」の創発であり、その実践について牽引機能と推進機能の関連性を明らかにすることである。イノベーションの類型は、従来の技術開発による新しい製品やサービスを算出するだけでなく、二つのタイプがあり、一つは、持続的成長のために競争優位性の維持・強化の視点から消費者に至る全業務プロセスの改善・改革を創発的に取り組むことである。もう一つは、画期的なイノベーションとして人の生活様式を変える要素技術の複合化やオープン化の形態と創発的なコラボレーションによる独創的な産物の価値創造である。経営者は、イノベーションを奨励する企業文化や企業体質を積極的にすすめ、気づきのアイディアや関心を促す仕組みづくりの支援をしていかなければならない。

　前者のタイプは、全ビジネスシステムを対象とした業務プロセスのイノベーションである。特に国際企業は、現地の資材調達、市場開発、人材雇用、販売チャネルの開拓の分野に、世界の拠点において展開していかなければならない。人材雇用をはじめ主要な機能に外国人を配置して経営課題を共有し、徐々に権限を委譲する方向で、企業理念や全社的な価値観を浸透さ

せ、オペレーションの標準化を行い、本社と現地側のコミュニケーションを密接にしなければならない。経営課題は、低コストの製品開発や新しい市場開発、現地の人材雇用や部材調達さらに現地企業との業務提携などである。また今後海外進出を計画する非製造業のイノベーションは、製造業で学習した成果を学び、サービスの競争力強化のために効率化や生産性に注目しなければならない。流通サービス業界の店頭での接客対応は、日本人が歴史的・文化的に培ってきた気配り・心配りといった「もてなしの心」を移入するなど差別化を拡大させていくことである。さらに日本企業の特徴である大企業と関連企業の関係が、現地企業との連帯と協働の意識の形成に対して応用することである。業務活動は、異文化経営を理解してコミュニケーション重視による、現地での活動や地位を確保する展開を進めることである。

　後者のタイプは、画期的なイノベーションとして要素技術の複合化、関連技術のオープン化、消費者や取引先とのコラボレーションがあり、細分化された対象市場に独創的な人の生活様式を変えていく価値創造の追求である。日本人の生活様式は、価値観をはじめ、豊かさ、文化のレベル、社会性や感動など多様性を持っており、そこから生まれるイノベーションは、論理と感性の両面性を有するものであり、それは複合的な要素技術の組み合わせや市場との創発によるものである。それは、複合技術と市場創造の「モノ作り」と「コト作り」の融合化した創発から生まれるものである。

　市場・消費者の動向の変化やアイディアはイノベーションを後押しする。新しい技術、特に情報技術による結合や組合せ技術は、イノベーションによって価値創造を生み、その評価を受けて短期的あるいは長期的な成果物になっていく。イノベーションは、要素技術の複合化や機能によるものであり、大きな流れは、地球規模で抱えるエネルギー、地球環境保全、交通の都市問題などに発展している。また産業社会の企業の共通的な課題は、産業構造を変えていくモノやシステム作りであり、いかに取り組んでいくかがイノベーションの芽生えの支援といえる。

　またクレイトン・クリステンセン（Clayton M. Christensen）[2011] は、イノベーションのジレンマを提唱する一方、そのすすめ方は、「トップが決断し、別組織を編成して注力すればイノベーションを具現化できる」と主張

している。職務記述の分権化は、日本と欧米においてミッション、組織、マネジメントの相異点があり、欧米における現場の責務は、あくまで組織として所与の仕組みで収益を上げることであり、投資を伴うイノベーションによる事業創造は任務に反するとしている。

しかし日本の企業では、現場層が企業の将来や事業内容に大きな関心を持っており、むしろ現場の革新を吸い上げる仕組みによって、思いつきや創発の感性を大切にして事業化にもっていくケースが多い。先行研究や欧米企業の特徴を補完する論点は、欧米の分業化とミッションの考え方に対して日本のビジネスシステムは、今なお運命共同体的な特性が強くイノベーションのアイディアや創意を全社的なものとして位置付けることである。イノベーションは、商品企画や技術領域の複合化と融合化であり、業務活動を通して生まれるものである。経営層は個人や組織のコア・コンピタンスやアイディアを吸い上げる環境づくりとその活動支援をすることであり、さらに目利き機能を強化することによって組織に散在しているアイディアや創案をイノベーションの成果につなげることである。

3.4　企業変革と「組織能力」の拡大・強化

企業変革の方向性の第三は、「組織能力の拡大・強化」であり、牽引機能や推進機能との関連性を明らかにすることである。藤田［1997］は、企業を経営資源と組織能力の集合体とみなし、かかる資源と能力の独自性が、企業の競争優位性の源泉であるとして、「経営資源」と「組織能力」の相違点について、経営資源が既に獲得された有形・無形の資産やノウ・ハウや技術などを指すのに対して、組織能力とはそうした経営資源を獲得する力、あるいは経営資源を活用する力を意味する点にあるとしている。経営資源は表の評価であり、組織能力は裏の評価であるともいわれ、また業務プロセスやイノベーションの視点から、前者は、企業が固有に持つ有形・無形の資源であり、後者は、それを活用する能力や合理性・効率性のプロセスの仕組み作りと実行力であるといえる。

企業変革の実践は、教科書的な戦略策定や人・組織の再編成だけでなく、

自社固有の戦略策定や人の配置について組織体制を設計することであり、さらに企業体質や組織文化の形成と人や組織の意識や組織能力の拡大・強化を図っていくことである。それは、段階的ステップを追って進め、まず従業員の価値観や危機感に対する意識改革を行い、日常の業務活動について論理的な思考力を重視して実行する。業務プロセスの大小を問わない改善・改革が、目標レベルまで向上した時点で、リストラクチャリングやリエンジニアリングによる事業の構造改革、組織編成や人事制度の変更に踏み切ることである。

　組織能力は、眼前の業績目標の達成のための業務スキル、知識、技能だけでなく、他部門や他企業とのコミュニケーション（情報活用）力、さらに人的属性の信頼関係を築く信頼感や知力・徳力なども組織能力といってよい。組織能力の強化・拡大には、長期的な投資の考え方が必要であり、持続的成長にとって予測される経営資源の創出、変更、修正の戦略策定力とその業務対象分野の目標や経営課題の計画・実行のPDCAサイクルを定期的に行うことである。

　企業変革は、戦略、人、組織の領域から、経営資源とコア・コンピタンスの融合を進めていく組織能力の強化・拡大の比重を高めていくことである。それは、人と組織、価値創造や戦略に対する思考力であり、経営資源の創造・変更・修正に関する策定力と実行力であり、オペレーション領域の業務活動を通して牽引機能や推進機能の相互作用によって情報、知識、経験の共有に拡大していく。その実効的な取り組みは、次の三つの要旨である。

(1) 欧米企業にみられるコンサルタントなど外部の力による変革計画を導入するトップダウン型の方式より、企業内部のスタッフが自社分析と固有計画を練り上げ、その実践はリーダーと現場層が一体となって現場主導型の方式をとることである。論理性重視の実践は必要であるが、過去を完全否定する極端な変革は、かえってマイナス面が多くなると考えられる。実践で優れた人材を育て、その人材が長期的に企業に貢献して企業価値を高め、結果として組織へのロイヤリティを高める取り組みをすることである。

(2) 経営者と従業員の信頼関係の維持・確保である。経営者は、良きパートナーとして従業員の役割を期待し、企業の競争優位性の主たる源泉として認識すべきである。経営者は、従業員と双方の真の利益を享受する信頼と協力関係を実現するために人材の育成と有効的な配置や活用をすすめていかなければならない。
(3) 創造性を生み出す集団主義やチームワークを涵養することである。従来日本企業の強みといわれた集団主義やチームワークは、現場で現場力、高い生産性、高い品質の原動力となっており、今後も継続していくべきである。一方従来の延長線上にある業務手順や規約は、創造性を抑制して埋没しかねない要因を含んでおり、斬新で創造的なアイディアや発想を重視する組織風土の環境づくりをしなければならない。

先行研究における、従来の理論は、合理性と効率性を基本とした戦略論をはじめ、経営組織や人材論からのオペレーションの展開であった。従来の企業成長は、そうした分野からの理論と企業業績が比較的単純な因果関係を見せていたが、SNS時代のグローバル化と変化やスピード化の経済社会では、その要因変数が多様化と不確定性になっており、混迷度を高めている。人や組織の組織能力は、経営資源を創造して活用する戦略、マネジメント、実行を行う能力であり、特に状況対応力として修正能力が重要であり、論理性と感覚性の二つの両面の特性を持っている。組織能力の強化・拡大は、外部の市場環境を洞察して企業内の経営資源と適合を図る牽引機能と推進機能が重要である。人と組織の人材と組織論、リーダーシップ論、モチベーション論、最近の理論であるEQ論とも深く関係しており、論理的な視点だけでなく人間系の感覚的な視点から探索をしていく必要がある。

【注】

1 ズボフ（Zuboff, S.）は、情報技術の活用を自動化と情報化の側面で捉えている。
2 ダベンポート＆ショート（Davenport & Short 1990）[1990]は、外部環境とビジネスシステムの適応概念を唱え、変化やスピード化の企業環境の中でビジネスプ

3 ヤヌス（Janus）とは、ローマ神話の門の守護神。前後を見る二つの顔をもつ。ローマのフォルムに神殿があり、その扉は平和時には閉ざされ戦時には開かれるのが習慣であった（江崎玲於奈「私の履歴書」日本経済新聞社、2007年1月3日）。
4 クラウドコンピューティングとは、インターネット上にグローバルに拡散したコンピューティングリソースを使って、ユーザーに情報サービスやアプリケーションサービスを提供すること。
5 SaaSとは、ユーザーが開発サービサーなどからソフトウェアのサービス機能提供を、必要な機能のみを選択して利用できるようにしたソフトウェアのこと。
6 ASPとは、業務アプリケーション・ソフトウェアなどの各種システム機能をネットワーク経由で提供する事業者、ないしサービスのこと。
7 エンタープライズ・アーキテクチャーとは、経営戦略を企業内の各レベルで、だれが何をどのように行うかについて経営資源を構造化して業務プロセスと情報技術の活用による実行の最適化を目的とする設計図である。
8 目利き機能とは（参照：kotobank.jp/word/デジタル大辞泉）語源の意味として器物・刀剣・書画などの真偽・良否について鑑定することから始まり、最近ではビジネスの世界で事業価値、技術の価値、マーケティングの価値や情報の価値などの評価に使われている。

（冒頭、本文の続き）
ロセス、業務プロセス、マネジメントとその評価システム、価値や信頼の関係を議論している。

参考文献

中小企業庁［2005］『中小企業白書』［資料：中小企業金融公庫「経営環境実態調査」（2004年11月）］（参照：http://www.chusho.meti.go.jp/pamflet/hakusyo/h17/download/2005hakusho_point.pdf）。

（社）中小企業研究所［2004］「製造業販売活動実態調査」（2004年11月）。

総務省［2009］『平成21年版情報通信白書』（参照：
　http://www.soumu.go.jp/menu_news/s-news/02tsushin02_000006.html）。

（社）経済同友会［2009］『第16回企業白書』「新・日本流経営の創造」
　（参照：http://www.doyukai.or.jp/whitepaper/articles/no16.html）。

イゴール・アンゾフ（H. Igor Ansoff）著、中村元一監訳［2007］『アンゾフの戦略経営論［新訳］』中央経済社。

D・A・アーカー（D. A. Aaker）著、野中郁次郎・石井淳蔵・北洞忠宏・嶋口充輝訳［1986］『戦略市場経営――戦略をどう開発し評価し実行するか』ダイヤモンド社。

ピーター・ドラッカー（Peter Ferdinand Drucker）著、上田惇生訳［2001］『マネジメント［エッセンシャル版］――基本と原則』ダイヤモンド社。

ジョン・P・コッター（John P. Kotter）著、金井壽宏監訳［2008］『「経営の神様」松下幸之助の物語　幸之助論』ダイヤモンド社。
ジョン・P・コッター（John P. Kotter）、ダン S・コーエン（Dan S. Cohen）著、高遠裕子訳［2003］『ジョン・コッターの企業変革ノート —— the Heart of Change』日経 BP 社。
ジョン・P・コッター（John P. Kotter）著、梅津裕良訳［2002］『企業変革力 —— Leading Change』日経 BP 社。
ジェイ・ガルブレイス（Galbraith, Jay）著、梅津裕良訳［1980］「横断組織の設計 —— マトリックス組織の調整機能と効果的運用」ダイヤモンド社。
マイケル・ハマー（Michel Hammer）、ジェームス・チャンピー（James Champy）著、野中郁次郎訳［2002］『リエンジニアリング革命 —— 企業を根本から変える業務革新』日本経済新聞社。
トーマス・H・ダベンポート（Thomas H. Davenport）著、卜部正夫他訳［1994］『プロセスイノベーション —— 情報技術と組織改革によるリエンジニアリング実践』日経 BP 出版センター。
ゲイリー・ハメル（Gary Hamel）、C・K・プラハラード（C. K. Praharad）著、一條和生訳［1995］『コア・コンピタンス経営 —— 大競争時代を勝ち抜く戦略』日本経済新聞社。
ジェイ・B・バーニー（Jay B. Barney）著、岡田正大訳［2003］『企業戦略論　基本編 —— 競争優位の構築と持続』ダイヤモンド社。
D・ティース（David J. Teece）、C・ヘルファット（Constance E. Helfat）、S・フィンケルスティーン（Sydney Finkelstein）、W・ミッチェル（Will Mitchell）、M・ペトラフ（Margaret A. Peteraf）、H・シン（Harbir Singh）、S・ウィンター（Sydney G. Winter）著、谷口和弘他訳［2010］『ダイナミック・ケイパビリティ —— 組織の戦略変化』勁草書房。
国領二郎［1995］『オープン・ネットワーク経営 —— 企業戦略の新潮流』日本経済新聞社。
国領二郎［1999］『オープン・アーキテクチャ戦略 —— ネットワーク時代の協働モデル』ダイヤモンド社。
ジェームズ・オトゥール（James O'Toole）著、大川修二訳［1996］「リーディングチェンジ」ジョセフ・ボイエット＆ジミーボイエット著、金井壽宏監訳、大川修二訳［2002］『経営革命大全』日本経済新聞社。
加護野忠男［1988］『企業のパラダイム変革』講談社。
電通総研・日本リサーチセンター編［2004］『世界 60 カ国　価値観データブック』同友館。
リチャード・バレット（Richard Barrett）著、斎藤彰悟他訳［2005］『バリュー・マネジメント —— 価値観と組織文化の経営革新』春秋社。
野中郁次郎・竹内弘高著、梅本勝博訳［1996］『知識創造企業』東洋経済新報社『The Knowledge-Creating Company』の邦訳。
片岡信之［1992］『現代企業の所有と支配 —— 株式所有論から管理的所有論へ』白桃書房。

ピーター・M・センゲ（Peter M.Senge）著、守部信之訳［1995］『最強組織の法則 —— 新時代のチームワークとは何か』徳間書店。

ダニエル・H・キム（Daniel H. Kim）著、大川修二訳［1993］「個人学習と組織学習の結びつき」スローン・マネジメント・レビュー、ジョセフ・ボイエット＆ジミー・ボイエット著、金井壽宏監訳、大川修二訳［2002］『経営革命大全』日本経済新聞社。

デイビッド・A・ガービン（David A. Garvin）、エイミー C・エドモンドソン（Amy C. Edmondson）、フランチェスカ・ジーノ（Francesca. Gino）著、鈴木泰雄訳［2008］『学習する組織の成熟度診断法 —— 環境、プロセス、リーダー行動から判定する』DIAMOND ハーバード・ビジネス・レビュー 2008 年 8 月号、ダイヤモンド社。

大鶴英嗣「松下電器の環境経営」工業経営研究学会記念講演録、2007 年 9 月 11 日。

クレイトン・クリステンセン（Clayton M. Christensen）「経済教室」日本経済新聞、2011 年 10 月 2 日。

藤田誠［1997］「経営資源と組織能力」早稲田商学 第 375 号
    (http://dspace.wul.waseda.ac.jp/dspace/bitstream/2065/4956/1/92941_375.pdf#search='早稲田商学＋第 375 号')。

第2章

企業変革の推進機能としての戦略的企業情報システムの構築

1 推進機能の戦略的企業情報システムの要件

1.1 戦略的企業情報システムの意義と要件

(1) 戦略的企業情報システムのシステム要件

　ビジネスシステムは、経営課題の多様化、総合化、統合化、迅速化に対応するシステムであり、その運用を支援する情報システムは経営戦略に従うという点から戦略的企業情報システムと呼ぶ。それは、二つの制約条件を持っており、一つは就業者の多様化として、外国人の登用や非正規社員の雇用者による運用、もう一つはスピード対応の点から、本社部門の集中型処理方式から権限の現地化や現場層への権限移譲の運用方式である。

　前者の就業者の多様化の視点は、(社)経済同友会 [2009] の「新・日本流経営の創造」による近未来モデルによれば、日本市場での売上構成は20％、それ以外の80％が米国、アジア、ヨーロッパ地域と新興国に依存し、従業員の半数以上は、日本人以外による多国籍化が進むとしている。新聞報道などによれば、現地採用者の増加に伴い異文化コミュニケーションの理解を深めるために日本国内における幹部教育などを始めている。また総

務省統計局ホームページ労働力調査の雇用形態別雇用者数の推移に関する長期の時系列データ［2008］によれば、パート、派遣、契約社員等の推移は、1993年の986万人から2007年には1731万人と745万人増加しており、総就業者人口のおよそ35％程度を占めている。まさに情報化社会は、従来の経済性の原理を変え、企業活動のパラダイムチェンジやワークライフ・バランスなど就業形態や就業制度の多様化を起こしている。このような背景から企業活動や人・組織を支援する戦略的企業情報システムの要件は次のように考えられる。

(1) 基幹的な業務対象は、手続き型で規律性・一元性の高い情報処理システムによって業務処理手順に従って操作できることである。
(2) 国際経営の現地化や国内の販売・生産現場は、現場の自律的な判断や対応を可能にする。運用従事者は、業務対象分野と優れた技術・経験や判断力をセットにして権限移譲を強化して柔軟な運用を行う方式に改める。
(3) 情報システムの稼働迅速化の要件は、経営課題と利用側の要求に従って資源調達を準備することである。しかしビジネスシステムの改革は、組織間や企業間の業務ルールやビジネス・ルールの変更と調整が発生し、それは利害対立を伴うものであり、高い次元で協議や合意形成を重ねて要件定義に反映して情報システムの構築を行う。
(4) 新規事業の迅速な開発要求は強いが、業務ルールやプロセスの要件定義が確定しない業務部分があり、試行的で応急的な情報処理システムで対応して創発的に業務要件を固定していく。迅速性優位の資源調達はERPやクラウドコンピューティングを導入する。
(5) 外部の規制や制約条件によって業務要件が変わり、さらに管理指標の項目や切り口が変わる場合の対応も同様である。利用部門と情報システム部門は、システム稼働を優先させ、試作的な情報システムを早期に導入して業務プロセスとの整合性の摺り合わせを行い、検証と評価を加えて定着化を図っていく開発方法を採用する。

資源調達の重要なことは、業務改革や業務要件の定義を決める責任は、利用部門の責任であることを認識することである。情報システム部門は、迅速対応のために技術的な動向や資源の調達手段を準備しておくことであり、利用部門に対して要件定義の文書化支援や調達資源の選択基準や評価に関してその特徴や功罪を十分説明することである。したがって戦略的企業情報システムの基本的な要件は、基幹的な業務処理の定型性と多様性・柔軟性対応の非定型性の特性をもつことであり、その運用は、携わる従事者の区分と適用システムを組み合わせて行う、定型的情報処理システムと非定型的情報処理システムの二層構造の実装を提起するものである。

(2) 戦略的企業情報システムの運用と資源調達

戦略的企業情報システムの運用要件と資源調達の方法は、次のように三点に要約することができる。

(1) 戦略的企業情報システムの活用は、リーダーと従業員の意識や業務スキルのレベルによって、情報に対する感度と情報活用によるコミュニケーション、業務の品質や精度だけでなくビジネスシステムや業務プロセスの改革や改善、ビジネスルールや業務ルールの見直しにも影響を及ぼす。また企業は、個人の色々な意欲や能力の集合体であることから、業務の貢献度や知識・スキルの向上意欲がビジネスシステムの成熟度や完成度に繋がっているといえる。また戦略的企業情報システムは、業務改善や改革に取り組むことを支援するものであり、そのシステム企画は、経営戦略、業務要件と業務プロセスの変革、業務設計とシステム設計、投資などについて検討をするものである。業務要件は、ビジネスルールや業務ルールの制約や業務プロセスの整合性と密接な関連性を持っており、その要件定義は定型性あるいは柔軟性や不確定性などの要件から適切な設計方式を取り入れることである。さらに利用部門と情報システム部門は、稼働後も定期的な情報システムの評価・改善の機会をもつことである。

(2) 第2点は、資源調達の方法とインフラの構築である。資源調達は、

ERPなどパッケージ導入をはじめ、新規の自社開発、既存の現行システムの保守対応があり、いずれも現行システムとの整合性や統合性を検討しなければならない。資源調達は対象業務の特性や迅速性の視点から、クラウドコンピューテイング、SaaS、ASPなどの形態も選択肢として検討し、その選択基準は、経営課題の優先順位や緊急性、適用業務の特徴、要求定義の成熟度、さらに新規開発か現行システムの保守かの選択から決定することである。インフラの構築は、技術動向やネットワーク基盤の機能や情報サービスの要件に基づいており、さらにデータ・情報の保護・セキュリティのレベルの検討もしなければならない。コミュニケーションは、企業情報システムのネットワークだけでなく、企業と不特定の消費者とのスマートフォンなどモバイルなども対象としなければならない。消費者のモバイル層は潜在的な未来の消費者としてコミュニケーションのインフラ基盤として構築をしなければならない。

(3) 企業情報システムが一番求められているのは、情報サービス機能の強化である。情報システム部門は、業務処理のデータベースから各階層や組織部門に活きた情報サービスを提供することである。各利用部門は、業務目標や管理指標に取って必要な情報をタイムリーに要求し、また上位層は、複数部門にまたがる最適化の統制判断に必要な情報を希望している。例えば生産マネジメントシステムでは、在庫、納期、工程、採算、生産進捗の課題があり、データ・情報から在庫削減や納期短縮の因果関係を解明し、適切な対応策の策定によって業務プロセスの改善や標準化などに繋げていく。問題解決には、データ・情報の活用による組織学習を行い、新たな仮説を立て次の改善に反映していく。コミュニケーション（情報活用）が人・組織と業務プロセスを繋ぐ肝的機能として、水平方向の業務プロセスをサプライ・チェーンとして他部門や関係企業との交渉や調整を行い、垂直方向の階層間では報告・連絡・相談などによって課題を共有して支援や助言を得る交信をしている。

1.2 ビジネスシステムと情報技術の活用

(1) 情報技術の利活用力（IT ケイパビリティ）は企業能力

　情報技術の利活用力は、IT ケイパビリティと呼ばれ、情報技術を使いこなす企業能力であり、一つは企業情報システムの企画・開発・運用・保守の分野から業務設計とシステム設計を策定するシステム企画力であり、もう一つは情報処理システムの支援から、経営資源と市場や競合の情報把握によって経営資源の再投入の意思決定や判断業務の支援のために情報サービスをすることである。すなわち目的は二つあり、一つは企業活動の業務処理を合理的・効率的に行うことと、もう一つは生成・保存されたデータベースから情報活用をすることによって、精度の高い、タイムリーな判断業務を行い、経営資源の計画や評価に有効な活用をすることである。

　図表2-1では、情報技術の活用と戦略的企業情報システムの関連図を示しており、それは、業務プロセスを包摂して情報処理変換を行い、データベースを作成する。またそれは経営資源の可視化サービスをするだけでなく、市場や消費者のアナログ的な情報も収集して企業内に反映させていく機能も持っている。戦略的企業情報システムは、外部の環境に関する情報と企業内の経営資源の情報を照合させ、個別的な戦略や業務目標の適合具合と有効性の程度について評価を行う目的で活用される。

　外部の環境に関する情報は、市場・消費者や業界・他社動向の情報であり、経営資源の情報は、企業活動に絡む有形資産の調達と運用の情報であり、効果的な判断のために可視化された情報サービスを提供している。さらにこの情報は、共有化や組織学習に活用されることによって、経営品質や判断の精度の向上に貢献する。図表から言える第1番目は、情報技術の活用がビジネスシステムの進化と業務変革や改善の創発に繋がることを図示している。第2番目に、ビジネスシステムの進化は、既存のオペレーションだけでなく新事業モデルの創造、マネジメントの品質向上に繋がることである。それは、商品開発や販売促進、受注・売上の効果だけでなく、物流分野のロジスティックスの輸送・包装・保管業務の改善や革新などに繋がっていく。一方、情報技術の活用は、消費者の購買履歴からデータベース・マーケティン

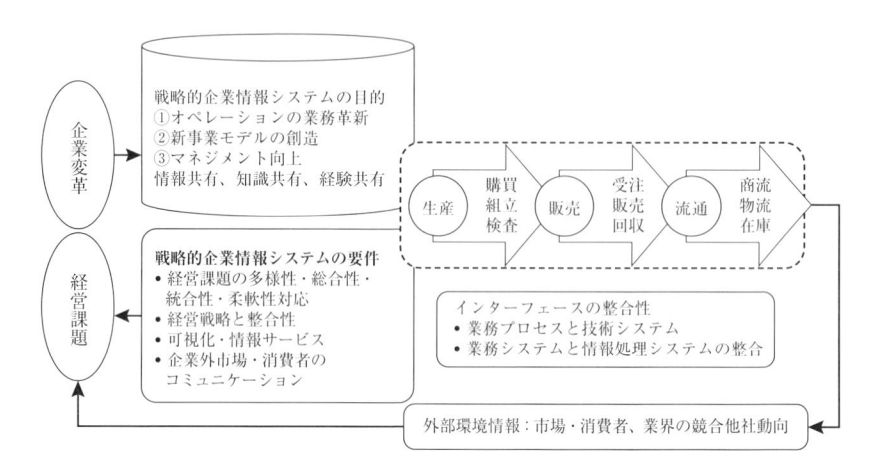

図表 2-1　情報技術の活用と戦略的企業情報システム

戦略的企業情報システムの目的
① オペレーションの業務革新
② 新事業モデルの創造
③ マネジメント向上
情報共有、知識共有、経験共有

企業変革

経営課題

戦略的企業情報システムの要件
- 経営課題の多様性・総合性・統合性・柔軟性対応
- 経営戦略と整合性
- 可視化・情報サービス
- 企業外市場・消費者のコミュニケーション

生産 → 購買組立検査 → 販売 → 受注販売回収 → 流通 → 商流物流在庫

インターフェースの整合性
- 業務プロセスと技術システム
- 業務システムと情報処理システムの整合

外部環境情報：市場・消費者、業界の競合他社動向

出所）　筆者作成

グや全く新しいインターネットマーケティングの領域に拡大されている。

　一方、情報システム開発は、業務設計とシステム設計による機能、整合性、同期性が重要であるが、その要件や投資に関して経営者、利用部門、IT 部門の意図や利害が対立することがあり、さらに三者の業務ルールや企業外とのビジネス・ルールの改革に新しい利害関係が発生し、譲歩の調整や利得など要件の合意形成をしていかなければならない。

　戦略的企業情報システムは、企業の外部環境と内部の経営資源を適合させるインターフェース部分に相当し、その整合性は業務プロセスだけでなく、技術システムとの接続性が重要である。情報技術の活用は、新しい市場や商品サービスの改善や改革とビジネスプロセスイノベーションや情報共有化によって精度や品質の向上に寄与する。また情報活用は、ビジネスシステムや業務プロセスの管理指標の目標に基づいて、各業務部門の判断や意思決定を支援するものである。その有効性は、情報規程とデータ定義の一元化を前提としており、情報規程は、全社的に共通した一元的な評価や意義付けをしたものであり、データ定義は、業務活動とデータ属性を一義的に定義し、業務処理を正しく反映した正確性を担保とするものである。情報技術の活用力

は、このような情報技術の活用と業務プロセスの改革と改善にとって非常に重要な企業能力といえる。

(2) 情報技術の活用力は情報システム部門と利用部門の構築力

情報技術の活用力は、情報システムを構築する能力とその情報システムから判断業務や次の計画策定に情報活用をする能力の二つの視点がある。前者の構築に関するシステム企画は、経営戦略から業務プロセスの手続き上の要件定義と業務設計をすることであり、その手順は経営戦略の可視化から要件定義を行い、現状システムの評価や実現可能な業務設計とシステム設計について利用部門、経営者、情報システム部門が合意をすることである。経営戦略の策定は、企業の経営理念や経営目標を基本にして、市場の消費者や競合他社の動きなどの外部環境と自社の経営資源の強み・弱みに関するSWOT分析[1]を行い、事業領域の評価や課題から個別戦略の展開を策定する。続いて重点的な事業領域や戦略目標の実現に、最重要経営課題[2]（CSF：Critical Success Factor）を設定し、目標達成のために業務活動の評価尺度[3]（KPI：Key Performance Indicator）と一連の連鎖を戦略マップ[4]として関連付けることである。戦略目標の進捗管理は、戦略マップに従って評価と進捗状況を確認して次の計画に反映をさせていく。

稼働の主な段階は、システム企画、資源調達や稼働準備、稼働後の運用と定期的な評価の三つに分かれる。第一に、システム企画の段階では、経営戦略の可視化から現行業務システムの組織の範囲・機能・責任、そしてビジネスルールの商流、物流、金流の定義とその取り決めなど、機能や課題を明確にする。企業間のビジネス・ルールと部門間の業務ルールには制約があり、その改革には利害が伴い変更や業務プロセスの見直しの調整作業が生じ、多くの負荷を必要とする。第二に、資源調達の段階では、業務要件や現行システムとの整合について、現実的な業務設計やシステム設計がなされる。その選択は、新規性の比重が大きい案件は新規開発、あるいは現行情報システムの追加・修正による保守対応、またはその折衷型の方法を採用する。開発段階では、業務プロセスの機能、整合性、同期化の要件が了承され、投資、開発体制やスケジュール、などの計画が加えられて経営者の承認を得て開発に

入る。

　情報システムの構築は、経営層、利用部門、IT部門の三者が合意形成をすることが重要であり、図表2-2はその役割と機能を関連付け、それぞれの責務と責任を示している。経営層は、経営目標の達成が使命であり、企業環境と経営戦略に企業内部の経営資源の適合状況から迅速な意思決定と計画と業績の乖離に関して修正や追加をすることである。また利用部門は、業績に関する状況や結果と経営資源の状態の評価・分析によって次のサイクルの計画に活かしていくことである。さらにIT部門は経営層や利用部門の評価や要求に応えて戦略的な機能や情報サービス機能を強化していくことである。三者の関係は、利用部門は経営者に対し情報化投資に企業業績によって貢献することであり、IT部門は、経営層に対して意思決定を支援する可視化情報を提供し、利用部門には要求要件に応えて変更対応に応ずることである。

　一方、情報活用の能力は、判断・統制・意思決定のためにデータ・情報を活用することである。例えば、商品・サービスの商品企画の機能では、消費者目線からその機能、品質、価格を決め、生産部門から流通チャネルや配送業務に繋いでいく。ビジネスシステムは、それらのオペレーションにとって最適な経営資源の人員・組織の配分・配置をしたものであり、重点的な管理

図表 2-2　情報システム構築における経営層、利用部門、IT 部門の合意形成

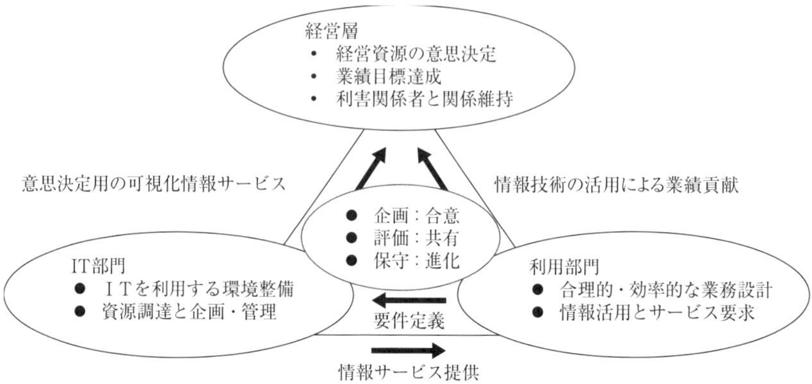

出所）　国領二郎［2004］『ＩＴケイパビリティ』に筆者加筆

指標や在庫のムダに関心を払い、関係取引先と協働して業務プロセスの改善に努める。業務プロセスのスキル能力は、個人や組織の業務スキルの集積であり、情報共有や知識共有によってそのレベルを高めていく。情報活用によるコミュニケーションは、情報共有や知識共有を増輻させ、大小さまざまな改善・改革を進め、さらに経験との融合から次の企業変革の進化に役立つのである。今後の情報活用は、データ資源の品質、精度、鮮度管理が課題であり、企業内の共通言語としての情報規程を明確にして情報の意義や統合化と一元化を行うことである。経営サイクルでは、情報活用による経営課題の評価・分析と次のサイクルの計画策定を行うことを基本的なプロセスとする。さらに情報資源が重要な経営資源として強く認識され、情報活用による透明性のある業務活動が行われる組織体質と正しい情報が流通する情報文化を醸成していかなければならない。

1.3 情報システムの評価と経営者の役割

(1) 情報システムの評価

総務省が、行った企業経営と情報システムの評価に関して次の報告がある。総務省の「企業経営における IT 活用調査」[2003] の報告では、図表2-3に示されている通り、情報化とその投資効果の評価や取り組みについて日米の比較を紹介している。主な情報技術活用の評価項目は、総合評価、投資対効果の定量的把握、経営層の IT 戦略の関与度、業務や組織の改革などがあり、それぞれ詳細な仕組みと内容に分類されている。調査結果から、導入前の効果予測は、日本が57.8％で米国が82.9％であり、導入後に定期的かつ定量的検証を実施している企業は、日本はわずか13.5％であるのに比べて、米国は62.4％となっている。また定量的な効果指標の設定に関して日本が32.5％に対し、米国が53.1％であると報告されている。

すべての業務活動の業績が貨幣換算化される米国の経営システムの違いを差し引いて考えても導入前後の日米の大きな差異は、注目に値する。全体的な取り組みは、米国の方が高い関心の傾向にあり、日本の企業が、経営者・利用部門・IT 部門が、一体となって取り組むべき課題は、稼働後のフォロー

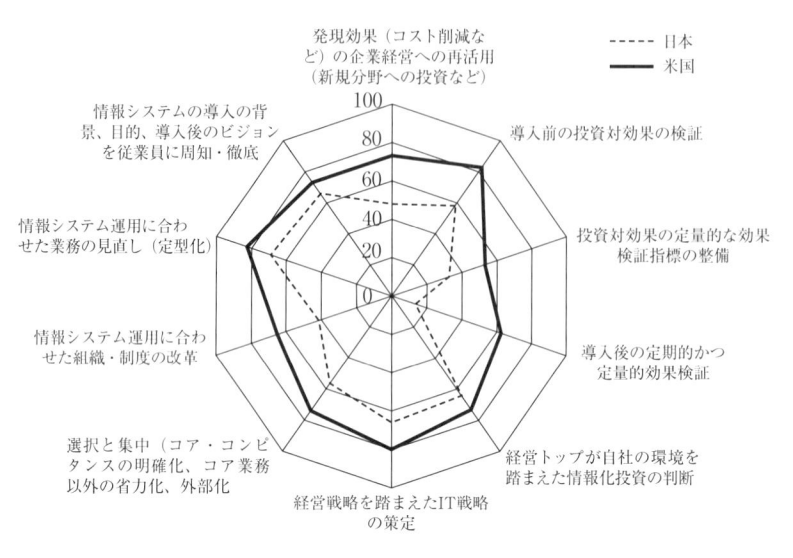

図表 2-3 「企業経営における IT 活用調査」のレーダーチャート

軸項目（時計回り）:
- 発現効果（コスト削減など）の企業経営への再活用（新規分野への投資など）
- 導入前の投資対効果の検証
- 投資対効果の定量的な効果検証指標の整備
- 導入後の定期的かつ定量的効果検証
- 経営トップが自社の環境を踏まえた情報化投資の判断
- 経営戦略を踏まえたIT戦略の策定
- 選択と集中（コア・コンピタンスの明確化、コア業務以外の省力化、外部化）
- 情報システム運用に合わせた組織・制度の改革
- 情報システム運用に合わせた業務の見直し（定型化）
- 情報システムの導入の背景、目的、導入後のビジョンを従業員に周知・徹底

凡例: ----- 日本　―― 米国

出所）総務省情報通信政策局情報通信経済室／委託先（株）NTT データ

に加えて、特に効果の結果を企業経営の再投資に回すことであり、それは情報システムの運用によってオペレーションの標準化・システム化や組織や制度の改革を進め、経営品質を高めることにつながっていくからである。

　情報システムは、経営者側の関わり合いが非常に重要であり、その背景の第一は、経営戦略を実現するために合理性や効率性の視点から業務活動を支援する情報化投資を企画し、運用や保守の段階まで効果や評価を共有することである。第二は、経営者のコミュニケーションの重要性であり、企業内外の実態情報を把握することによって、意思決定や統制判断の支援材料として活用し、さらに業務プロセスと情報システムを一体化と考えて改善活動を支援していくことである。第三は、日本的経営システムは、コミュニケーション（情報共有）によって商品開発や業務プロセスの改善をすすめ、相手側と信頼と協調の応答関係で成り立っているからである。その情報システムの特性は、企業の歴史的な形成過程、企業体質、経営者のリーダーシップなどに依存しているからである。

欧米の組織論では、組織や個人を情報処理体の集合体とみなす考えが強く、企業経営は合理性や効率性を追い求め、管理をするために中央のトップに情報を集め、トップの意思決定に従うビジネスシステムとその運営方式から情報システムの設計と構築をしてきた。欧米のビジネスシステムは、機能や業務プロセスの分業化と作業者の職務記述が明示的であり、業務処理と情報処理は手続き通りに行なわれ、情報は報告手段や判断業務を支援する機能重視となっている。他方日本的経営システムは、業務処理が曖昧性や互助精神のもとで行われる特性があり、情報活用は、企業の成熟度や企業文化によって異なっており、経営者は情報技術の活用について論理性を重視した独自の強い意志を明示すべきである。

(2) 経営者の役割

経営者の役割は、自社の業務目標の達成だけでなく、市場動向の変化や社会との共生に関心を払わないといけない。企業経営は、従来に比べて経営に及ぼす変数が多様化、複雑化する中で多くの利害関係者と対立と調整について対応をしていかなければならない。また経営者は、多様な意思決定に速やかな決断を強いられており、内部の状況情報が重要な役割を占めるようになっている。このような背景から経営者は、情報資源のあり方やその投資効果について関心を高めている。

情報資源の管理や情報技術の活用に関する責任者は、CIO（Chief Information Officer）であり、その役割の第一は、社内の経営層や利用部門を顧客と位置づけ、それぞれの経営課題や経営戦略に対応する情報システムの企画・開発と現行情報システムの保守・運用サービスをしていくことである。第二に、業務プロセスの合理性・効率性と競争優位性の視点から、利用部門の情報技術の活用を積極的に支援していくことである。特に国際企業の企業情報システムは、世界標準に準拠しつつ、生産・販売拠点の情報把握から経営資源の配分に関する意思決定の支援、業務プロセスと情報システムの標準化をすすめるべきである。情報システムは、基幹的な財務会計や生産・販売・流通分野の業務プロセスの標準化が先決であり、さらに現地の人材雇用、資材購買、生産、販売チャネルの業務プロセスを構築することである。第三に、情報システムの構

築には、利用部門の要求要件と資源調達があり、その最適化と統合化の摺り合わせを図っていく。例えば ERP パッケージの導入は、一方的にパッケージ仕様に業務プロセスを合わせる、またはパッケージ仕様と業務プロセスの適合具合によって、不適合部分を追加的に補完する方法が取られる。いずれの方式も業務設計とシステム設計視点からその特徴について十分な学習と検討がされる。第四は、システム運用体制として責任分担を明確にすることである。情報処理システムは、業務プロセスを情報処理変換するものであり、その機能が広範囲にわたっており、活用技術や運用機器は多様化の方向にあり、企業内部だけでなく外部との連携強化や整合性も重要になっている。

また企業の従業員の就業や就労は、ワークライフバランスなど多様な雇用形態が進み、それに応じた就業制度、人事制度、報酬制度を準備しなければならない。雇用構成の変化の第一は、外国人の雇用の流れであり、第二は、正規社員と非正規社員のパート、派遣、契約社員などの多様化、第三は、事業部門で要求される人材の多様化があり、資源調達や運用に関して外部のアウトソーシングや外部委託、外部人材のスキル導入をしていかなければならない。企業は、益々多様な人材活用の対応を迫られ、企業と雇用者側は契約行為に基づいて雇用形態や給与制度の緊張関係を迫られてきている。情報システムの運用は、従事者の特性による配置、任務、そして権限移譲の範囲など制約条件に従って行う動きも出ている。

経営者は、肥大化したストック化の情報資源を再認識して、企業変革における情報技術の活用と情報活用の視点から、その企画、開発、保守、運用のあり方に関心を払い、人材を育成することである。また利用部門は、自ら情報技術の活用に関心を向け、特にコミュニケーションと情報活用を一体化させた有効性について考えていくことである。さらに、情報共有、知識共有、経験共有が人と組織に根付き、今後創造的な価値創造のために知識・情報を積極的に活用していくことと、ルーティンワークはシステム化する環境づくりを進めていかなければならない。

2 戦略的企業情報システムの構築

2.1 戦略的企業情報システムは経営戦略に従う

(1) 戦略的企業情報システムのシステム企画

　情報システムの構築の段階は、システム企画と事前評価段階、中間評価段階及び事後評価段階の三つのフェーズに大別される。企画・事前評価のフェーズでは、経営目標や経営戦略から情報化プロジェクトの目的として、経営品質向上のためのマネジメント革新、オペレーション領域の合理的・効率的追求をする業務革新、新しいビジネス創造の事業革新などを明示化して、その基本計画を策定することである。情報化プロジェクトは、関西情報・産業活性化センター［2004］によれば七つのステップから企画案が作られ、利用部門、IT 部門の合意形成を経て、最終的に経営者の承認を得る方法で次のように定めている。

(1) 第1のステップは経営戦略の可視化である。企業は経営戦略を策定して利害関係者に開示し、その内容に関して企業内の従業員に共通理解をさせ、対象分野の事業部門や組織部門に対して詳細な実施計画を徹底させることである。経営戦略では、財務目標の達成に至る具体的な活動内容の管理目標やその目標値と戦略マップを設定して、管理目標が、確実に達成できるように連鎖的な活動計画を作成して計画対実績の進捗評価を行うことができるようにする。

(2) 第2ステップでは、業務の要件定義を行う。第1ステップで設定された戦略マップに沿って管理目標を実行するために、新しい業務要件と業務設計を行う。JUAS（日本情報システムユーザー協会）が推奨するのすすめ方は、業務プロセスの把握から理想形の業務設計と業務要件に対応してシステムの機能や要求項目を決めていく。

(3) 第3ステップの現状システムの評価では、現行情報システムの、①改善の必要性、②機能の追加や改善内容、③対象領域について全面的また

は部分的な適用について比較対比を行い、企画案の目的、条件、特徴、評価などを明確にする。第4ステップでは、業務プロセスと情報処理システムの整合性や同期性の要件と、組織部門間の利害の調整について合意形成を進める。また新システム案は、社内のデータ定義と情報規程を一元化して情報システムの品質や精度を確保し、全体構想のハードウェア、ソフトウェア、ネットワークなどの構成や資源調達に関する計画を行う。

(4) 第5ステップでは、経営戦略や企業変革を進める情報システムの目的、成果や効果、投資額を見積り、情報化投資企画書を作成する。第6ステップでは、経営トップ、利用部門、IT部門は、業務設計とシステム設計の最終的な評価と合意形成を行い、導入スケジュールや体制を組織化する。最後の第7ステップでは、経営者の評価や意向を反映させて開発計画、投資額及びその効果を文書化し、さらに中間評価項目や事後評価内容を明記する。稼働前の事前研修、リスク対応の準備、業務ルールやビジネス・ルールの変更・改善の確認を行い、担当部門やトップ層の支援内容について確認と共有をする。

(2) 戦略的企業情報システムはビジネスシステムを進化

　企業変革は人や組織が、危機意識の共有化のもとにビジネスシステムを自律的に変革と進化をさせる取り組みであり、企業内のオペレーション機能の改革と改善を進めることである。本社や事業部門の企画・管理部門は、前線のオペレーションを後方から支援して市場環境と社内の経営資源の状況を適合させていく戦略を策定する。戦略的企業情報システムは、企業内外の状況情報からこの適合性を支援するインターフェース機能としてビジネスシステムの改革や進化に追従していくものである。

　伊丹[2004]らは、企業の外部環境と内部の経営資源の戦略的適合の概念が、人や組織の業務活動の設計図であり、それらの要因がうまく適合されている状態を作ることとしている。図表2-4は、市場の外部環境と企業内部の適合について市場と企業内部の適合要因をビジネスシステム適合として図示したものである。市場は、顧客・消費者と業界や競合先がありそれぞれの適合が考えられ、企業内部では、戦略、経営資源、経営組織の適合がり、適

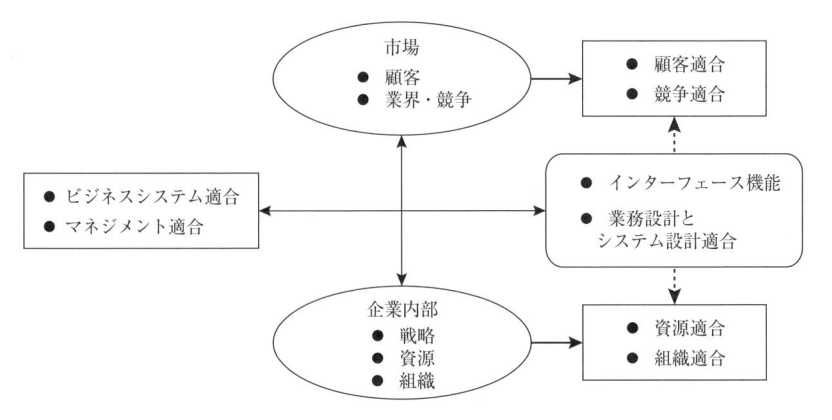

図表 2-4 ビジネスシステム適合の対象と主な要因

```
           ┌─────────────┐
           │ 市場        │          ● 顧客適合
           │ ● 顧客      │─────→    ● 競争適合
           │ ● 業界・競争│
           └─────────────┘
                ↑
                │          ┌──────────────────────┐
┌────────────────────┐    │ ● インターフェース機能│
│● ビジネスシステム適合│←→│ ● 業務設計と         │
│● マネジメント適合   │    │   システム設計適合   │
└────────────────────┘    └──────────────────────┘
                ↓                      │
           ┌─────────────┐             ↓
           │ 企業内部    │          ● 資源適合
           │ ● 戦略      │─────→    ● 組織適合
           │ ● 資源      │
           │ ● 組織      │
           └─────────────┘
```

出所）　伊丹敬之・西野和美［2004］『経営戦略の論理』に筆者加筆

合状況はデータや情報と潜在する暗黙知的な情報から評価と実態を読みとることである。企業内部の戦略、経営資源、経営組織は市場に働きかけて事業展開を行っており、市場において顧客・消費者に対し競合相手と需要を奪い合う。ビジネスシステムの適合は、内部の経営資源を効率的に調達と運用することによって付加価値の高い商品・サービスを顧客・消費者に働きかけるインターフェース機能と業務設計とシステム設計の適合である。市場に働きかける戦略的適合は二つあり、一つは商品・サービスに関する顧客自体の満足度による顧客適合であり、もう一つは、商品・サービス自体の差別化など競争優位性の競争適合である。

　二つの適合は、技術システムや業務システムの手法によるものであり、それはイノベーションの創発による成果ともいえる。ビジネスシステムのイノベーションは、商品・サービスの受注・生産から消費者に届ける一連のサプライチェーンの効率化と消費者の迅速性や利便性に応えるビジネスプロセスイノベーションである。プロセスイノベーションには、生産設備の性能向上、ロジスティックスと商流の整合性や同期化も含まれている。

　藤本ら［2006］が主張する生産システムの擦り合わせの論理は、ビジネス・アーキテクチャー（業務設計）の商流と物流の整合性・同期性の課題で

あり、その拡大された業務領域がビジネスプロセスイノベーションであるといえる。それは、関連する業務プロセスが企業間にまたがるなど、多くなればなるほど全体の最適化は難しくなる。また企画段階で策定される論理的で理想的な業務プロセスは、現場側の慣習的で伝統的な方法としばしば対立して、部門間や階層間さらに企業外の取引先との利害関係に発展し、調整と合意形成のために擦り合わせの「場」を必要とする。さらに情報システムが稼働した後も、刻々と変化する経営課題に対してビジネスシステムを適合させるために業務要件が変わり、そのために情報サービス要件をくみ上げていかなければならない。ビジネスシステムと情報技術の活用は、一体化となって市場側と内部の経営資源の適合を追求し、情報システムはその適合要件に追従していかなければならない。

2.2　資源調達と資源管理の意義と規程

(1) 資源調達の多様化

　企業情報システムの資源調達は、情報システムの構築要件によって多くの選択肢が考えられる。資源調達は、情報システムの業務設計とシステム設計の整合性、同期性、他の情報システムとの統合性の基準から検討される。統合性の意義は、適用業務のデータ定義と情報規程の一元化を前提にして、共通認識による判断や意思決定をするものである。ERPなどの汎用的なソフトウェアの資源調達は、自社固有の業務プロセスとの適合性や他の適用業務との統合性などの視点から十分検討する必要がある。

　ソフトウェア資源の調達に関する選択肢は、①基幹業務を自社内で設計・開発する、②基幹業務にERPなどパッケージを導入する、③番目は、①と②の折衷案として基幹業務の業務処理にERPを適用し、周辺の独自の要件定義の領域は追加開発によって対応する、④新規事業などの対象業務で、要求定義が完全に決まらない場合は、外部のクラウドコンピューティングなどの導入を検討する。また情報サービスの運用は、ポータル的な情報提供、あるいは、データベースを準備・公開して利用者側に開放する、方法などがある。基幹業務の生産、販売、流通、会計／財務、人事／給与などの汎用

システムの構築は、標準化や統合化の視点からERPパッケージの選択が主流になっており、財務・会計を中核に据えて他の情報システムとの整合性や統合性を持たせるように設計がされている。特に海外戦略を展開する製造企業は、世界の生産・販売拠点に対して国際会計基準に則した財務会計を適用し、拠点特有の管理会計や状況把握と意思決定の支援は追加機能によって補完する傾向にある。

　また企業の共通的な機能である財務・会計、人事・組織、総務のサービス機能は、シェアード・サービス機能として別組織の法人化やアウトソーシングなど外部に委託している形態があり、またその機能の開発・運用・保守機能を部分的に外部委託しているケースもある。主たるシステム企画機能は、経営戦略に直結した自社の人材が主導し、開発・運用・保守業務は効率性と技術的・専門性の視点から外部依存をする企業の考え方である。また外部依存には、適用業務を共同利用するASP（Application Service Provider）やクラウドコンピューティングなどがあり、業務アプリケーションや色々なシステム機能を短期間で導入する利点がある。そのサービス形態はコンピュータ本体を所有しない、開発ソフトウェアの初期投資を抑えて稼働を迅速に開始することが可能となり、固定費の比率を抑えて利用側の試行や変更の対応性に有利な特徴を持っている。また野村総合研究所の城田［2009］は、Web技術のクラウドコンピューティングとは、インターネット上に拡散したコンピューティングリソースを使って、情報サービスやアプリケーションサービスを提供する新しい利用方法であり、インターネット上のハードウェア、ソフトウェア、そしてデータの資源を利用部門がその所在や内部構造を意識することなく、利用できる活用形態として急速な伸び率を示していると指摘している。

(2) データマネジメントと情報規程の意義

　データ・情報は重要な経営資源であり、その生成は、業務処理と同期して情報処理を通して生成、蓄積、保存され、その活用は編集・加工によって統制判断や他部門との連携・伝達や意思決定を支援している。またデータ・情報は、流通を通じて経験や知識に触れ、新たな情報・知識の創造を誘発して

ビジネスシステムの進化に貢献するものであり、データの一元的な定義と情報の一元的な規程が重要である。

第一に、データの定義は、業務システムのデータが持つ属性や意義を定義したもので、正しい業務処理のもとで入力作業を行い、生成・保存されたデータベースから必要な人が検索や編集加工に活用する。そのデータ・マネジメントは、不要となったデータを適切に処分する管理とデータ・情報のセキュリティ管理までを指している。多くの企業では、全社の横断的なデータを適切に収集・管理・分析・活用する仕組みが十分でなく、データの精度や鮮度を維持・管理することが出来ていない。データは、コード体系として業務上利用されるデータを識別・分類するために、コードの設定と整備、マスターデータの作成の登録作業を行う。コードは、取引企業や組織部門のコード、従業員、商品、部品や業務プロセスなどの詳細なコードがあるが、企業間はおろか組織部門間でさえ標準化が、難しくデータ交換やデータ処理の効率性に大きな課題を持っている。その背景は長きにわたって事業部門単位で処理と管理がされており全社的な生産、販売、在庫の状況情報を一元的に捉えることが難しい状況にある。例えば購買部門の弊害は、購入先別の仕入れ金額、部品単価、納期状況などの情報把握にとって、同一部品を複数の購買先から購入している場合など、コードやデータが別々に登録・管理されており、購入先などの条件比較に支障をきたしている。業務データは、業務処理に対応して複数のフィールド（属性）から構成されており、フィールドの持つ意義を定めてデータ（レコード）として全社的に定義を一元化する必要がある。一般的にデータベースは、業務データの集合体であり、そのうえで全社的な情報を作成して組織部門や全社の経営資源などの比較や評価が可能になるといえる。

第二に、情報規程についても同様なことがいえ、それは、部門間や企業間のコミュニケーション（情報活用）が共通した言語の役割を果たすからである。情報規程とは、情報はデータ定義に基づいて処理加工されており、その意味、精度、鮮度、品質などの基準であり、コミュニケーションの品質そのものといえる。例えば企業業績の利益や経営資源の情報は、一般的に財務会計と管理会計上の分類があり、業績評価と差異分析にとって両者の関連性

や因果性の評価や分析をすることが難しい。情報規程は、データ定義と同様に全社的な経営資源の管理指標と部門や個人の目標数値に至るまで、情報のもつ意味の一元的な規程を行い、構造的な統合化によって全社が同じ解釈をしていくためである。経営資源の見える化や可視化情報は、日常的な業務活動の統制や判断に活用し、さらに定期的な業績評価は、経営資源の再投入や人・組織の配置や編成に反映させるものである。そして意思決定の迅速性と公正な資源配分のために全社的な共通認識の源泉であり、受発信側の双方は同一の解釈をすることになる。データマネジメントと情報規程は、正しいデータ作成、鮮度や精度のあり方、情報の活用に真剣に取り組んでいくための重要な取り決めの定義といえる。

3 戦略的企業情報システムの提示、オペレーショナルとプロフェッショナルの二層型システム構造

3.1 オペレーショナルとプロフェッショナルのシステムの特徴と意義

(1) 現行方式のシステム運用の限界

現行の情報システムの開発要件と運用方式は、企業変化と対応のスピード化の点から限界域に来ているといえる。その背景の第一は、グローバル化やスピード・変化によるものであり、消費市場の製品・サービスの飽和化と市場・消費者の移り気な行動といえる。それは従来の予測データにもとづいて生産計画を立て、経営資源の人や組織を編成し、機械設備や資材を調達して、商品を市場に産出する方式を変えざるを得なくなっている。商品・サービスの付加価値は、流通チャネルやブランド力など消費者の評価によって決められ、市場の飽和化と消費者行動の多様化によってライフサイクルの短命化と多様化が進んでおり、従来の情報処理システムも限界域にあるといえる。

もう一つの情報の流れでは、マーケティング戦略の策定に基づいて、市場調査から標的市場を絞りこみ、商品企画や販売方法を決定していくことである。商品・サービスは、消費者の評価や価格に関する情報が市場に拡散しており、企業や製品ブランドの形成に影響を与え、販売業績に反映されてい

る。ビジネスシステムでは、業務プロセスの定型的な業務処理と業績評価を帰還させて次のサイクルの商品企画や販売のために計画の修正に追われている。その結果、商品のライフサイクルが短命化し、またコモディティの商品は価格競争に陥り、さらに消費者や顧客の強い要請に迅速に応えていく課題を背負っている。

　本書では、こうした課題に二つの異なるシステム構造を提起して応えていこうとしている。一つに基幹的業務は、標準的で定型的なオペレーショナルシステムの構造方式にする。もう一つは、プロフェッショナルシステムと定義して、現場レベルで消費者や顧客の要請に迅速に応える権限の委譲化と、対象業務が不確実で緊急性を要するシステム稼働の場合、あらかじめ決められた運用対象者にシステムサービスを可能にすることである。市場・顧客の変化とスピードの要請に応え、要望の多様な取引対応や商品化の短期開発は競争優位性に立つことである。従って戦略的企業情報システムは従来の定型的な一元的情報処理方式ともう一つは非定型的・プロフェッショナル対応の情報処理方式の二つのシステム構造を実装することを提示するものである。

(2) 非定型的・プロフェッショナル対応のシステム要件

　不確実性とスピード化の環境下のシステム要件は、非定型的なプロフェッショナル対応のシステムの構築を検討しなければならない。国際企業の経営課題は、経営資源の現地化による部材調達や人材の雇用があり、さらにその経営は、異文化コミュニケーションの視点から民族、宗教、言語、文化を超えて相互理解をすることが重要である。一方世界的なレベルでの経営資源の合理性や効率性が求められており、生産・販売・在庫情報(一般的にPSI情報)の一元的な情報に基づいて資源配分や人員・組織の配置・再編の意思決定を行わなければならない。また人材の多国籍化による幹部社員の育成は、本社の経営理念の徹底や価値観の共有化を浸透させ、現地で採用して日本で研修を積み、現地の幹部社員として登用するなどの計画を進めている。

　国内市場は、市場の飽和化が進み、移ろいやすい消費者行動と重なって、現場では消費者と直接対面する「場」において、商品・サービスの仕様・価格・納期などの商談条件に柔軟な対応と迅速な回答を迫られている。このよ

うな環境下で最も必要とされる人材の要件は、プロフェッショナルとして迅速な応対ができることである。

　プロフェッショナルとは、社内はもちろん、広く社外でも第一線で通用する専門知識や業務スキルを持ち、自ら自負する分野で価値を生み出すための戦略や方策を立案し、実践できる人材を指している。プロフェッショナルといわれる人材は、自らの果たすべき役割を遂行することのできる能力を備えた人間であり、どんな環境に置かれても、自ら発想し、判断してその判断に対して責任を持ち、説明ができるビジネス世界の人間である。さらに資質要件は、基本的な業務スキルや経験に加えて、自らの役割を自ら創造し結果に対して自己責任を果たし、創造、挑戦、持続の指向性を持ち、自己と組織体の成長に執着と強い意志を持ち続けることである。ピーター・ドラッカー（Peter F. Drucker）［2000］は、プロフェッショナルの条件は、成果を出して勝ち続け、いかに成長するかであると指摘している。プロとは勝ち続ける志や魂をもっていることであり、目標を立て論理的・技術的な手法や技法を駆使して実践と検証を繰り返し、さらに敏感さと緊張感をもって評価と改善の対処を行って成長を続けることであると指摘している。

　戦略的企業情報システムの運用は、プロフェッショナルな業務集団とオペレーショナルな業務集団に分けて、それぞれの業務処理手順に従って情報処理システムの操作を行う。プロフェッショナル集団は、計画、実行、評価を自律的に行うために必要なデータ・情報提供の支援を受ける。その支援内容は、現場側で迅速な業務判断や消費者・顧客への対応をするために、実績データベースから可視化された情報サービスの提供を受け、あるいは分析や計画作業のためにデータベースを開放することである。プロフェッショナルは、前後工程の制約条件や状況の支援情報から作業準備、段取り、変更・修正に関して自発的且つ迅速な判断業務や対応の手配を行う。さらに新規の業務システムで要件定義が固まらず、試行的な段階では、彼らの判断に任され、その使い込みによって要件定義を定めて定着化を図る方法である。全く新しい新規事業では、外部の制約条件や要件定義の確定が間に合わない対象業務は、SaaSやクラウドコンピューティングなどの導入によって早期稼働を行う。早期稼働の目的は競争優位性のために積極的に導入し、要件定義の

確定は暫定的な運用を通じて業務設計とシステム設計の擦り合わせを継続して行う。その過程では、整合性と統合性及び同期性の視点から創発的な作業を続け、情報システムの定着化を図っていく。

3.2　二つのシステム構造とその分岐機能

(1) 二つのシステム構造の分岐と統合の意義

戦略的企業情報システムは、業務処理の多様化、総合化、統合化に応える新しいシステム構造であり、目的は、情報によって市場と企業内部の経営資源の適合を支援するものである。企業内部の経営資源の配分やオペレーションは、変化とスピード対応のために一元的な業務設計やシステム設計が限界域にあることから、定型的な処理方式と柔軟な非定型的方式を提起したものである。それは情報処理方式と運用対象者の区別による運用であり、一方全社的あるいは部門最適化の目的から情報の統合化をする必要性がある。

区別する分岐機能は、業務処理要件の多様化に応じて一つは業務処理の合理性や効率性を追求する定型的に情報処理に変換するシステムであり、もう一つは戦略的な業務分野や新規事業の立ち上げ時に現場側の自律的で迅速対応をする区別化である。その分岐の方法は、分岐基準として、運用方法と情報サービスの規程を定める。情報システムの企画はシステム企画書作成手順に基づいてビジネスシステムの定義からはじめるが、日本情報システム協会（JUAS）[2008] の『エンドユーザによるビジネスシステム定義の進め方』に準じて作成することが望ましい。システム企画書とは、業務設計とシステム設計の双方の視点から、機能分野別の業務プロセスと情報システムの企画・開発・保守・運用について経営層、利用部門、IT部門が合意形成を文書化したものであり、主な内容は、ビジネスシステムに従って、①ビジネス機能関連図、②機能間業務フロー、③経営資源の関連、④ビジネス・ルールの目的と内容、⑤業務ルールの目的と内容、が定義されている。

対象業務の分岐は、その定型性と非定型性の特性によるもので、既に記述した通り定型的なルーティンワークとして業務処理をするグループと特に非定型のグループとしてシステム稼働の緊急性と情報サービスの柔軟対応の条

件に該当するものである。業務プロセスは、経営戦略、経営資源、ビジネス・ルール、業務ルールとの関連性や制約条件を持っており、その整合性と同期性を確認する。二つのシステム構造の最終決定は、適用業務対象別、運用従事者の分類基準などに関して、経営者、利用部門、IT部門の合意のもとで行う。

　情報システムの構築は、経営者や利用部門の要求定義や情報サービスの要求を反映するだけでなく、データ・情報の伝達とコミュニケーションにとって重要な役割をする。またその構築は、リーダーシップやビジネスシステムの成熟度などに強く依存しており対象業務とその範囲、システム構造の柔軟度、ビジネス・ルールと業務ルールの硬直性など一元的に業務設計を決められない要因がある。藤本［2006］らは、生産サプライチェーンの設計とビジネスシステム設計についてオペレーションを実行する人や組織とビジネスプロセス、製品・サービスの物流、商流や金流の流れの重要性を示唆している。本書の二つのシステム構造は、分岐と統合の機能が全社的あるいは複数部門の最適化にとってオペレーションと情報サービスの有効性に寄与するものであり、その運用方法は業務従事者に対して運用基準を作る必要がある。

(2) 分岐機能と二つのシステム運用基準

　運用の分岐機能は、第一に、異なるシステム構造によるデータ・情報の統合化の課題である。データ・情報の統合化は、データ構造の異なる生データから事業ドメイン、管理セグメント、階層別や業務部門別、商品・サービス、エリア、顧客別などの経営資源や状況把握の情報サービスに応えることである。それぞれのデータ定義や情報規程の一元化の重要性はすでに述べているが、経営層の資源配分の意思決定、統制のためのマネジメントやリーダー層の業務判断には、統合された状況情報に基づいた判断が要求される。また現場層では業務プロセス別、管理指標別、部門別、担当者別に計画と実績の評価を行い、自発的に次のサイクルに反映させて修正・追加の計画を立て、関係先と情報を共有する。ビジネスルールや業務ルールの変更は、相手先や部門間の利害の調整を行い、現場層では、顧客や取引先との交渉や企業内部の組織間の課題について対処する。統合化された状況情報は現場、現実

の実態について認識の共有や組織学習などに積極的に活用されるものである。

　第二に、現場層の運用は、二つのシステム構造に運用従事者を二つのグループに分類している。そのグループ化基準は、現場層の職位、適性、習熟度、経験等によって行い、また現場の自律性のために自己申告制も採用する。それは業務スキルや経験の豊富さ、変革的意欲、プロフェッショナルとしての対応力であり、もう一つのグループは定型的で規律重視のオペレーショナル業務の担当集団である。この分別担当者の権限や許可される情報の検索レベルは対象者の業務単位で決められる。

　第三に、二つのシステム構造の情報処理システムは、その有効性や陳腐化の評価に応じて入れ替え可能の交替基準を設定する。例えば業務要件が固まらないまま稼働を始めたプロフェッショナルシステムは、一定の試行期間後、定型的な運用が可能と判定されると、オペレーショナルシステムのグループに移される。反面、現行のオペレーショナルシステムが、陳腐化し現状の業務要件にそぐわないと判断されたときは、プロフェショナルシステムのグループに移し、自律的な改善と柔軟的な運用様式に変わる。

　戦略的企業情報システムの運用は、多様化、総合化、統合化の業務要件に応えて、処理機能や入出力の運用機能を定型性と非定型性の二つの視点から実現することである。二つのシステム構造は、分岐機能が、手続型の定型処理と柔軟型の非定型処理を可能にするものであり、その運用方式の狙いは、企業活動のPDCAサイクルの支援と情報化、知識化を進め、専門的なスキル集団を醸成していくことである。また現場層への権限委譲は、オペレーションの自律性や自主性からマネジメントの品質や価値創造に貢献し、組織能力の機能強化をすることにつながる。

3.3　戦略的企業情報処理システムの運用と保守

(1) 戦略的企業情報システムの運用

　戦略的企業情報システムの全体的な機能関連とその運用は、図2-5で示しており、二つの運用グループに分けられている。業務プロセスは、業務処理が分岐されて二つの情報処理システムによってデータ変換され、生成・保

第2章　企業変革の推進機能としての戦略的企業情報システムの構築　　89

存をして次のプロセスに移動していく。二つのシステム構造は、分岐機能によって二つのグループに分けられ、上部のオペレーショナルシステムは、基幹業務を対象として定型的な作業手順に従う業務処理であり、もう一つは非定型的で現場層が、自主的な状況判断に基づいて臨機応変に対応するプロフェッショナルシステムである。基幹業務を主とした従来型の開発手順は、時間をかけて要件定義を行い、新しい事業など業務処理手順が不確定で要件定義が確定できない業務処理は、試作的なシステムとして併存形態であると言える。さらに情報サービスは対象業務の管理指標が頻繁に変わり、それに伴ってデータベースの自在な編集・加工の機能を解放するものである。

　この戦略的企業情報システムの運用は、現場層のスキルと経験レベルによってグループ化されて図中①の多様な特性を持つ業務処理を行う。上部の②のオペレーショナルシステムは、定型的な基幹業務を対象に一元的で標準化された処理手順に従って行い下部の③プロフェッショナルシステムは、非定型的な対応業務として、担当者のスキルや判断に委ねるものである。

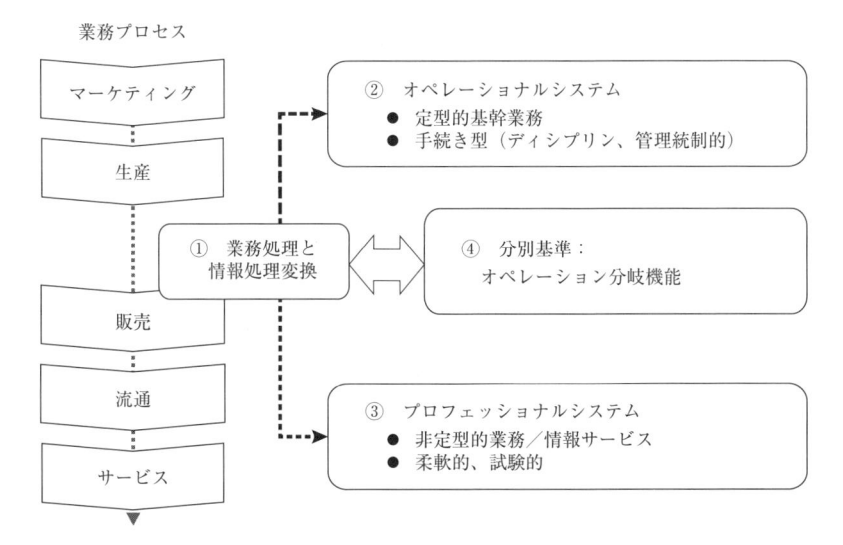

図表2-5　戦略的企業情報システムの運用

業務プロセス

- マーケティング
- 生産
- 販売
- 流通
- サービス

①　業務処理と情報処理変換

②　オペレーショナルシステム
- 定型的基幹業務
- 手続き型（ディシプリン、管理統制的）

④　分別基準：オペレーション分岐機能

③　プロフェッショナルシステム
- 非定型的業務／情報サービス
- 柔軟的、試験的

出所）　湯浅忠［2008］「創造的二層構造経営システムの考察」日本情報経営学会誌 Vol. 29 参照

運用の特徴は、プロフェッショナルシステムに従事する現場担当者が自律性と柔軟性をもって迅速に対応する権限を強化・拡大するものである。例えば基本的な会計基準や倫理基準は厳しく順守するが、現場層は消費者の目線と競争優位や合理性・効率性の視点から状況判断に基づいた運用を行う。またプロフェッショナルシステムは業務プロセスにおいて部門間や取引先との間で利害の対立が予想される対象分野に適用し、その利害の対立は、全社の全体最適化や長期的な視点から、ビジネス・ルールや業務ルールの改善について双方の譲歩や調整の合意形成をはかる。上位層は現場への権限移譲や判断業務の支援をすることである。新しい概念のプロフェッショナルシステムのグループ集団は、業務スキルだけでなく、リーダーシップ、体力・持久性、人徳・倫理観などの能力が必要とされ、選抜された人たちは、自由裁量の権限を移譲され、改善のイノベーションを加速する方向に力を注ぐ。具体的な例では、稟議の手続業務など、余計な負荷と時間を削減するために手続き方法や金額基準などを改め、現場側の自律的判断によって取引先の要望に迅速に応えるなど、制度や機能の権限移譲を進めていく。
　この戦略的企業情報システムは、異なる二つのシステム設計方式であり、そのデータベース構造も異なるが、最終的には全社的あるいは事業部門として統合化されて情報サービスをしなければならない。従来型の伝統的な開発手法は規律性の高い基幹業務を対象にし、他方短納期による開発や要件定義の確定が困難な新規対象業務は、クラウドコンピューティングやSaaSなどのサービスを活用して、迅速稼働に応える資源調達方法である。プロフェッショナルシステムの優位性は、経営課題に対し柔軟で融通性のある対応ができることであり、その対象者は、企業内の問題点の共有や改善・革新について組織学習を通してソリューションを探索することが可能である。上位層は、組織学習の「場」の環境を作り、現場側の自律的な行動を支援する姿勢で見守ることである。
　二つのシステム構造の運用は、コミュニケーションと情報活用が、業務プロセスの有意的な実行の機能的役割として不可欠である。プロフェッショナルシステムは、業務活動を通じて活動指針のシステム思考、学習思考、合意思考をすすめ、他部門や他企業にまで連鎖して改善やアイディアの気運を活

性化させて、情報や経験の共有化を拡げ、上位層では、情報の統合化によって全体最適化や経営資源に関する意思決定の支援が可能となる。情報・知識・経験の相互作用は、全社的な組織能力として人や組織に浸透し、さらに進んだ改善やイノベーションの推進力となり、マネジメントやオペレーションの経営品質の向上に貢献していく。

(2) 戦略的企業情報システムの保守

　戦略的企業情報システムは、一般的な制約条件の商法や税法をはじめ会計基準などの要件を背負っている。それは、業務設計とシステム設計の整合性や同期性を擦り合わせる必要性があり、データやソフトウェアの開発・保守・運用の視点からその資源調達や資源管理を行っていく必要がある。

　ソフトウェア資源は、業務プロセスの業務処理手順である業務設計と情報処理によってデータ・情報に変換するソフトウェアの集合体であり、図表2-6は、戦略的企業情報システムの二つのシステム構造の機能関連に基づく分岐基準10個の管理項目を挙げたものである。図中①の分岐基準Ⅰでは、対象業務の業務要件と運用従事者のグループ分けがされて、図中②、③のオペレーショナルシステムとプロフェッショナルシステムの二つに分岐される。その企画、開発、運用の分岐基準Ⅱは、図中④の表に従う。それはシステムの稼働後も、情報サービスや業務プロセスに情報処理機能を適合させていくために、定期的な評価を重ねて追加や修正の保守対応をとる。すなわち、業務設計とシステム設計の両視点から常に擦り合わせによって改善と保守を進めていくのである。

　多くの企業は、肥大化したソフトウェア資産の追加・修正の保守・運用に絡む費用として多大な工数と多額のコストをかけている。経産省が報告している「平成20年情報処理実態調査結果」の「情報処理関係諸経費の状況」[2009]によれば、企業が1年間に支出した情報システム経費の内訳は、ハードウェアが25％、建物・付帯設備・回線など15％、ソフトウェアが30％、運用・保守費用30％の報告がなされている。また初期開発費と保守費用の比率は、経産省［2009］の「ユーザ企業　ソフトウェアメトリックス調査2009　ソフトウェアの開発・保守・運用の評価指標　情報処理振興課」（調

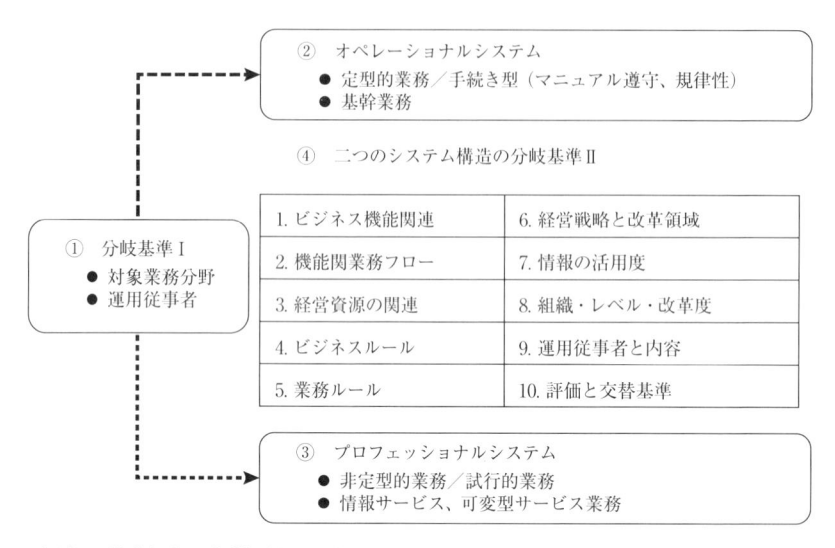

図表2-6　二つのシステムの開発・保守・運用の分岐に関する規約

② オペレーショナルシステム
- 定型的業務／手続き型（マニュアル遵守、規律性）
- 基幹業務

④　二つのシステム構造の分岐基準Ⅱ

① 分岐基準Ⅰ
- 対象業務分野
- 運用従事者

1. ビジネス機能関連	6. 経営戦略と改革領域
2. 機能関業務フロー	7. 情報の活用度
3. 経営資源の関連	8. 組織・レベル・改革度
4. ビジネスルール	9. 運用従事者と内容
5. 業務ルール	10. 評価と交替基準

③ プロフェッショナルシステム
- 非定型的業務／試行的業務
- 情報サービス、可変型サービス業務

出所）　湯浅忠［2008］「創造的二層構造経営システムの考察」日本情報経営学会誌 Vol. 29 参照

査は社団法人　日本情報システム・ユーザー協会の報告では、5年間運用した場合の総保守費用が初期開発費用とほぼ同額となっていることを指摘している。ソフトウェア資産は、開発された資産の累積されたものであり、保守・変更の比重が大きく保守開発といわれ、IT部門はこの仕事に追われ、全体の運用費用の占有比率でいえば60％以上となっている。経営層は、この開発・保守費用に関して理解の難しいとのことであるが、上記に示す通りその費用は比率と支出の面で巨大であり、もう一つは情報システムの開発・保守の対応に納期（時間）を要することである。保守開発は、業務プロセスの追加や修正から発生するものであり、現行の情報システムの変更は、要求定義の決定に要する時間と技術的な接続リスクの要素を潜めている。さらに最近では、情報システムの脆弱性、不測の災害事故に備える BCP（事業継続計画）[5]などの問題が顕在化しており、経営者や利用部門はこうした内在的な問題について理解が乏しい。経営者、利用部門、IT部門の責任者は、日ごろから技術動向や企業の経営課題を共有し、業務側から業務プロセスの対

応課題と情報システムの評価や将来の構想計画を共有し、またシステム側からセキュリティやシステムの脆弱性、BCP対応などについて理解を深める機会を持つことである。

情報システムの保守開発の納期（時間）の問題は、従来の開発方式や資源調達の方法を見直すことである。ASP、SaaS、クラウドコンピューティングの手法は、迅速性の特徴を持っており、対象業務や資源調達の投資、開発・保守・運用の特性の視点からソフトウェア資源の選択肢として積極的に検討していく必要がある。例えば対象業務が、一過性のもので頻繁な変更が予測されるあるいは、業務スキルや経験が少ない、または特異なシステム要件による情報サービスなどは外部のスキルによって対応することである。

ソフトウェア資産は、巨大なストック資産として認識し、さらに企業の内外の状況を把握するデータ・情報の宝庫としてコミュニケーション（情報活用）の活用や活動支援を発揮出来るようにしなければならない。松島[2010]は、IT活用はIT投資と効果の視点から、業務ノウハウを高め、より付加価値の高い仕事ができる人材育成の目的に投資をすべきだと指摘している。戦略的企業情報システムは、システム企画や開発段階から稼働後の評価や運用を重視し、経営課題やそのソリューションをコミュニケーション（情報活用）と共有によって人材の強化・育成を行う。さらに戦略的企業情報システムの活用は、企業変革の方向性としてビジネスシステムの進化やイノベーションの創発、経験や知識共有による組織能力の強化・拡大のために積極的に活用すべきである。

【注】

1　SWOT分析とは、企業内部の強みと弱み、企業環境の機会と脅威を記述することにより、戦略の構築及び評価を行うフレームワーク。
2　最重要課題CSFとは、経営戦略やITガバナンスなどを計画的に実施する際、その目標・目的を達成する上で決定的な影響を与える要因。
3　評価尺度KPIとは、企業目標やビジネス戦略を実現するために設定した具体的な業務プロセスをモニタリングするために設定される重要な指標。

4 戦略マップとは、目標とビジョンを達成するためのシナリオで、目的を達成するために落とし込まれた各アクションの因果関係や関連を図式化したもの。
5 事業継続計画（BCP）とは、事業が存続できなくなる災害や事故に備えてリスクを事前に分析・想定し、継続に必要な最低限の業務と対応策などを定めた包括的な行動計画。

参考文献

(社)経済同友会［2009］『第 16 回企業白書』「新・日本流経営の創造」
　　　（参照：http://www.doyukai.or.jp/whitepaper/articles/no16.html）。
総務省統計局［2001］「労働力調査特別調査」
　　　（参照：http://www.stat.go.jp/data/routoku/index.htm）。
NTT データ・NTT データ経営研究所著、国領二郎監修［2004］『IT ケイパビリティ ―― 今すぐ始める IT 活用力―診断と処方箋』日経 BP 企画。
総務省［2003］「企業経営における情報技術活用調査」（参照：
　　　http://www.soumu.go.jp/johotsusintokei/linkdata/it_houkoku_h15.pdf）。
湯浅・藤原・宗平・小島・若松［2009］『中堅企業のための戦略的 IT 投資マネジメントのバイブル（基礎編）』(財)関西情報・産業活性化センター。
伊丹敬之・西野和美［2004］『ケースブック経営戦略の論理』日本経済新聞社。
藤本隆宏・武石彰・青島矢一編［2006］『ビジネス・アーキテクチャー ―― 製品・組織・プロセスの戦略的設計』有斐閣。
野村総合研究所 城田真琴［2009］『クラウドの衝撃 ―― IT 史上最大の創造的破壊が始まった』東洋経済新報社。
プロフェッショナルとは（参照：http://fhs-les.ivp.co.jp/osakagas/education/port.html）。
P・F・ドラッカー（Peter F. Drucker）著、上田惇生訳［2000］『プロフェッショナルの条件 ―― いかに成果をあげ、成長するか（はじめて読むドラッカー（自己実現編））』ダイヤモンド社。
(社)日本情報システム・ユーザー協会（JUAS）［2008］「エンドユーザによるビジネスシステム定義の進め方」(http://sec.ipa.go.jp/enterprise/index.php?type=s)。
湯浅忠［2008］「創造的二層構造経営システムの考察」日本情報経営学会誌 Vol. 29。
経産省「平成 20 年情報処理実態調査結果」概表 4-1-1「情報処理関係諸経費の状況」
　　　（参照：http://www.meti.go.jp/press/20100812007/20100812007-3.pdf）。
経産省［2009］『ユーザ企業　ソフトウェアメトリックス調査 2009 ―― ソフトウェアの開発・保守・運用の評価指標』(社)日本情報システム・ユーザー協会（JUAS）
　　　（参照：http://www.juas.or.jp/servey/it10/press-100409.pdf）。
松島桂樹［2010］「経営と IT 投資の間に存在するギャップ」根来龍之・経営情報学会

編著『CIO のための情報・経営戦略 —— IT と経営の融合』中央経済社、25-49頁。

第*3*章

牽引機能と推進機能による企業変革の素地づくり
二つの機能の相互作用から変革の素地が作られる

1 牽引機能としての情報技術の活用

1.1 牽引機能と情報技術の活用の変遷

(1) 先行研究の変遷

　企業経営は、グローバ化と情報化が進み、従来の経営スタイルがパラダイムチェンジを起こしている。市場は、商品・サービスの飽和化と消費者行動の移り気が進み、そのパラダイムチェンジは、従来の業界の秩序を破壊させ、競争優位の戦略を束の間に淘汰させて競合他社との競争を加速させている。製品の寿命は、短命化になり、コモディティ化商品を低価格化競争に走らせるなど、経営課題の多様化について色々な企業変革の挑戦を継続していかなければならない。

　ピーター・ドラッカー（P. F. Drucker）［2005］のマネジメント体系は、資源系としてミッションを最上位に位置づけ、組織、人の領域を定め、もう一つは実行系として戦略、イノベーション、マーケティングの領域を定めている。この源流は、領域を機能化させていくために、業務単位での分化と機能単位を交差させる管理技術をマネジメントとして位置付けている。先行

研究は、既に第1章で記述したように競争戦略論、マーケティング論、さらにイノベーションのメカニズムや実践の方法論に発展している。いずれも彼の体系の流れに沿って各領域の交差と深耕化による関係性と相互作用が探求されている。複合領域にまたがる先行研究として、ゲイリー・ハメル（Gary Hamel）、C・K・プラハラード（Prahalad）[1995] は、コア・コンピタンスの概念を提唱し、企業のミッションを中核とする資源系と戦略を中心に据える実行系の結合から生まれたものである。そして資源ベースの考え方に比重を置き、経営資源とコア・コンピタンスの融合や競争優位の視点から、イノベーションや組織能力の相互作用に踏み込んでいる。

企業変革は、企業の外部環境と内部の経営資源を適応させていく方向性であり、一つは変化に適応していくインターフェース機能のイノベーションであり、もう一つはスピードと予測しえない変化に適応していく創造、修正、追加などの組織能力である。イノベーションは、企業活動を旧い方式から新しい方式に脱皮することであり、商品開発に止まらず、すべての機能分野の新結合や市場の開拓であり、企業内部では、これらの取り組みに対応して人の再配置や組織の再編成、組織能力のスキル、技術力の向上を図ることである。組織能力は、持続的成長を続けていくために環境変化に適応した経営戦略の創造、変更、修正であり、コア・コンピタンスと経営資源の適合化を可能にする技術や技能と思考力の組織能力を強化・拡大が大切である。また戦略策定や適合化の能力は、柔軟な感性と情報に敏感に反応することであり、情報共有と知識共有によって利害関係者が協働的な姿勢に立つことである。

また企業変革には、人や組織の価値観の整列化が基本であり、自律・プロフェッショナル化のもとで自己主張と相手の意見に耳を傾けて相互理解に努め、対立する利害は譲歩・調整や合意形成を図っていくことである。双方は上位層の立場に立ち、全体最適化と長期的な合理性と効率性の解決策を探索することである。ジョン・コッター（John Paul Kotter）[2007]、[2008] は、企業変革の推進に関して人と組織の複合領域からリーダーシップによる、着実な実践を論じている。企業変革と情報技術の活用に関する先行研究では、情報処理装置として単純な情報技術の活用ではなく、企業のミッションや戦略を結合させ、組織や人のマネジメントのツールとして活用していく変遷をたどっている。

(2) 企業変革と牽引機能として情報技術活用の変遷

　企業成長は、組織の肥大化やビジネスシステムの高度化に情報技術の活用をするなど、経営側の要求と情報技術の応答によって進化と成長をすすめてきた。企業経営が政治・経済・社会・技術システムの相互干渉によって進化したと同様に、情報技術は企業のビジネスシステムの合理性や効率性の要求と応答によって進歩してきたと言える。情報技術の本格的な活用は、1960年代の経営管理手法から多角化による成長戦略に入る頃からであり、時代背景と非常に密接な関係がある。20世紀の後半から市場競争が激しくなり、競合他社との販売競争戦略は、従来の分析型戦略論が行き詰り、市場の動向や顧客・消費者に耳を傾け、企業内部の経営資源、特に組織や人の視点から組織編成と経営資源の創造や追加・修正による対応に変わっていった。

　その対応に情報技術の活用があり、すべての経済体の活動を繋いで、自社の業務プロセスのサプライチェーンだけでなく、流通チャネルとの情報ネットワーク化による消費者の声に応えようとする情報ネットワーク経営の方向である。業務活動の情報の受発信は、企業外部の顧客・消費者や取引先とのやり取りであり、企業内部では本社部門、工場、営業網、物流拠点との業務処理や活動情報の受発信である。海外事業を展開する企業環境の変動要因は、グローバル化による多様化と複雑化の方向にあり、さらにその要因が時間軸によって急激に変化するなど、もはや全社的な経営戦略を策定することは不可能に近い状況である。企業経営は、最上位に経営理念と経営目標を置き、事業戦略や企業の実態に即した事業ドメイン単位の経営戦略を策定し、情報技術の活用によってビジネスシステムのPDCAサイクルによる進捗状況をできるだけ迅速に把握し、即座に次のサイクルに施策を反映させていく方向に進んでいる。

　企業変革と情報技術の活用は、次の三つの視点から進められ、企業活動の合理性や効率性だけでなく、市場・社会と共生していく高度な活用形態に進展している。第一の視点は、企業の合理化と効率化を追求する視点から、企業内部のビジネスシステムは、業務プロセスや経営資源のムリ・ムダを省き、その調達と運用の最適化を図りながら、外部の市場や競合他社の動きに適応していく。ビジネスシステムは、経営資源を外部環境に適応させていく

ために戦略とビジネスシステムの創造、修正、変更を行い、その情報源としてインターフェース機能に色々な情報技術の導入をしている。第二は、消費者、取引先との間の情報の共有化を進め、企業自身や商品・サービスに関する色々な情報収集を行い、その分析をすることによって企業変革に反映させていく。戦略的企業情報システムは、企業側からIRに関する情報やコールセンター機能のコミュニケーションを通じて、企業ブランドや商品ブランドの反応や浸透によって、商品企画やビジネスプロセスイノベーションに結び付けている。第三は、社会との共存・共生の視点から、企業は社会の一員としての自覚を強く持ち、社会的責任を果たす情報の受発信や行動を通して共生をしているのである。

(3) ビジネスシステムの進化と情報技術の活用

企業変革は、色々な組織部門や階層からさまざまな形で自由に情報の受発信を行う。経営トップ層、中間的な統制層、現場層は、それぞれのミッションとビジネスシステムの機能において、支援機能では戦略や計画の企画管理、会計・財務、人材・組織そして情報サービスの機能を担い、直接的な業務活動では、マーケティング、生産、販売、流通、サービスの機能を行う。図表3-1は、「戦略的適合の主な要因と適合対象の全体像」を表わしたものであり、伊丹・西野［2004］らは、戦略的適合の概念は、「企業の組織と活動の設計図である戦略の内容とその要因とがうまくマッチしている状態」であるとしている。

戦略的適合は、第一に、市場に働きかける市場適合があり、それは市場環境に合った戦略と競合他社との競争優位性である。第二に、戦略が企業内部の経営資源と市場環境とのインターフェース機能に有効性をもつことである。インターフェース機能は、ビジネスシステムの適合であり、新商品・サービス開発の技術的適合や消費者目線からのビジネスプロセスイノベーションをすすめる技術要素の組み合わせや適合性である。消費者の要求は、「商品・サービスが、必要な数量だけ、必要な時と場所に納入される」ことであり、それは業務プロセスや技術システム（情報技術）によって応えることである。戦略的適合には、情報技術の活用が必須であり、最適な適合

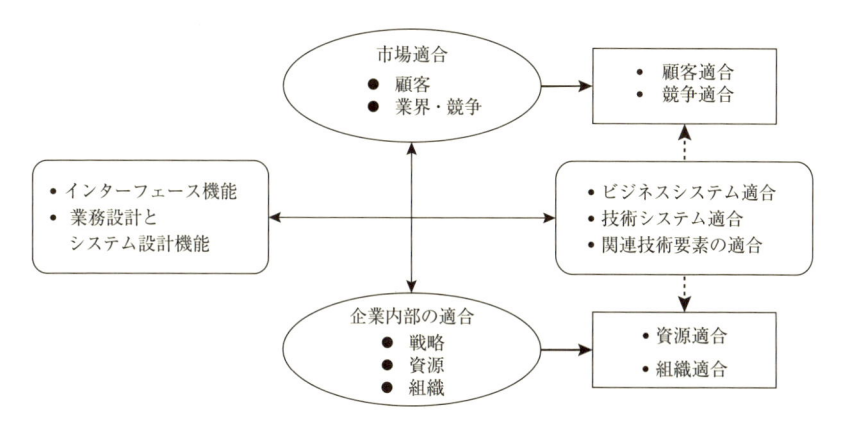

図表 3-1　戦略的適合の主な要因と適合対象の全体像

出所）　伊丹敬之・西野和美［2004］『経営戦略の論理』に筆者加筆

を進めていくために適合状況の情報によって評価と分析を行い、ビジネスシステムの改革に反映させていく。企業は、内部に経営資源をもち、市場に働きかけ、顧客・消費者に対して競合相手と需要を奪い合う。ビジネスシステムは、経営資源の活用によって、商品企画力や開発技術力を高め、色々なメディアやインターフェースを通して自社の優位性を市場に働きかけている。

その業務活動は二つ考えられ、一つは消費者目線によって、市場調査や商品企画から商品・サービスを届けるまでのビジネスプロセスシステムであり、もう一つは、商品・サービスの仕様、価格、品質、納期に応えられる企画や技術開発である。二つの戦略的適合は、色々な要素技術の結合によるイノベーションがあり、市場に商品・サービスを届けるビジネスプロセスイノベーションとプロセスのイノベーションとして、高性能の機械設備やロジスティックスの機器などの技術システムである。

さらに商品企画や開発期間の短縮には、情報技術のCAD、CAM、CAEの適用技術がモノづくりに大きく貢献している。情報技術は、商品企画や開発期間の短期化や工数削減、生産や流通システムの商流や物流の合理化と効率化、受発注形態の多様化対応を可能にする形態に拡大されている。

藤本［2006］らが主張する生産システムの擦り合わせの論理は、ビジネス

システムの業務設計そのものの議論であり、業務設計とシステム設計は、現場の慣習的な制約や伝統的な業務処理としばしば対立する。業務設計とシステム設計の間では、部門間や階層間において擦り合わせの「場」を持ち、双方の視点から整合性や合意性の適合性について十分検討しなければならない。さらに情報システムの構築段階だけでなく稼働した後も、変化する経営課題と情報システムの要件について評価と改善を行い、定着化と効果発現に結び付けていく創発的な改善を続けていくことが大切である。

1.2　企業変革と情報技術の活用に関する補完的論点

（1）企業経営に関する経営者の課題

　企業変革として情報技術の活用に関する補完的論点は、経営者の課題認識と情報技術と情報活用による経営の品質追求である。企業変革の方向性は、企業体質の素地づくりを基本にして、イノベーションの創発、組織能力の強化・拡大であり、その推進機能として推進基盤と四つの推進要因を設定している。特に推進要因の肝的機能であるコミュニケーション（情報活用）は、人・組織と業務活動を結び付け、論理的な手法に加えて感情の作法によって、対立する業務プロセスやその要因の交錯（インターロック）による調整や合意を進めることから成果に繋げている。

　情報技術の活用による企業変革が、進んでいない理由はいくつか考えられ、元橋［2006］はITの戦略活用が不十分であることを指摘する。

　第一は、新しい情報システムのプロジェクトが、企画される際、経営者主導による業務プロセスや組織の改革が徹底されていないことである。情報システムの構築は、経営戦略と業務プロセスの整合が前提であり、合理性や効率性のために必要な道具であるだけでなく、管理指標の可視化など蓄積された情報を状況把握や判断のために使いこなすことである。例えばサプライチェーン・マネジメントシステムでは、受発注を担当する購買部門が、従来の紙ベースの業務プロセスを単純にオンライン化するだけでは何も変わらない。生産計画の資材所要量計画や発注業務がシステム化され、担当する購買部門の人員が縮小された結果、生産部門、検査部門、物流部門に業務の調

第３章　牽引機能と推進機能による企業変革の素地づくり　　103

整や交渉の負荷がかかり、うまく進んでいない企業例が多い。情報システムの導入を成功させるためには、販売部門、設計部門、生産部門、購買部門、物流部門が一体となって受注精度の向上、部品の共通化、生産プロセスの改善、サプライヤーの整理や集約化、物流の輸送・保管・包装など大小さまざまな課題に取り組み、各プロセスのムリ・ムダを排除する課題として捉えなければならない。全社的なムリ・ムダの取り組みは、生産計画の基本となる受注データの精度向上が先決であり、工程内の部品や仕掛、製品在庫の正確な情報把握によって、生産計画の変更に対してその後の業務プロセスに調整や処方を伝達していかなければならない。取引先企業に対して、業務プロセスの標準化や情報の共有化を進めることは勿論、技術的な方法論だけでなく、業界慣習や企業間のコミュニケーションによる信頼関係を維持しつつ調整や歩み寄りを行っていかなければならない。

　第二は、日本の企業情報システムは、機能部門ごとに開発された経緯があり、全社的な情報の統合化が遅れ、経営資源の最適化の目的で活用し難い背景を持っている。企業情報システムは、受発注システムをはじめ、販売管理、債権債務管理システムなどが、部門ごとに動いており、全体的最適化の経営資源の再投入や意思決定に情報活用が十分されていない。また日本企業特有の現場発信のボトムアップ型の意志決定メカニズムや長い間業務に携わってきたベテラン層の自負もあり、トップダウンによる改革が進まないことも背景にある。さらに業界慣習や取引慣行のビジネスルールや業務ルールが根強く残っており、新しい合理的な業務プロセスの改善を受け入れない面もある。日本的経営システムは、業界特有の互助精神やノウハウに依存する領域があり、従来のシステム堅持と新しい業務プロセスの転換の利得について多面的に見直しをする必要がある。部門間や企業間の利害は、譲歩や合意形成の努力がなされてはいるが、時間と工数を要し、システム化を遅らせている原因になっている。(「経済教室」日本経済新聞、2006年11月24日参照)。

　経営課題は、多様化・総合化・加速化しており、その解決に積極的な情報技術の活用を進め、業務活動を合理的・効率的なプロセスにすべきである。その取り組みは、経営者が一方的に押し付けるのではなく、現場側の規律やモラルの維持から、自発的に行動を起こす現場力や組織能力をいかに強化す

るかが課題になってくる。企業経営では、情報技術が生産要素の一つとして競争優位性の強力なツールである認識が十分であるといい難い状況にある。またそれは、市場・消費者のアナログ情報を含めて経営戦略に反映させていくコミュニケーションのインフラ機能として活用していかなければならない。経営者は、情報技術の活用とリーダーシップによって企業変革を牽引し、経営課題や情報システムのあり方を自らの仕事として強く認識することである。さらに企業内外の色々な感覚的なアナログ情報やデジタル情報の情報把握に努め、現実、現場のコミュニケーションによって業務活動を行うことであり、情報が自由に行き交う情報文化をつくることである。

(2) 情報技術の活用に関する先行研究の補完的論点

業務活動の「場」では、論理性と感覚性による特性要因が二重性を持って存在しており、状況対応力という複合的な力が補完的論点である。先行研究においては、フィリップ・エバンス（Philip Evans）[2001]らは、情報技術が経済原理を変容させ、企業変革のデコンストラクションの概念から現状の事業構造を分解して価値や組み合わせを見直し、業務プロセスや情報システムの再構築を目指すことを指摘している。再構築には顧客目線や全体最適化の視点から、業務プロセスやマネジメント手法を従来の管理型からリーダーシップと自律的率先型に変え、組織のフラット型化を主張している。またトーマス・マローン（Thomas Malone）[2004]は、インターネット技術が、情報交換のコストを劇的に削減させ、情報の共有、広範囲化、リアルタイム化での双方向コミュニケーションを可能にしたと指摘している。両者に共通して言えることは情報技術が、企業経営の経済原理の変化からパラダイムチェンジをもたらしているということである。

またゲイリー・ハメル（Gary Hamel）[2008]は、企業経営の変化の速さ、束の間で消える優位、既存の技術を駆逐する画期的技術の発現、従来のビジネス秩序を破壊する競争相手、細分化される市場、絶大な力を持つ顧客などの理由によって、事業戦略や商品・サービスの短命化が進み、もはや従来型の企業経営は限界にあることの認識をすべきだと指摘している。また持続的成長をするためには、商品・サービスの開発、機能の再編成、新しい市場の

開発に加えて、消費者に納入する業務プロセスだけでなく、流通チャネルやロジスティックスの業務改革と併せて一連のビジネスプロセスイノベーションを導入する重要性を指摘している。

　伊丹［2006］は、人や組織を経営の中心に据え置いて幅広く人文科学、自然科学、社会科学からの複眼的なアプローチと経営要素を構成する複数の領域から企業変革と情報技術、特に情報の特性を生かした活用を指摘している。また加護野［1988］は、企業変革は単に戦略や組織を変えるだけでは不十分であると強調しており、企業変革の戦略やオペレーションを支えている企業文化や人々の意識や能力の変革が不可欠であり、多様な方式を採り入れその長短の特性を活かすことであると指摘している。特に意識改革は、従業員の教育とコミュニケーションによって行いボトムアップ方式で実施することを進めている。ヘンリー・ミンツバーグ（Henry Mintzberg）［2008］は、マネジメントの視点から対象を企業の内外に区分して経営の基本要素を情報、人、行動の三つにした方法論を説いている。たとえば情報の要素について企業内では、コントロールとコミュニケーションの両面から行い、対外的にはコミュニケーションを優先し、人と行動の要素では、内部的にコントロールを重視してリーダーシップを発揮、外部的には関係性を重視したマネジメント方式を指摘している。彼は本来、戦略とは組織の中で基本要素の相互接触から進化論的に創発されるという考えであり、企業内外の経営課題を共有して双方の利害の主張や譲歩をすることによって、合意形成の手法を主張している。ジョン・コッター（John Paul Kotter）［2006］は、日本企業の特質に精通しており、彼の企業変革の展開は、個人や組織の意識改革や企業の成熟度が重要であり、その必要性と意識改革に時間をかけることとしている。また経営者がビジョンを伝えるための効果的な七つの原則のうち、特に印象的な指摘は、「聞く耳をもち、話を聞いてもらう」とあり、日本では古くから「輝く瞳と大きな耳で聞く」と説いている。しかし、多くの経営者は「結論を言ってくれ！　会社は儲かるのか？」の結論について性急な答えを求めてくる。

　井上［2004］は、組織論や戦略論と情報技術の機能の相補的な進歩の視点から、情報システムと経営組織の捉え方が相互依存的であるとし、概念とし

て「共進化」の枠組みを提起している。共進化とは「相互に影響を及ぼす複数のシステムの、互いの反応に基づいた進化的プロセス」として定義している。新しい戦略や複雑な経営組織は、高度な情報技術の機能によって現実化し、ビジネスシステムを進化させるとしている。そして進化したビジネスシステムは、新たな経営課題を生み出し、新しい情報技術の要件を投げかける循環的なサイクルとなっている様相を指摘している。

企業変革は、まさに経営の視点と情報技術の視点が、一体化したコインの表裏の関係として進めていかなければならない。経営の視点は、人と組織が中心となってオペレーションをするものであり、そこには思考の論理性と人間固有の感覚的で感情的な側面を持ち合わせなければならない。情報技術の視点では、業務活動や経営資源を貨幣換算化できる論理的なデータ・情報へのデジタル変換処理と暗黙知的で曖昧性、不確定性、説明困難性の情報の持つ意義と認識をすることである。業務活動の「場」では、この論理性と感覚性の要因が絶えず変動しており、状況対応力が重要な補完的論点といえる。

(3) 補完的論点とその取り組み

企業変革の文脈は、情報技術の活用と業務活動の論理性と感覚性の両面から取り組むことである。その取り組みとは、「場」において論理的・科学的な手法と人間固有の感覚的な特徴である感情的な作法を取り入れることである。情報技術の活用の論理的手法は、第一に、全従業員とのコミュニケーションを通して意識改革と価値観の整列化のもとで不合理な事象についてデータ・情報から学習と概念化を徹底させることである。第二に、現場部門で培った自発的な改善に対する標準化などの現場力をすべての業務プロセスに展開することである。第三に、変革の課題項目についてそのマッピングと管理指標を設定してその目標値との進捗・評価を行い次の行動に反映させることである。一方守旧的な特性の課題は、論理性本位の強行には無理があり、組織や人の連帯性や組織間との連携について理解と思いやりの配慮などを訴えてすすめていくべきである。この過程が人間固有の感情的な作法であり、相手の背景や処遇などに合わせる取り組みである。情報技術の活用はその「場」で十分な説明力を持っており理解も得られるが、組織や人には、色々

な外圧や影響力を与える権威の力が粘着しており、企業変革の定着化にとって問題が残ることを考えないといけない。

　企業変革の素地づくりは、組織や人の高い意識のもとで、論理的な手法と鋭い感覚によって自在に操っていく状況対応的行動の産物である。企業変革は、変えてはいけない企業理念や活性化した組織風土が基本であり、一方変化に対して戦略や経営資源を積極的に創造・変更・修正していく継続的な力が必要であるといえる。それは、マクロな経済、社会、技術システムの背景や潮流と人間固有の感覚的な文化や慣習の要素に依存している。飯田［1998］が、指摘している日本的経営の価値観の形成基盤に依存するところが大きく、ミクロ的な業務活動の「場」では、状況判断や状況対応力となって、論理性や感覚性の二重性のコミュニケーションと言える。

　したがって先行研究の補完的論点は、論理本位の先行研究に加えて感覚的な要素の補強として二つの視点を挙げる。一つは、業務プロセスの最適化に関する部門や企業外とのビジネスルールや業務ルールの利害の対立は、現状や推認情報を共有して論理的な手法と感情的な作法によって合意形成を図ることである。もう一つは、主観的、感情的な主張に対し、その背景や影響力について共通認識に立ち、組織に潜在する根強い要因と長い間聖域とみなされてきた課題を明らかにし、適切な配慮と処遇によって応えることである。またコミュニケーション（情報活用）の肝的機能は、現場での情報の共有や計画・実行の進捗について、見届け責任を明確にして管理指標を実行することである。さらにそれは、企業内に散在している実態や進捗のデジタル情報だけでなく、アナログ情報である多義的な情報の活用をすることであり、企業体質の成熟度、活性化度、協働化の方向を増長し、自律性の強い現場力を高めていくこととなる。

2 企業変革の牽引機能としてのリーダーシップ

2.1 企業変革を拒む守旧的構造

(1) 企業変革の革新の力と守旧の力

　企業変革は、その変革を牽引する革新的な力と抵抗となる守旧的な力が存在する。佐藤［2004］らは、強い企業は強い企業文化によってつくられ、その企業組織は個人レベルまで組織に同調と信奉を深め、企業文化の同化に圧力や影響力を及ぼしているとし、この力が企業組織を一枚岩的に結束させ、企業業績に成果として結び付いていると指摘している。

　また、柴田［1998］は、図表3-2で図示している通り、企業変革の難しさには論理的で革新的な力の側面と感情的で守旧的な側面が存在し、企業構造部をハードとソフトとして、対比させて次のように説明をしている。ハード構造部は、企業変革の論理的・技術的な側面から戦略や事業計画について事業の選択、組織や人事制度の再編や変更を明示的にしたものであり、経営者は全社の従業員に対して時代の潮流や企業環境を理解させ、危機感を煽り、企業変革の必要性を強調する部分である。初期の時点で従業員は、危機意識や共通認識の方向に進み始める。企業変革は、外部環境を分析し、新しい経営ビジョンから経営戦略や事業戦略を見直し、組織・人の再編成や再配置の計画、人事制度の変更や修正などの再設計の段階に入る。またビジネスシステムでは、将来的な採算性の視点から機能部門の統廃合や不採算部門の撤退など戦略、事業計画、人員や組織の再設計を行い、固定費や販管費削減の視点から早期退職や評価報酬の制度、業務プロセスのムダを検討する。この制度は人事の配置や業務転換、職種転換の課題が生じ、さらに具体的な事業部門のリストラクチャリングや業務改革のリエンジニアリングの検討段階に入ると、従業員は自分達の生活設計の不安と動揺から疑心暗鬼の雰囲気に陥り、企業変革の意気込みはトーンダウンしてしまう。一方、ソフト構造部とは、人や組織に宿っている曖昧な人間固有の感覚的な側面であり、業界や企業の暗黙のルールや習慣、長老による人的属性の支配や影響の力である。

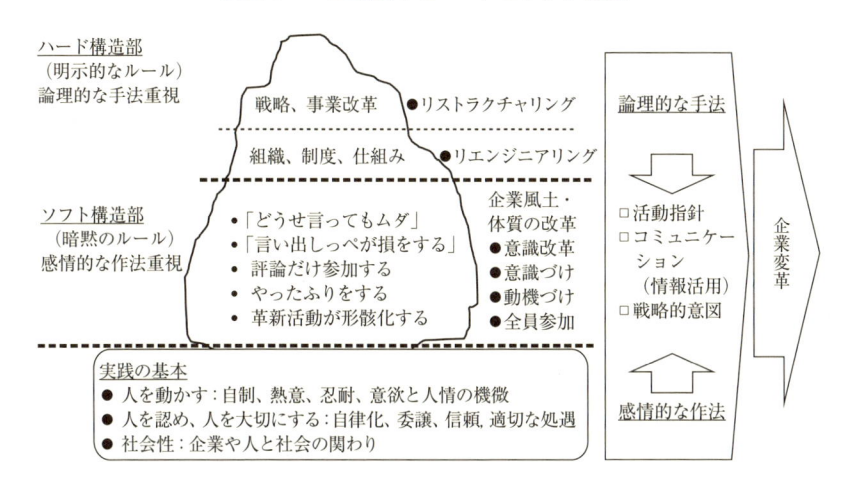

図表3-2 企業変革とハードとソフト構造

ハード構造部
(明示的なルール)
論理的な手法重視
- 戦略、事業改革 ●リストラクチャリング
- 組織、制度、仕組み ●リエンジニアリング

ソフト構造部
(暗黙のルール)
感情的な作法重視
- 「どうせ言ってもムダ」
- 「言い出しっぺが損をする」
- 評論だけ参加する
- やったふりをする
- 革新活動が形骸化する

企業風土・体質の改革
- ●意識改革
- ●意識づけ
- ●動機づけ
- ●全員参加

論理的な手法
↓
□活動指針
□コミュニケーション(情報活用)
□戦略的意図
↑
感情的な作法

→ 企業変革

実践の基本
- ● 人を動かす：自制、熱意、忍耐、意欲と人情の機微
- ● 人を認め、人を大切にする：自律化、委譲、信頼、適切な処遇
- ● 社会性：企業や人と社会の関わり

出所) 柴田昌治［1998］『なぜ会社は変われないのか』に筆者加筆

　企業変革に限らず組織編成や人事の課題には、感情的な支配力や影響力が働いており、それは、創業者や功労者による派閥抗争の形となって、組織や人事ばかりでなく経営戦略の決定にも影響を及ぼしている。こうした守旧派に押されて経営者は迷いが生じ、中間的なリーダー層は企業変革に対する前向きな姿勢から「どうせ言ってもムダ」「言い出しっぺが損をする」などの雰囲気から、会議だけの参加となり、やがて企業変革の活動が形骸化してしまう。また柴田は、このような企業風土や体質の改革が先決であり、意図的に情報やコミュニケーションを通して、危機意識を募らせることの必要性を指摘している。この雰囲気を作る情報は、①外部からの情報による刺激、②企業内部の経営状況と自分たちから湧き上がる知恵や情報の流通、③企業風土や体質改革に関する他企業の情報や成功事例の流通させるなど3種類を準備すべきであるとしている。
　企業変革は、全社的に危機状況を煽り、危機意識の共有と浸透させることが効果的であるが、経営者は日ごろからコミュニケーションと情報の共有化だけでなく、現場層からの意見を尊重して自発的な動きを支援することである。またリーダーは、人を動かすために日常の業務活動を通して、意識づけ

の視点から自制、熱意、忍耐、意欲や人情の機微をもって接し、存在感を認め、日常の「場」を大切にして自律化と権限の委譲をすすめることである。

(2) ソフト構造部はコミュニケーションと感情的な作法

　ソフト構造部はコミュニケーションと感情的な作法による雰囲気作りである。企業変革は、革新的で論理的に正面から取り組み、守旧的な一部の人に対して感情的な手法によって接し、二つの要素からその「場」の均衡を保つことである。特に感覚的・感情的な側面からの取り組みは、ソフト構造部の具体的な特性に対して、コミュニケーションと情熱を持って時間と労力を注ぐべきである。経営者は、日ごろからコミュニケーションを通して現場層の自発的な変革の動きを支援し、修正や追加すべき対応を継続していくことである。情報の共有化は、経営ビジョンや経営戦略だけでなく、業務目標の実績や管理指標の可視化情報とコミュニケーションによって進捗状況の見える化をすすめ、事業戦略や業務目標に向けて一体感とコミットメントを共有することが必要である。企業変革には、経営者の強力なリーダーシップと現場層の自発的な意欲を融合させて信頼関係を確立し、現場力を信じて権限の委譲をすすめていく必要がある。

　ソフト構造部に対する取り組みは、人を動かすコミュニケーションとして、意識付けや動機づけのための熱意、忍耐、意欲をもって接し、動機づけのモチベーションと人情の機微に訴えることである。上位者は、個々人の主張に耳を傾けるなど相手の存在感を認め、信頼関係に立って現場層に権限の委譲を与え、自律化をすすめていく。さらに、現場層の部門間の対立や調整の動きに注意と関心を払い、積極的な支援と場合によって直接的な参画をすることである。上位層と現場層は、企業変革の共通認識に立って管理指標の情報の可視化や業務プロセスの見える化を共有し、コミュニケーション（情報活用）を肝として介し、取り組みを進めていくことである。コミュニケーションは、メールや一元的なデータベースの情報にすべてを依存しがちであるが、対面的でタイムリーな情報による「場」の状況確認を行い、共感と共鳴を交わすなど臨機応変な対応することである。自律化や権限委譲の信頼関係が現場層の人と組織を動かして組織全体を活性化にもっていく。企業変革

は、組織や個人の責務として日常業務に課題を取り入れて業務活動を通して実行することであり、特別な業務として時間外や有志の自発的な行動に任せないことである。さらに現場層の「場」から生まれる気付きや感性的な情報は、大切に流通させ、組織の風通しと現場層の自律的な仕事のやり方に質的変換を図るように仕向けることである。

2.2 「場」のコミュニケーションと段階的なステップ

(1)「場」のコミュニケーション（情報活用）とEQ

企業変革は「場」のコミュニケーション（情報活用）とEQ[1]（Emotional Quotient）の概念による運用が大切である。「場」には多くの変革要因が散在しており、人と組織は、業務活動の状況対応として論理的な手法と感情的な作法によって相補的な運用をすることである。

人や組織の活性化に関してダニエル・ゴールマン（Daniel Goleman）[2009]は、経営学の心理学的側面からEQの概念を唱え、「心の知能指数」「感情調整能力」と呼び、従来の論理性を本位とするIQ[2]（Intelligence Quotient）とは質の異なる人間の心理的な能力特性を主張している。EQの概念は、心の知能指数として五つの特性、①自分の本当の気持ちを自覚し、尊重して心から納得できる決断を下す能力、②衝動を自制して不安や怒りのようなストレスのもとになる感情を制御する能力、③目標の追求に関して挫折した時も楽観的な部分を捨てず、自分自身を励ます能力、④他人の気持ちを感じ取る共感能力、⑤集団の中で調和を保ち、協力し合う社会的能力である、としている。日本の社会では、珍しくない和の精神や常識的と思われる特徴がかなり多く含まれており、真髄に相通じる思いやり、自省、協力、調和を重んずる価値観などといえる。世界の動向は心の知性に注目し始めており、日本の経営品質や接客手法によるビジネスの成功を支えてきた文化的・伝統的な特性に相通じるとも言える。

業務活動のEQは、チームワーク、率直なコミュニケーション、協力的で互助の姿勢、相手の話をよく聞く態度、自分の考えを相手の同意を得ながら述べる姿勢など社会的知性の基本的な行動としている。従来、伝統的な欧米

の人間関係は、組織の指示系統に従う上意下達の方式を最上としており、その背景には共同体的な意識や同情的で互助的な精神は目標達成の競争心を失うという考え方に立っていたからである。したがって上位層は、部下たちの気持ちを感じ取るという発想そのものを否定し、情緒的な要因を取り除かないとビジネスの世界で冷静な判断ができないとされてきた。

　しかしEQを備えたリーダーが成功を収める事例が数多く報告され、ハーバードビジネススクールなどにおいて、今世紀に入り企業は革命的な変化を遂げており、それに呼応するように情緒的な側面に対する認識も変わってきていると指摘している。従来の管理職は、部下を巧みに操縦して業務目標に突き進んでいくタイプが評価され、ピラミッド型の組織構造が支配する長きにわたるマネジメントスタイルを続けてきた。しかし1980年代の後半からグローバル化と情報化社会による組織構造は、フラット型構造に変わり、変革を進めるリーダーは、管理・統制型から率先垂範型に変わってきた。企業を牽引するのは、人間関係を賢く対応する能力を備えたリーダーであり、率先垂範と変革のリーダーとしてEQ型の人材要件を求めるようになった。感情的な怒りは、組織や個人に心理的動揺とモチベーションや動機づけに悪影響を及ぼし、業務活動のシステム思考、組織学習などの判断能力を低下させる。リーダーシップは、組織や部下を管理・支配する技術ではなく、共通の目標に向かって力を発揮できるようにする手法と環境づくりといえる。

　EQの研究がビジネスの世界で注目され始めた背景として「場」自身が大きく変化し始めているからである。情報化社会では、個人の自己主張や価値観による情報のこだわりが劇的に増大し、就業と就労の雇用関係に大きな変化が起きている。労働市場の雇用の点では、従来の暗黙的な依存関係から緊張した契約関係に変わっており、外国人の人材の登用や特異なスキルや技能の即戦力の要請があり、一方ワーク・ライフ・バランス[3]など多様な雇用形態や就業形態に対応していかなければならない。このような背景から職場のコミュニケーションは、益々重要になっており、上位層は、苦情を有益な意見として受け止めて相互理解のために気持ちを察することを優先し、動機づけをするなどの対処をすることである。また人材の多様性による対立や摩擦の事象は、否定的に捉えるのではなく前向きに評価する心構えも必要である。

組織の雰囲気に影響する EQ は、組織 IQ を高める要因ともなり、グループでの仕事や学習にとって、言語能力、創造性、共感能力、技術力など様々な能力の源泉となりうる。さらに社員同士やコミュニティのブログやフェイスブックなどの情報のネットワーク化は、企業が発信するメッセージや情報共有化のコミュニケーションツールとしても貢献している状況にある。

(2) 企業変革はコッターの八つのステップと実践の基本

　ジョン・コッター［2008］らは、大規模な企業変革を成功に導くために八つのステップを定義し、その段階に従って意識改革と実践について次のように指摘している。彼は変革の成功事例にみられる八段階の行動で成功したパターンとして次の三つの習慣的な姿勢「見る、感じる、変化する」を挙げている。第一に「見る」は、心に訴えて目を引く劇的な状況を作り出し、危機意識の高揚や戦略の策定、自発的な行動などを進め、問題点、解決策、進捗状況を目に見えるように見える化をすべきであるとしている。見えなかったことが見えるようになると心が動かされ、また他の事象の「読む」能力が涵養され、行動が変化して新たな行動として強化される。第二に、「感じる」は考える力と同等であり、明晰な思考力は、大規模な変革に重要な要素であり、①適切な戦略の策定、②危機意識を高める情報の取捨選択、③短期的な成果を上げることを挙げ、選択肢の抽出や策定にとって不可欠な力であるとしている。第三に「変化する」姿勢は、明晰な思考による論理的な手法と心に訴えかける方法の戦術的な取り組みに対する状況対応力であるとしている。人間は本来、変革の意欲を損なう感情が存在しており、変革に対して自己の処遇や不安の感情に敏感であり、この感情を制御していく必要がある。変革の意欲を損なう感情は、怒り、プライド、悲観、不安、心配などであり、変革を前向きに駆り立てる感情は、信頼、信用、前向きな姿勢、情熱、希望などである。変革を進めるリーダーは、現場の課題を発見して解決の探索過程の経験を共有し、目で見て、耳で聴き、手で触れる具体的な行動を率先することである。この過程の情報の開示と共有は、感情を揺さぶり、心躍らせる形で一体感に導いていく。情報の共有、知識の共有、経験の共有から信頼の輪が広がり、変革は動き始めることになる。

変化とスピードが加速する環境下にあって、企業が持続的な成長を遂げていくために、人と組織は、何を求めて市場といかに経営資源の適合をさせていくかが大きな課題である。D・ティース（David J. Teece）ら［2010］は、新しいダイナミック・ケイパビリティの概念を打ち出し、それは、「組織が意図的に資源ベースを創造、拡大、修正する能力」であると定義している。この概念は、企業変革を進める知識体系であり、本書ではこの概念を将来の持続的な成長の基本的な要件とし、さらに将来の変化に備えて準備する能力であるとしている。企業変革の取り組みは、まず現在の市場や競合の企業環境と企業内部の有形・無形の経営資源を動的に適合させ、続いて将来の予測される課題について人や組織の備えておくべき企業能力をどのように醸成するか資源適合の課題として捉えている。従って企業の組織能力は、現下の経営資源の状況を把握し、適合課題を見極めて迅速な創造、拡大、修正する力の強化・拡大と将来の不確実な変化を洞察し、その不測の事態に備えて自在に対応していく再設計能力と実行力を強化して進めていくことを認識しなければいけない。

2.3　企業変革と牽引機能としてのリーダーシップ

(1) リーダーシップとその意義

リーダーシップとは、リーダーが一定の定型的な業務や目標課題においてその組織に属する人たちへ与える影響力である。さらにSNS時代に期待される変革型リーダーシップは、不透明な状況下での変革力を有し、戦略や人・組織の編成に加えて、企業の文化や体質の変革を進め、その行動力は、多様化、総合化、統合化に対する要件を必要としている。リーダーの特性は、人への動機づけと組織を動かすために、従来型に比較して業務活動や行動範囲が広く、コミュニケーションを重視したマネジメント能力と人間的情緒性など広い範囲の能力を備えていることといえる。

先行研究では、リーダーシップの基本要素、重要な機能と技能、成功する人物の特徴に関していくつかの研究成果が発表されている。第一に、リーダーシップの基本要素についてウォーレン・ベニス（Warren Bennis）

[1989/1994] は、図表3-3に示すようにリーダーシップの基本要素をまとめ、基本要素の6項目として、ビジョン、情熱、高潔さ、信頼、好奇心、大胆さをあげている。欧米各国と日本企業の比較では、全体的に共通している点が多く、特に高潔さや信頼の基本要素は、日本の特性と親和性をもっている。共通点の多い理由は、基本要素が総合的な人間力を発揮するために、主に感情的な部分に重きを置くマネジメントによるからである。高潔さは、自己認識、率直さ、成熟度などの要因から構成されており、人間行動の謙虚さ、人の話を聞く、大人の判断や振る舞いをする姿勢に相通ずるものがある。また信頼の要素は、上位者と下位層の垂直関係や組織内の水平方向の関係のみならず、取引先の関係においても信頼関係が非常に大きな比重を占めており、人間関係の基本的要素は、古今東西普遍的なものであることを示唆している。

　第二に、リーダーの重要な技能に関してバート・ナナス（Burt Nanus ）[1989] は、リーダーシップを発揮するための七つの技能を列挙している。七つの技能とは、①先見力、②卓越した変革力、③組織のデザイン力、④先行学習、⑤率先力、⑥相互依存性の関係性を維持・確保する卓越した力、⑦ハイレベルの高潔さをあげている。先見力とは、行動を起こす前に将来を見

図表3-3　リーダーシップの基本要素

基本要素	内容
経営ビジョンへの牽引	仕事の上や個人的な自分のやりたいことを明確に把握しており、障害にあっても、たとえ失敗しても諦めることがない意志。
情熱	人生に対する基本姿勢が前向きで、職業・職種、仕事、活動計画などに強い情熱を持って取り組む。自分がやっていることが好きだ。
高潔さ	自己認識、率直さ、成熟を基盤とした高潔さを備えている。自分の強みと弱点を理解し、自分の主義や考えに忠実。また、他人から学ぶ方法、他人と共に働く方法を経験的に身につけている。
信頼	人に信頼されている。
好奇心	あらゆることを不思議に思い、可能な限り学びたいと思う。
大胆さ	リスクを冒すこと、実験的試みを行なうこと、新しいものを試すことに積極的である。

出所）　Warren Bennis [1989/1994], *On Becoming a Leader*（New York：Addsion Wesley）

通す力のことであり、多くの要因の前向きな推進力と守旧的な抵抗力を読むことである。卓越した変革力とは、組織の成長と進化が外部環境と比較して遅れを取らないように変革のスピード、方向付け、阻害要因を制御していく力のことである。組織のデザイン力や先行的な学習は、変革を効果的・有効的に進めるために最適な組織編成を組み、個人だけでなく組織の人達が論理的な思考や手法によって学習を続ける姿勢を維持してその成果を共有することである。率先力、相互依存性の関係性の確立、そして高度な高潔さとは、企業変革は個人の課題だけでなく、組織と企業全体の共通した課題であり、企業内の組織間や企業外とのコミュニケーションを強め、取引先などとの信頼関係を維持・構築しながら、協働と協調関係を強化していくことであるとしている。

　第三に、リーダーとして成功する人物について、スティーヴン・コヴィー (Stephen R. Covey) [1990] が七つの行動特性とその特徴をあげている。まず七つの行動特性は、①前向き志向、②最終状況までのシナリオが描ける、③緊急性・重要度の基準から優先順位の策定とそれにもとづいて実行する、④課題や解決を共有して関係者全員の有益性を優先するように協調と協働を行う、⑤相手から理解される以前に相手を理解するように努める、⑥創造性に富み進取の気性による取り組みによって相乗効果を生み出す、⑦向上・革新・改善など学習と進化する姿勢を常に切磋琢磨し続けることとしている。また彼は、別の論文『原則を守るリーダーシップ』において、原則を守ることがリーダーの基本であるとし、行動特性の追加的な項目として、まず人間的・情緒的な視点から奉仕の精神と人の信頼をあげ、続いて感情の豊かさや共感的な対人関係について、肉体面、知的面、情緒面、精神面などの要件を指摘している。さらにマックス・デプレ (Max Depree) [1993] は、もっと感性的な情緒面に焦点をあてており、おおらかさ、ユーモアのセンス、温故知新の理解と大切さ、度量や器量の大きさなどをあげている。

　異文化経営といわれる民族、宗教、社会、文化の違いを超えて企業経営に当たるリーダーは、内面的に人間共通の心を掴み、外面的には企業活動の論理的な企業のあるべき姿と現地・現場の現状を理解することである。日本の伝統的なリーダーシップは、歴史や古典から教訓を学び、企業変革を推し進

めるにあたって大局的な着眼から小局的に着手する方法論が、世界の共通模範となり、通用すると考えられる。また古今東西を問わず普遍的に言えることは、人間の心を掴み、人を動かすことであり、論理的な活動や状況判断力と感覚的な人間的情緒性の両輪をバランスさせていくことといえる。

(2) 望ましいリーダーシップのあり方

　企業は、創業期から次第にシステムとしての機能を確立し、成長期、成熟期に入っていく。やがて大企業病が静かにじわじわ蔓延し、従業員の多くは、外部環境の変化に鈍感になり、変革の問題意識から遠ざかり、経営者は、染み着いた企業体質と業界の地位や過去の成功に縛られ、社内の調和と自己の保身に労を費やすようになる。しかし歴史は、いつの時代においてもリーダーによる危機に対して果敢に挑戦をしたことを教訓として教えている。

　日本の社会事情や文化に詳しいアメリカを代表するリベラル派の国際政治学者、ジョセフ・ナイ（Joseph Nye）［2009］は、ロナルド・A・ハイフェッツ（Ronald A. Heifetz）［2007］ハーバード大学教授のリーダーシップの教育・実践手法を参考にして、組織に対する危機感の演出について次の指摘をしている。改革企業は早急に事態だけを収拾すれば、機運の熟さない恐れがあり、危機の中でこそ「啓蒙の瞬間」が訪れ、改革の危機感が生まれるとしている。改革の形態は、状況や発現の現象によって異なるが、一般的には危機意識の欠如によることが多く、社会や外部環境のスピードについていけない意識改革の未熟さによるところが大きい。人や一部の組織で論理的な理解がなされても、守旧的な抵抗力に押されて組織全体の意識改革を醸成することはなかなか難しい課題であると指摘している。

　リーダー論では「よくある危機」と「まったく新しい危機」を区別して対応を考えている。「よくある危機」には指揮統制型の取り組みで臨み、専任の組織を編成して通常の手順に準じて適用していく。「まったく新しい危機」では、命令系統を水平的に組織編成して部門間の状況理解と対応策の策定に取り組む方法が望まれる。しかし両者の明確な区別は難しく、対応策の策定は「よくある危機」と「まったく新しい危機」の双方の組織学習と想定学習を組み合わせ、むしろ状況対応力として臨機応変型のリーダーシップを取る

ことである。また緊急時の局面でリーダーは、把握・検討・実行の三段階でそれぞれ異なる方法を取り、特にその行動は、外部の状況や現場の論理的な分析作業と暗黙知的な経験知に頼る傾向があり、局面の状況変化を読み取り、時代背景や企業の流れに乗せるなどの行動が必要である。

さらに彼［2009］は、図表3-4に示すように、望ましいリーダーシップのあり方について三つのパワーの視点から能力と行動に関する特徴を指摘している。第一のソフト・パワーは、能力として社会的知性、コミュニケーション能力、ビジョンを挙げ、それぞれの能力別に行動の特徴を表わしている。第二にハード・パワーは、組織運営能力や戦略策定の策略家的な能力であり、情報活用や組織部門間の調整力として優位に展開していくコミュニケーション能力をあげている。第三にスマート・パワーがあり、二つの視点を融合した状況判断力であり、経済社会の潮流や市場の動き、そして内部経営資源の状況変化などの傾向や対応の洞察と適応力の行動を取ることを指摘している。

リーダーシップは、これらの状況変化を掴み、迅速に適応するために、経営資源の創造・修正・変更などの戦略・計画の策定と環境づくりや実践のマネジメントを発揮することといえる。

図表3-4 望ましいリーダーシップのあり方

パワーの視点	能力	行動の特徴
ソフト・パワー	社会的知性	・人間関係を円滑に維持する能力、カリスマ性 ・自己人席力、自己抑制力
	コミュニケーション能力	・説得力、象徴性、模範となるような言動 ・近い相手・遠い相手に対する影響力
	ビジョン	・大勢を魅了するような構想の企画力 ・指向力と実行力のバランス
ハードパワー	組織運営能力（指導力）	・褒奨や情報をうまく使いこなす力 ・内部集団・外部集団との関係調整能力
	策略家としての能力	・脅し、買収、交渉を巧みに行う才覚 ・有利な同盟や協定を締結・維持する能力
スマートパワー（ソフト／ハードパワーの組み合わせ）	状況判断力	・状況変化を読み取る力 ・流れに乗る力 ・状況や部下へのニーズに合わせた適応力

出典）ジョセフ・ナイ（Joseph Nye）［2009］「経済教室」日本経済新聞社

リーダーシップによる行動の特徴は、人と組織を意識的に整列化させて行動を活性化させる働きが基本であり、さらに業務活動を論理的な方法と感覚的な手法を均衡させるために、コミュニケーション（情報活用）を有効的に行うことである。リーダーシップは、組織の階層レベル、長期的・短期的なスパン、外部の環境変化と経営課題の視点から状況対応力や適合性のある行動を取る必要がある。さらに行動の要件は、外面的には時流の流れを洞察するとともにその潮流に乗り、企業独自の経営資源の状況によってその適応を進める人を得て育てて、組織を動かすことである。

3　素地づくりの推進機能とその要因

3.1　推進要因としての人・組織への戦略的意図の浸透

(1) 推進要因の意義と相互作用

　企業経営は、経営理念として社会との位置や使命を定めて、経営戦略、経営目標、業務活動の策定と実行をマネジメントのもとで行う。人と組織はこれらの活動の展開をマネジメントとコミュニケーション（情報活用）によって整合性をとり、制御と密接な関係を持って行っていく。企業変革に関する先行研究は、すでに述べたジョン・コッター（John Paul Kotter）の手法が、日本経営システムの特徴に通じる段階的な進め方である。また加護野[2008]の経営組織や戦略論は、理論のスタンスや方法論において現実的な実践として受け入れ易いと考えられる。経営者は、眼前の業務目標や経営課題があり、企業変革は企業文化や企業体質の慣性的な力が、立ちはだかって理論や計画通りに進むことは少なく、また組織の守旧的な抵抗要因に直面している。このような対応に加護野[1988]は、人や組織の意識改革の必要性を強調し、戦略やオペレーションを支えている企業文化、人・組織の意識や能力の変革が不可欠であるとしている。そして彼は、危機状況に関するデータ・情報を開示し、危機感の高揚や意識改革の共有化が必要であると指摘している。

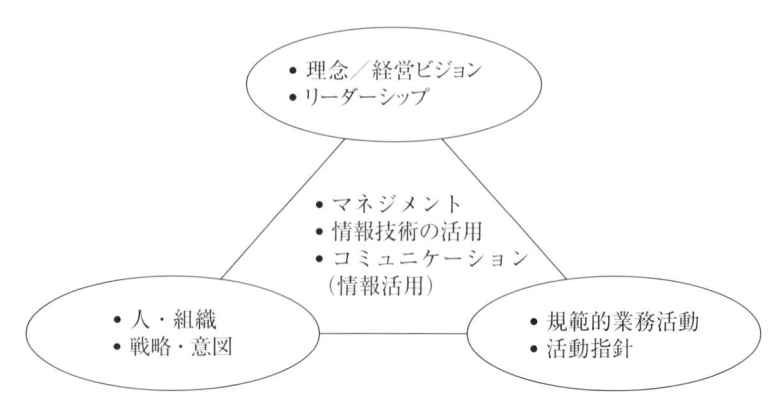

図表 3-5　推進機能と推進要因の関係

- 理念／経営ビジョン
- リーダーシップ

- マネジメント
- 情報技術の活用
- コミュニケーション
  （情報活用）

- 人・組織
- 戦略・意図

- 規範的業務活動
- 活動指針

出所）　筆者作成

図表 3-5 は、企業変革と牽引機能や推進機能の関係性を示しており、牽引機能は①企業理念や経営ビジョンと経営者のリーダーシップ、マネジメントとコミュニケーションに情報技術の活用がある。推進機能では、②経営者は戦略や意図を人や組織に浸透させ、③業務活動は規範的な活動指針に基づいて自律的に行う。それは企業変革が有効的に行われるために人や組織の意識改革と自律的で規範的な活動指針に則った業務活動を進めることである。マネジメントとコミュニケーション（情報活用）が企業変革の牽引機能と推進機能を繋ぎ、PDCA サイクルを経て次のステップに反映させていく。

(2) 三つの戦略的意図

図表 3-6 は、経営者の三つの戦略的意図を示している。マネジメントとコミュニケーションは各要因を繋ぐ役割として位置付けられている。経営者の戦略的意図は三つの要因から構成されており、経営者の組織や人に対する含意ともいえる。

戦略的意図の第一は、「価値共有」である。企業活動は、多様な価値観をもつ人と組織の集合体が共通した目標に向かい、それは目標の実現を達成するために多様な価値観を同一方向に整列化させていく必要がある。電通総研

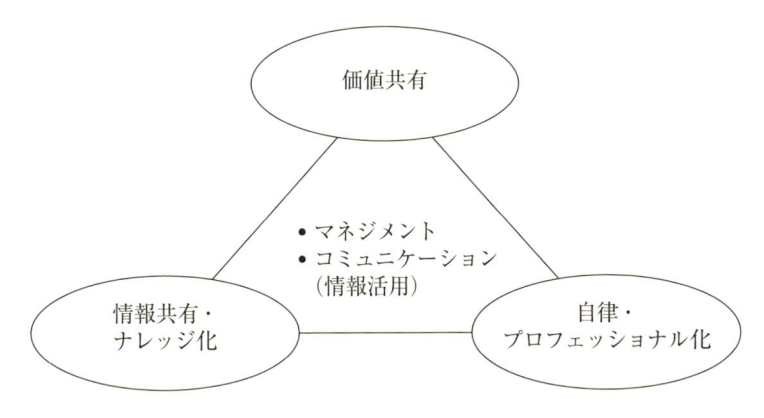

図表3-6　推進要因と戦略的意図の関係性

```
            価値共有
              ／＼
             ／　＼
            ／　　＼
         ・マネジメント
         ・コミュニケーション
          （情報活用）
          ／　　　　＼
    情報共有・　　　自律・
    ナレッジ化　　　プロフェッショナル化
```

出所）　筆者作成

と日本リサーチセンター［2004］の報告によれば、価値観は、組織や共同体に属することによって感化され、継承されていき、個人的な体験をきっかけにした活動の積み重ねによって、独自に新たな価値観を形成することもあるとしている。価値観は、同じ価値観を抱く人同士では、互いの行動に関して理解が得られ、共同作業を容易にし、最近企業では、グローバル化と変化やスピード化の環境から発生する多様な経営課題に対して企業理念、経営戦略、経営目標の価値観の共有化と財務的・非財務的な指標の共有化を強くすすめている。リチャード・バレット（Richard Barrett）［2005］は、企業組織の価値観は企業風土、従業員の具体的な行動や商品・サービスのありかたにも影響し、結果として企業の存続や消滅に影響すると指摘している。企業の持続的成長には、社会的に通用する適切な価値観を定義して従業員に提示、共有をしていくことが、経営者・リーダーの重要な仕事といえる。従業員が整列化された価値観を持つことは、行動規範や判断規範において探索・思考・処理の過程を手続きや業務処理において一貫性のもとで行い、組織の融合や情報の共有化に繋がっていきやすくなる。

　第二は、「情報共有・ナレッジ」化は、人と組織が知識や知恵を共有することである。「ナレッジ」は、情報の共有から生まれる知識を意味しており、

属性としてデジタルとアナログの二つがあり、精度の点で真実性と正確性、意味の点で一義性や多義性があり、さらに受発信者の間でその解釈に関して異なる特性を持っている。また情報と知識は近似しており、モノと異なり使用によって摩耗や消失をしない特性を持つばかりか、接触する人の経験・知識・情報と結合することによって新たな知識・情報をつくり出すが、時代の背景や潮流によって簡単に陳腐化してしまうとも言える。

　企業の競争力を維持・向上させるためには、組織内の情報は、鮮度の高い、真実を反映した情報流通を促し、そこから新たな知の創造を増幅していくことが必要なのである。野中と竹内［1996］の組織的知識創造理論では、知識には、暗黙知と形式知があり、唱えているSECIモデルは、個人・集団・組織の間で、相互に絶え間なく知識を変換・移転することによって新たな知識が創造されることを指摘している。彼らは、企業組織にとってナレッジマネジメントは、知識による処理ではなくこの創造の重要性に焦点を当て、今日的なナレッジの出発点にしている。企業は、知識を創造する基本的なプロセスを理解した上で、プロセスにおいてナレッジの活用について内容やレベルを知り、何に注力してどこのプロセスに投入を考えるべきかの適用が大切であるとしている。暗黙知の交流を重視する企業では、共同化を推進しやすい企業風土の醸成を行い、形式知の交流を重視する企業では、連結化や共有化を効率的・効果的に推進するナレッジの共有と支援システムの構築によって、知識創造活動を促進することとしている。

　第三は、人と組織に、「自律・プロフェッショナル」化の意識を浸透することである。片岡［1992］は、資本と企業支配の観点から現代の企業自体は、資本の所有者である株主から自立した「機能資本家」であり、株主は資本の価値増殖機能からは疎外され、企業外部の利害集団となっていると指摘している。この構図は、企業の業務活動が使命・責任の関係性において、組織を動かす経営者は機能資本家として、託された経営資源の調達と運用の効率化にリーダーシップを発揮する存在といえる。一方現場層は、マネジメントとコミュニケーションに従って業務活動に携わり、自律的に目標設定や計画策定を設定してプロフェッショナルとしての行動をとり、自己実現をはかっていく。経営者、統制者層、現場層は、それぞれの階層に応じたミッションと

目標に業務内容の使命と責任をもって行動をすることである。企業変革は、経営者が全社の人と組織に対して戦略的意図を浸透させ、価値観の整列化のもとで意識改革の危機感や変革の方向性を徹底させて、現場層では、経営者の含意と現場の状況対応にあたり、マネジメントとコミュニケーションを通して、自律的なプロフェッショナルとして行動していくことである。

3.2 推進機能の推進要因としての三つの活動指針

(1) 業務活動と三つの活動指針の意義

　有効的な業務活動は、合理的・効率的な視点から規範的な活動指針に基づいて行われ、業績目標の評価や経営課題は次の計画に反映させていくPDCAサイクルの連続である。活動指針とは、合理的な業務手順に従ってそれぞれのミッションや規範的な業務活動を行う共通の活動基準である。それは、人や組織の意識や業務スキルの相違から、局面する事象や多様な課題に対して共通の規範的な手順といえる。事象や課題に反応する感知力は、個人や組織の関心や意識の程度によって異なり、さらに過去の経験によっても異なっている。課題の探索は、過去・現在の分析と将来の洞察によって問題の本質を突き詰め、内省化や概念化を行い、仮説や創発から実行と試行を繰り返していく。このような企業変革の過程は、多様化した事象について課題を活動指針にもとづいてコミュニケーション（情報活用）による創発と経験の蓄積といえる。

　図表3-7は、規範的な活動指針による業務活動とコミュニケーション（情報活用）の関係性を表している。業務活動の活動指針は三つあり、第一は、論理的な手法によるシステム思考やロジカルシンキングによる活動であり、第二は、組織学習を基本にしてデータ・情報の共有と活用から因果関係の分析やソリューションの試行や実行に結び付けていく学習思考である。第三の活動指針は、合意思考である。企業変革は、企業内の他組織や企業間の利害関係の対立が生じ、ビジネスルールや業務ルールの変更や修正に対して主張と譲歩の合意形成を図り、解決を進めていく。

　図表3-7で表している業務活動と推進要因の機能関連は、業務プロセス

図表 3-7　業務活動と推進要因の機能関連

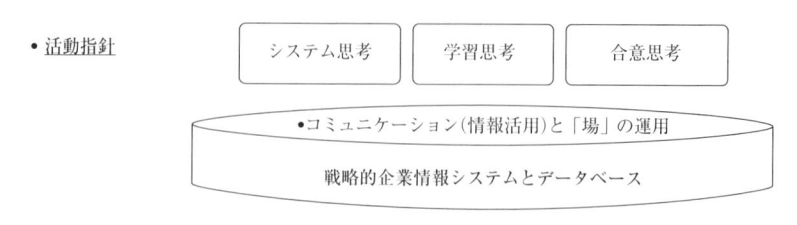

- 活動指針

| システム思考 | 学習思考 | 合意思考 |

- コミュニケーション(情報活用)と「場」の運用

戦略的企業情報システムとデータベース

- コミュニケーション(情報活用)と「場」の運用

- 戦略的意図のもとで業務活動：業務プロセスと業務処理のつなぎ

受注 → 生産 → 販売 → 流通

出所）　筆者作成

を包摂している戦略的企業情報システムによって業務処理と情報変換処理が行われる。現場では、業務スキルや問題意識の程度に応じて、流れてくる課題の内容に反応を示す。その感知力は、個人や組織の状況によって異なるが、課題解決の過程で、ホワイ（Why）とソー・ホワット（So What）の因果関係や本質的な問題の解明のために組織学習を始める。組織学習は、論理的な手法だけでなく協調的なソリューションのために、その「場」の動機づけや心理的な側面に働きかけるコミュニケーションを中心に行われる。またそれは、事象の感知から創発に至る分析・仮説・実行の過程においてリーダーシップと現場の変革意識の高さに依存している。現場の多くの事象は利害の対立があり、双方は利害得失を明確にして主張や譲歩を調整する合意思考に基づいて合意形成を取り付けることである。図中の中央部の戦略的企業情報システムのデータベースは、次工程の業務処理に活用され、さらに一定の期間、蓄積されて管理指標と業績の評価や経営資源の実態などの判断や意思決定の支援情報となる。

(2) 活動指針のシステム思考

第一の活動指針はシステム思考である。システム思考は、事象に関与する構造的関係を明らかにし、その因果関係を見極める思考力である。感知した

第3章 牽引機能と推進機能による企業変革の素地づくり　125

　事象の構造要因は市場と内部の経営資源の適合の視点から因果関係や定式化を明らかにしてシステムとしてのモデルを確定する。その探索は問題の見えている部分を近視眼的・表層的にとらえるのではなく、要素や要因のつながりについて本質的な関係性を明確にして最も効果的な解決を追求する。システム思考は、行動や事象の法則性や行動パターンを見極め、システム構造を明らかにして人の判断や恣意性に依存しない定型的な標準パターンとしてシステム化をする考え方である。

　システム思考は、自然科学の領域で生まれた概念であるといわれているが、現代のシステム思考は、機械的なフィード・バック機能の考え方から進化論的な意味を含む方向転換性の機能をもっている。たとえば、転換の形態は、部分と全体への転換、分析から環境条件を関係づける転換、実態から関係への転換、そしてヒエラルキー構造からネットワーク構造の転換などがある。また人間固有の感覚的な要素を取り入れ、総合的・俯瞰的な見方を重視し、日常の業務活動は、情報・知識とコミュニケーションによって精度の高い迅速な意思決定や判断業務を可能にしている。さらに業務処理と情報処理は、同時的・同義的に行うことによって有効性が高まり、経営課題の解決や業務目標の計画と実行に創発的に創造・変更・修正を移していく。システム思考は、業務活動の活動指針としてコミュニケーション（情報活用）によって企業変革の推進をすすめる相互作用の大きな原動力となっている。

　活用する情報の特性は、本当の真実、表面的に一見事実と見える、仮定的な事実、報告の事実、さらに希望的な内容などが混在しており、真偽性と濃淡による多義的な意味合いを持っている。業務処理の多くは、システム化された定型的処理によって行なわれるが、急激な環境の変化は、計画と実績の異常な乖離、市場や顧客の異常な要求、経営資源の異常なムリ・ムダが発生するなど、情報に対して特別な注意や対応の必要性を起こしている。

　これらの事象に鋭く反応する感知力は、思考経路に繋いでいき、組織学習の事象分析から、因果関係の概念化や創発的な仮説や行動に展開されて成果に導いていく。またシステム思考は、企業経営に影響を与える要因や業務プロセスの問題箇所を見極め、そのつながりを理解することによって、新しい企業価値を創り出す重要な業務プロセスに取り組んでいく。その取り組み

は問題の見えている部分だけをとらえるのではなく、全体像の本質的な姿から、他の分野や将来にとって最も効果的なシステムの設計を考えることである。例えば現行のシステム構造の特徴を明らかにし、陳腐化した仕組みや業務プロセスを進化させるために問題を浮き彫りにして考えることであり、要請される業務要件について定期的な評価を行い、業務支援に有効的に活用される情報システムにしなければならない。

(3) 活動指針の学習思考

　活動指針の第2番目は学習思考である。学習思考は、経営課題の多様化に伴ってビジネスシステムの対応として改善と進化を進めていく必要性があり、環境の変化と経営資源の状況から解決策を立てていかなければならない。経営資源の状況把握は、三現主義と言われ、現場、現物、現実の三つの視点から行われ、机上の情報だけでなく、実際に現場に出向き、現物を観察して、現実の課題や認識を確認した上で、問題の解決を図らなければならないという考え方である。本社部門や企画部門のスタッフは、現場で現場の人たちと現状や課題についてコミュニケーションをもち、課題認識の共有や検証と解決のために直接参加し、その一連の過程について学習思考の姿勢で組織学習を進めていくことである。

　組織学習は、事象の感知を始点に課題の状況把握、共通認識を経て解決に至る過程で有意義であり、ピーター・センゲ（Peter M. Senge）[1995] は、強い組織になるには内部のすべての人と組織が学習に対して強い意欲を持つことを指摘している。またダニエル・H・キム（Daniel H. Kim）[1993] の個人と組織の学習に関する理論は、学習とは知識の習得と技能の習得の二つの側面があり、知識は「なぜ」であり、技能は「どのようにして」から構成されるとしている。二人は組織学習の重要性を強調してその狙いはまず業績を上げるために競争優位性を探索し、次いで顧客との良好関係を築くために、顧客との関係性の課題に積極的に取り組むことであると指摘している。また学習は現場で行い、現場部門の積極的な参画姿勢が大切であるとしている。

　組織学習の始まりは、効率的な生産システムを追求するために始まったものであり、伝統的な経済原理の規模の経済や範囲の経済に加えて現場側

の経験や学習の堆積効果が生産性向上の要因になることを挙げている。工業化社会の進展は、生産が安定してくると、課題として品質、コスト、納期の指標に変わり、製品開発や生産技術の分野で新技術の導入、事業の投資採算性や戦略的な大量販売の方式の課題に移っていった。日本の製造業では、作業に携わる現場集団による自発的なQC活動が、製品品質や工程の改善活動に効果を出し、製品の品質向上だけにとどまらず、生産部門全体に拡大された。その活動は組織学習を核として業務プロセスやマネジメントプロセスの品質を追求する、TQC[9]やTQM[10]活動に発展して、企業全体の経営品質に貢献していった。さらに現在では組織学習は、人や組織の自律性を高めるために権限移譲をすすめ、チームで解決を図るなど、業務や技術のスキル向上やコミュニケーションスキルによって組織の自律的・自発的な行動力になっている。

　組織学習による効果は、対象の事象によって異なるが、多くは短期的な発現や貨幣換算化をすることも難しい。組織学習は、日常の業務活動の成熟度やデータ・情報・知識の活用による論理的な分析手法を重視すべきであるが、人や組織に潜在するアナログ情報に注目することを忘れてはいけない。組織学習の一次的な目的は、経営資源の合理的・効率的な活用から財務指標など業績を向上させることであり、二次的には競争優位や顧客関係の維持・確保をするもので、コミュニケーション（情報活用）を肝にして行われるものである。特に試行や実行初期の段階では、現場の直観的な発想やアイディアを取り入れて自由闊達な議論と組織学習を重ね、リーダーは参加者の一時的な言いっぱなしやその場限りの思いつきにならないよう進捗状況を刮目し、評価や次の施策に関して「見届けをする」、計画・評価サイクルの継続をしていかなければならない。

(4) 活動指針の合意思考

　活動指針の第三は本書の新規性ともいうべき合意思考である。合意思考は、部門間や取引先企業間の利害対立の問題に、システム思考や組織学習の過程を経て主張や譲歩による合意形成に導くことを目的としている。合意形成とは、利害関係者の利害や意見の対立に対して調整や一致を図ることであ

り、特に重要な利害に対して関係者の根底にある主張を顕在化させ、相互の意見の一致を図る過程のことを指している。この過程の議論のまとめや最終的な結論を導く方法としてワークショップやプロ・コンの手法がある。ワークショップとは学び、創造、問題解決をするための手法であり、参加者が自発的に作業や発言が出来るように、ファシリテーターと呼ばれる司会進行役が参加者全員を議論や体験に巻き込む運営の形態である。またプロ・コンの手法とは、組織学習や解決策の検討の結果を賛成（プロ：プラス）と反対（コン：マイナス）の評価尺度で表示する手法であり、ディベートとは異なって前もって判定基準を設定しておき、賛成と反対、あるいは判定基準からプラスとマイナスの項目に対応して根拠を明確にする判定手法である。根拠の明確化は、説明性や納得性に沿ってデータ・情報に一覧性を持たせたものであり、参加者全員が前向きな議論をすると同時に賛成・反対の理由を開示することによって、決定事項の優先順位やその納得感と当事者意識を高める特徴をもっている。

　一般的にマネジメントは、業務活動のプロセス単位に管理指標を設定して責任者やリーダーが管理指標の項目や数値の進捗状況を評価して次のサイクルの施策や行動計画に反映させていくことである。業務部門間では、しばしば責任範囲と収益や費用負担の配分について対立があり、特に旧い企業の事業部制は、健全な成長と競争の動機づけを目的とした経緯から、事業部同士の競合意識が根強く、情報の共有や開示による協調的な業務活動や全体最適化を図ることは難しい。また取引先との対立は、直接的な利害関係にあってその利害を調整して譲歩や調整をすることは容易ではない。経営者や直接的なリーダーは、現場の対立や利害関係について、より上位の立場と長期的な視点から双方の利得について合意思考の探索を深め、積極的に合意形成をすすめるように導いていく。

　経営者は、グローバル化や情報化に伴う経済原理の変化を理解し、企業経営のパラダイムチェンジやオープン経営を適用する考え方を認識することである。経営者は、その背景から発生する部門間の業務ルールの変更や調整、そして企業外の取引上の利害に関連するビジネスルールの解決について支援を行い、既存のビジネスルールや業務ルールの改革や改善を現場層と一体と

なって取り組んでいくことである。経営層と現場層は、利害関係の背景と因果関係について共通認識を持って対立する双方の主張や言い分から、共通基準のプロ・コンを作成し、優先順位や合意形成を進める。日本の産業社会では、企業取引に関する紛争解決の手段は、論理的な方法や手法による訴訟などの解決方法に較べ、過去の取引関係や人間関係を重視するあまり合意形成の方法が取られることが多い。合意形成の進め方は、できるだけ論理性のある双方の基準項目とプロ・コンの評価を行い、次いで長期・短期的な視点や高い次元による信頼関係の維持・確保を基本にして可能な限り貨幣換算化による利得を整理する。重要なことは現場層の一人ひとりが合意思考の意識に立ち、部門間や企業間の最適化のために大小を問わない利害関係にコミュニケーション（情報活用）によって課題の共有や主張と譲歩・調整を行い、合意に至ることである。

3.3 推進機能の推進要因としてのコミュニケーション(情報活用)

(1) コミュニケーションの意義

　企業変革の取り組みは、企業外部の新鮮で刺激的な情報の獲得に感度を上げることが重要である。経営者やリーダーは、市場や消費者動向の情報収集を行い、社内では、人や組織に潜在している色々な情報に大きな耳を傾けることである。情報化は、企業環境の変化に伴って経営課題の多様化をもたらし、従業員の意識や行動は、企業に対する求心力を失わせており、企業はコミュニケーション（情報活用）を通して、組織や従業員の価値観を共有して求心力を高める必要性が増している。

　佐藤［2004］らは、従業員が共通の価値観のもとに一致団結した強い企業文化を持つ企業こそが優れた業績を達成できる企業になり、強い企業文化とは、理念、創業者や経営者の志、儀礼や儀式の運用の構成要素と文化のネットワークであると指摘している。またコミュニケーションについて今井［2002］らは、情報技術の革新は、情報伝達のスピード、適用分野の拡大や可能性など、社会的なインパクトを与えた点で蒸気機関の産業革命に匹敵する技術革新であるとしている。この情報革命が、単に技術や経済だけの問題

ではなく私達の「くらし」と「いのち」に幅広くかかわっており、「経済文化」を新しく作り直す局面にあり、インターネットは、人と人、人と組織、組織間の情報のやり取りを変え、意思の伝達方法や交流の仕方を変えて広い意味の「コミュニケーション革命」を生み出したと指摘している。その革命がキーとなって、企業経営を基本的なところまで変えようとしており、企業の経営ビジョンや戦略に基づくビジネスシステムだけでなく、顧客・消費者とのコミュニケーションが、益々重要な要素となっている。

コミュニケーションは、目的、媒体、経済体、対象者などにとって色々な形態の情報の移動・伝達の過程と手段といえる。本書のコミュニケーションには、二つの意義があり、一つは形式知によって企業外の顧客・消費者と交信し、企業内では経営層から全社員への情報の伝達や移動、また下位層からの報告・連絡・相談の交信を行う過程の手段としている。もう一つは、日常活動の「場」において相手と同じ目線の立場に立ち、相手を尊重し、気配りや心配りをする曖昧で暗黙知的なコミュニケーションの手段である。情報技術による時空間の「場」は、形式知の情報と曖昧で暗黙知の情報を重畳させて、コミュニケーションを活性化し、企業変革を進める推進機能やその要因に強い影響を与えている空間となっている。形式知の情報によるコミュニケーションは、無機質で論理的な特色が強く、一方時空間の緩衝材的なコミュニケーションは、暗黙知の伝搬経路に乗って人の感覚器官に訴え、感情的な共鳴と増幅作用を起こしている。情報化とそのコミュニケーションは今、企業と消費者個人の情報の垣根が取り払われようとしている。さらにその交信は、リアルとヴァーチャルの区別ができなくなり、今後もっと広くもっと深く浸透して、多様化と拡散をしていくと考えられる。情報の形態は、多様化に加えて、人・組織のコミュニケーションの変化を起こし、企業経営の運用に影響を及ぼしている。それは、特に職場における組織の活性化策として論理的な IQ と感覚的な EQ の混成によってチームワーク、コミュニケーション、協働的な協調姿勢、相手の話を聞く態度、自分の考えを伝える姿勢など社会的知性として重視されてきている。

(2) 業務活動を結合するコミュニケーション（情報活用）

　企業活動のコミュニケーションの発信源は、情報処理システムからのデータ・情報源によるところが多い。森川 [2006] が指摘する情報処理は、情報変換と情報移動の二つ処理機能があり、情報変換は、記号変換と意味変換に分類され、情報移動は、空間的移動（情報伝達）と時間的移動（情報蓄積）に区分されるとする。また業務活動の業務処理と情報処理は、業務処理に従って情報変換過程、情報蓄積過程、情報伝達過程をもっており、コミュニケーションと密接な関係にある。

　第一の情報変換過程は、データ・情報入力、情報処理、情報出力の順序で行われ、多くの関心は情報処理、情報出力に向けられるが、情報処理システムでは入口の部分であるデータ・情報入力が非常に重要である。データ・情報入力は、業務マニュアルに従うが、この入力者は、素直に正直なデータ・情報を入力、あるいは職務上のプレッシャーから良くも悪くも手加減して入力する場合がある。またデータ・情報の入力は、個人属性の強気・弱気の性格、業務の特性から精度の高い要求にも関わらず、粗雑で感覚的な入力なども存在しており、玉石混交のデータの集合体となっている。データ入力が行われた以降の情報処理ロジックや情報出力が、いくら優れていても出力されるデータや情報の信憑性に意味がないのであり、入力時の正確性や精度、さらに鮮度の点が重要なのである。こうした指摘の参考事例としてパナソニックの経営理念に次のように強調している点を紹介したい。パナソニックの経営理念は、「社会の公器」として事業を通じて社会に貢献することであり、補足的に「スーパー正直」を掲げ、業務活動のデータ・情報だけでなく持続可能な社会の実現を目指す上で透明性や説明性を高める強い意志を宣言している。（大鶴英嗣「松下電器の環境経営」工業経営研究学会記念講演参照、2007年9月11日）。

　第二の情報蓄積過程では、情報記録、情報保存、情報再生において業務処理と結合する時、担当者の知識、スキル、意識、職位などの違いによって業務や情報処理の対応に異なった対処となり、さらにその担当者の恣意性の点からも影響を与える。第三の情報伝達過程は、蓄積過程と同様に考えられコミュニケーションとまったく同義であり、業務処理や情報処理の内容はその

受発信や行動に大きな影響を与える。情報の伝達や交信の過程では、課題別による対象先の組織部門、階層別などに分けて、情報の事実、判断、推測、濃淡と自分の立場、知識、利害に関する状況を考慮しながら交信処理とコミュニケーションの操作をしている。

業務活動のデータ・情報の流れは、収集、蓄積、変換、検索、伝達であり、直接的なコミュニケーションによる情報と併せて、事象に関する事実・判断・推測の正確度を上げることが重要である。一方、情報に対して恣意的な色を付ける、あるいは歪曲、捏造操作などの加工によって新しい情報を作成することも可能である。情報とその流れは、企業文化や情報文化といわれる体質的な特性を持っており、業務活動の統制や判断、さらに意思決定に大きな影響を与えている。業務活動にとって情報文化の大切なことは、日常の業務活動を透明化する活動を重視することであり、また現場における気付きや反応を大切にして、業務活動とコミュニケーション（情報活用）を重視する企業文化や企業体質をつくることである。

3.4　推進機能の推進要因としての「場」の論理性と感覚性の運用

ビジネスシステムは、人や組織に価値観を浸透させてコミュニケーション（情報活用）を肝的機能にして業務活動やマネジメントを行うことである。戦略的企業情報システムは、業務処理を包摂する情報処理システムであり、業務処理を写像してデータ・情報に変換するものであり、情報処理は、業務プロセスを通して経験や知識に触れ、色々な反応を起こす。情報の流れは多彩であり、経営ビジョンや経営目標の一方通行から、市場動向や消費者の情報収集、内部の業績情報や経営資源の情報があり、さらに人と組織の深層に宿る暗黙知的な情報がある。例えば急な販売不振による在庫量の増大は、そのデータ・情報の感知や暗黙知から反応を示しており、本質的な因果関係の解明や対処について迅速に行うことである。経営者は、情報の発信だけでなく、業績情報や経営資源の状況情報についてコミュニケーションを深め、企業変革の意識の徹底と浸透を図っていくことである。現場の個人や組織が抱える「場」の課題を上位層や他部門にオープンにし、他部門から支援を受け

られる仕組みを作る方法やインフラをも考える。例えば担当者が、組織や部門を超えて経験や成功事例によるアドバイスや支援を得る仕組みである。

　コミュニケーションの最も重要なことはインフラを通した無機質な情報のやり取りに加えて、直接的な会話をすることであり、「場」を通して積極的に語りかけ、現場に直接出向き、五感から生の情報を吸収することに意義をもたせることである。コミュニケーション（情報活用）は、同じ目標や価値観を持つ人や組織と業務活動を結び付ける肝的な機能を担っている。業務活動の「場」では、業務処理手順に従って情報処理を行い、異常なデータ・情報に気付きと感知を働かせ、経験や知識と反応して組織学習の過程に入り、因果関係を明らかにして仮説や行動計画を創発していく。この過程のコミュニケーション（情報活用）が肝的機能となって他の業務活動に働きかけ、「場」のシステム思考、学習思考、合意思考を規範とする活動指針によって、課題の創発的な擦り合わせから解決を生み出すこととなる。

　この「場」のコミュニケーション（情報活用）には二つの特徴があり、一つは論理性の視点からデータ・情報を開示・共有して論理的な手法によって課題解決を図ることであり、もう一つは人間固有の感覚的な部分によるコミュニケーションを通じて素直な意見の交換やモチベーションに役立たせることである。それはすでに論じたEQ的な業務活動であり、チームワーク、率直なコミュニケーション、協力態勢、相手の話をよく聞く態度、自分の考えを主張する姿勢など社会的知性の基本的な行動に従うものである。企業変革は、経営資源に関する過去、現在、未来にわたる情報の論理的な分析と活用によって直面する課題や将来の不確定な予測に備えることである。それは、業務活動の「場」において感覚的なコミュニケーションを介在させることによって業務活動の透明性と正確性を伸長することである。そのようなコミュニケーションは、人や組織を活性化させ、目標達成の成果を感動として喜びを分かち合い、さらにさざ波となって企業全体に伝搬していくと考えられる。

【注】

1 IQとは企業などの競争的個人や組織の能力尺度で、内外の情報から組織内部で情報共有や意思決定を行う組織的能力を定量的測定と組織の情報活用や意思決定能力の指標。
2 EQとは、情動状態を知覚し、思考の助けとなるよう情動に近づき、情的知識を理解し、情動面や知的側面での成長を促すよう情動を思慮深く調整する能力である。EQは、エール大学のSALOVAYとニューハンプシャー大学のMAYERが提唱した人間の能力を分析する方法。
3 ワーク・ライフ・バランスとは、仕事と家庭が両立しやすい雇用環境づくりとして、多様な就業形態や雇用条件は社会的要請である。
4 暗黙知とは言葉で表現でき、知識の背景を暗黙のうちに「知っている」「分かっている」という状態があることをいう。
5 形式知とは知識を、言葉や文章、数式、図表などによって表出することが可能な客観的・理性的な知のこと。
6 SECIモデルとは野中らの組織的知識創造理論で、知識には暗黙知と形式知があり、SECIモデルの個人・集団・組織の間で、相互に絶え間なく変換・移転することによって新たな知識が創造されると主張。変換・移転に四つのプロセスがある。
7 共同化とは、共体験などによる暗黙知を獲得・伝達するプロセス、次いで表出化で得られた暗黙知を共有できるよう形式知に変換する。
8 連結化とは形式知同士を組み合わせて新たな形式知を創造、最後の内面化は利用可能となった形式知から個人が実践を行い、その知識を体得するプロセスを言っている。
9 TQCとは主に製造業において、生産工程だけでなく、マーケティング・設計・調達・販売・サービスの機能と連携をとって、統一的な目標の下に行う品質管理活動。
10 TQMとは全社的品質管理手法のTQCを基盤とし、その考え方を業務プロセスや経営の品質管理へと発展させた管理手法のこと。

参考文献

ピーター・ドラッカー（P. F. Drucker）著、上田惇生訳［2005］『マネジメント［エッセンシャル版］——基本と原則』ダイヤモンド社。

ゲイリー・ハメル（Gary Hamel）、C・K・プラハラード（Prahalad）著、一條和生訳［1995］『コア・コンピタンス経営——大競争時代を勝ち抜く戦略』日本経済新聞社。

マイケル・ハマー（Michel Hammer）、ジェームス・チャンピー（James Champy）著、野中郁次郎訳［1993］『リエンジニアリング革命——企業を根本から変える業

務革新』日本経済新聞社.
ダベンポート&ショート[1990] (Davenport, T. H. & Short) "The New Industrial Engineering: Information Technology and Business Process Redesign," Sloan Management Review、トーマス・H・ダベンポート (Thomas H. Davenport)、ローレンス・プルサック (Laurence Prusak) 著、梅本勝博訳[2000]『ワーキング・ナレッジ——「知を」活かす経営』生産性出版.
伊丹敬之・西野和美[2004]『ケースブック経営戦略の論理』日本経済新聞社.
藤本隆宏・武石彰・青島矢一[2006]『ビジネス・アーキテクチャ——製品・組織・プロセスの戦略的設計』有斐閣.
元橋一之「経済教室」日本経済新聞、2006年11月24日.
フィリップ・エバンス (Philip Evans)、トーマス・S・ウースター著、ボストンコンサルティング・グループ訳[2001]『ネット資本主義の企業戦略』ダイヤモンド社.
トーマス・マローン (Thomas W. Malone) 著、高橋則明訳[2004]『フューチャー・オブ・ワーク』武田ランダムハウスジャパン.
ヘンリー・ミンツバーグ (Henry Mintzberg) 著、DIAMONDハーバード・ビジネス・レビュー編集部編訳[2007]『H. ミンツバーグ経営論』ダイヤモンド社.
ジョン・コッター (John Paul Kotter) 著、梅津祐良訳[2002]『企業変革力——Leading Change』日経BP社.
井上達彦[2004]『情報技術と事業システムの進化』白桃書房.
飯田史彦[1998]『日本的経営の論点——名著から探る成功原則』PHP研究所.
加護野忠男[1988]『企業のパラダイム変革』講談社.
(社)日本能率協会[2009]「2009年度(第31回)当面する企業経営課題に関する調査」(参照：http://www.jma.or.jp/news/release_detail.html?id=67).
ゲイリー・ハメル (Gary Hamel)、ビル・ブリーン (Bill Breen) 著、藤井清美訳[2008]『経営の未来——マネジメントをイノベーションせよ』日本経済新聞出版社.
ジョン・コッター (John Paul Kotter) 著、梅津裕良訳[1997]『21世紀の経営リーダーシップ——グローバル企業の生き残り戦略』日経BP社.
D・ティース (David J. Teece)、C・ヘルファット (Constance E.Helfat)、S・フィンケルスティーン (Sydney Finkelstein)、W・ミッチェル (Will Mitchell)、M・ペトラフ (Margaret A. Peteraf)、H・シン (Harbir Singh)、S・ウィンター (Sydney G. Winter) 著、谷口和弘他訳[2010]『ダイナミック・ケイパビリティ——組織の戦略変化』勁草書房.
佐藤郁哉・山田真茂留[2004]『制度と文化——組織を動かす見えない力』日本経済新聞社.
柴田昌治[1998]『なぜ会社は変われないのか——危機突破の企業風土改革』日本経済新聞社.
ダニエル・ゴールマン (Daniel Goleman) 著、土屋京子訳[1998/2009]『EQ——こころの知能指数』講談社.
ジョン・コッター (John Paul Kotter)、ダン・S・コーエン (Dean S. Cohen) 著、高遠

裕子訳［2008］『ジョン・コッターの企業変革ノート』日経 BP 社。
ウオーレン・ベニス（Warren Bennis）［1989/1994］「On Becoming a Leader（New York：Addsion Wesley）ジョセフ・ボイエット＆ジミー・ボイエット著、金井壽宏監訳、大川修二訳［2002］『経営革命大全』日本経済新聞社。
バート・ナナス（Burt Nanus）［1989］「The Leader's Edge: The Seven Keys to Leadership in Turbulent World」(New York Comtemporary Books, 1989)、pp. 81-97、ジョセフ・ボイエット＆ジミーボイエット著、金井壽宏監訳、大川修二訳［2002］『経営革命大全』日本経済新聞社。
スティーヴン・コヴィー（Stephen R. Covey）［1990］「The 7 Habits of Highly Effective People: Powerful Lessons in Personal Change」（New York Fireside, 1990)、pp. 40-47、ジョセフ・ボイエット＆ジミー・ボイエット著、金井壽宏監訳、大川修二訳［2002］『経営革命大全』日本経済新聞社。
マックス・デプレ（Max Depree）［1993］「Leadership Jazz: The Art of Conducting Business Through Leadership, Followership, Teamwork, Touch, Voice」(New York: Dell, 1993) pp. 222-225、ジョセフ・ボイエット＆ジミー・ボイエット著、金井壽宏監訳、大川修二訳［2002］『経営革命大全』日本経済新聞社。
ジョセフ・S・ナイ（Joseph S. Nye）著、北沢格訳［2008］『リーダー・パワー――21世紀型組織の主導者のために』日本経済新聞出版社。
ジョセフ・ナイ（Joseph S. Nye）［2009］「経済教室」日本経済新聞社。
ロナルド・A・ハイフェッツ（Ronald A. Heifetz）マーティ・リンスキー（Marty Linsky）著、竹中平蔵訳［2007］『危機を乗り越える最前線のリーダーシップ』ファーストプレス。
電通総研・日本リサーチセンター［2004］『世界 60 カ国　価値観データブック』同友館。
リチャード・バレット（Richard Barrett）著、斎藤彰悟他訳［2005］『バリュー・マネジメント――価値観と組織文化の経営革新』春秋社。
野中郁次郎・竹内弘高著、梅本勝博訳［1996］『知識創造企業』東洋経済新報社（『The Knowledge-Creating Company』の邦訳）。
片岡信之［1992］『現代企業の所有と支配――株式所有論から管理的所有論へ』白桃書房。
ピーター・センゲ（Peter M. Senge）著、守部信之訳［1995］『最強組織の法則――新時代のチームワークとは何か』徳間書店。
ダニエル・H・キム（Daniel H. Kim）著、大川修二訳［1993］『個人学習と組織学習の結びつき』スローン・マネジメント・レビュー、ジョセフ・ボイエット＆ジミー・ボイエット著、金井壽宏監訳、大川修二訳［2002］『経営革命大全』日本経済新聞社。
佐藤郁哉・山田真茂留［2004］『制度と文化――組織を動かす見えない力』日本経済新聞社。
今井賢一編著［2002］『情報技術と経済文化』NTT 出版株式会社。
森川信男［2006］『コンピュータとコミュニケーション――情報ネットワーク化時代の情報革新』学文社。
大鶴英嗣「松下電器の環境経営」工業経営研究学会記念講演、2007 年 9 月 11 日を参照。

第4章

ビジネスシステムの進化としての企業変革

1 ビジネスシステムの斬新的進化

1.1 ビジネスシステムの進化はインターフェースの適合機能

(1) ビジネスシステムの進化と適合の意義

　経営戦略とその実行は三つの視点、企業外部の市場適合、企業内部の経営資源の適合、そして両者の適合にはビジネスシステムとしてのインターフェース機能の擦り合わせをしていくことである。インターフェース機能の目的は、適合の最適化と業務プロセスの合理性と効率性の追求であり、ビジネスシステムの適合機能によってその進化を図るものである。経営戦略と企業変革とは、同義的と考えられ、ビジネスシステムとそのインターフェース機能を中心に位置させ、業務プロセスと情報技術の活用による機能関連が、図表4-1に示している通り行われている。図中上部の戦略的企業情報システムは、市場や業界動向や競合他社の動きに関する外部情報であり、内部情報は経営資源のストックとフロー、戦略、人、組織の状況情報を収納しており、業務処理と人や組織のコミュニケーションを支援している。図中の中央部にビジネスシステムとそのインターフェース機能があり、ビジネスシステ

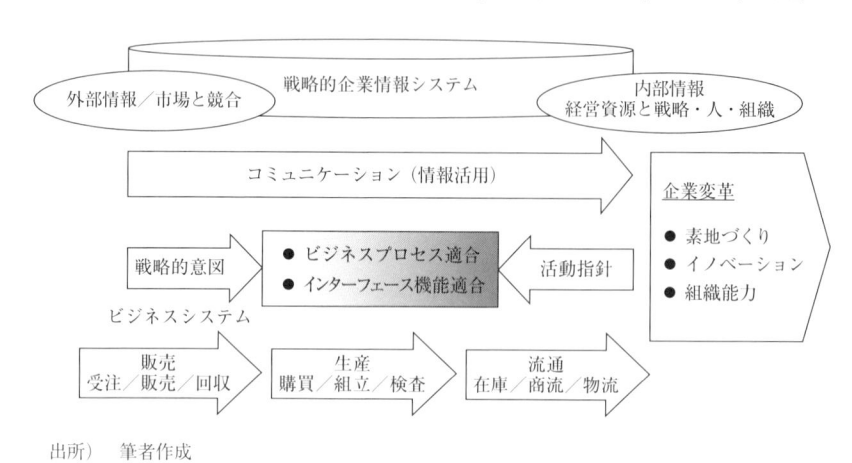

図表 4-1　企業変革の主な機能のビジネスシステム／インターフェース／コミュニケーション

```
                  戦略的企業情報システム
   外部情報／市場と競合                  内部情報
                                        経営資源と戦略・人・組織

           コミュニケーション（情報活用）  ──▶
                                              企業変革
                ● ビジネスプロセス適合              ● 素地づくり
     戦略的意図                         活動指針   ● イノベーション
                ● インターフェース機能適合            ● 組織能力
     ビジネスシステム

      販売            生産            流通
   受注／販売／回収   購買／組立／検査   在庫／商流／物流
```

出所）　筆者作成

ムは、業務プロセスを連携させた集合体である。インターフェース機能は、業務プロセスの水平、垂直方向の円滑な繋ぎ機能を担っている。

　戦略的企業情報処理システムは、業務プロセス間の水平、垂直方向の整合性や同期性の擦り合わせを業務設計とシステム設計の両側面から行う。定常的な運用に入った後も、市場環境の変化やその陳腐化に対応して、定期的な評価を行い、変更や修正をすすめていくことが大切である。企業変革の実践は、人や組織に対して左側の戦略的意図が働き、右側の活動指針に沿って改革・改善活動が行われ、ビジネスシステムの改善・改革としてビジネスルールや業務ルールの変更や修正にまで発展する。企業変革は、合理的・効率的な業務活動の追求だけでなく、組織体質の素地づくり、イノベーションの創発、組織能力の強化・拡大の方向性を導いていくことである。それらの改革・改善活動は、従来の部門間や外部の企業間の取り決めに対して変更・修正をする勇気と合意が必要であり、利害関係の対立にとって譲歩や調整をしていかなければならない。

　取り組みは情報技術と情報の活用の視点から、三つの類型が考えられ、第一の類型は、論理性本位による事象の感知や事実認識とその因果関係の分析を行い、内省化を確認した後、創発的な仮説・試行、実行のサイクルに適合

要件を擦り合わせていく進め方である。第二の類型は、対立や調整の要因が人的属性や長い商取引先に関係し、過去の功労や現在のビジネスに影響力を及ぼす課題は、コミュニケーション（情報活用）や人間の感覚器官に訴え、誠意ある行動と処遇で応じるなど感情的な作法で応える方法を取る。第三の類型は、企業内の部門間や企業間の利害関係の対立に調整を要する課題は、情報共有による共通認識と双方の利害得失を開示し、推認や妥協点を求めて探索する合意形成を図っていく方法である。

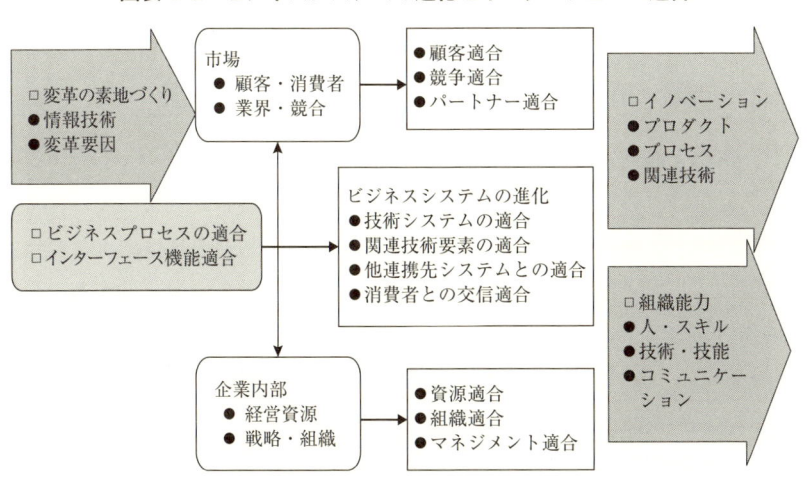

(2) ビジネスシステムの進化とインターフェース機能の適合

企業変革の基本的な取り組みは、論理的な手法によるビジネスシステムのインターフェース機能の適合にある。図表4-2は、企業変革とビジネスシステムの進化とインターフェース機能の適合の機能関連図を示している。企業経営は、ビジネスシステムの各機能やその展開された業務プロセスが、コミュニケーション（情報活用）によって繋がっており、インターフェース機能は、全体機能を繋いでいき各々の適合の役割をしている。業務上において適合の必要な対象先はまず顧客や消費者、業界の競合他社、そして流通チャネルの

図表4-2　ビジネスシステムの進化とインターフェース適合

```
[変革の素地づくり          [市場                  ●顧客適合            [イノベーション
 ●情報技術         →     ●顧客・消費者    →    ●競争適合             ●プロダクト
 ●変革要因]               ●業界・競合]          ●パートナー適合]      ●プロセス
                              ↕                                       ●関連技術]
[ビジネスプロセスの適合    [ビジネスシステムの進化
 インターフェース機能適合]  ●技術システムの適合
                          ●関連技術要素の適合
                          ●他連携先システムとの適合
                          ●消費者との交信適合]                        [組織能力
                              ↕                                       ●人・スキル
                          [企業内部              ●資源適合              ●技術・技能
                           ●経営資源        →   ●組織適合              ●コミュニケー
                           ●戦略・組織]         ●マネジメント適合]      ション]
```

出所）伊丹敬之・西野和美［2004］『経営戦略の論理』に筆者加筆

ビジネスパートナーである。顧客・消費者は、市場の飽和化や情報化によって消費者の行動や選好基準が、多様な変質をきたしており、競合他社との競争優位性のために、多様な戦略が必要であり、ビジネスパートナーとの間ではビジネスプロセスの一元化や商品開発の協働化などの適合が重要である。

　企業内部の経営資源、戦略、人・組織の領域では、スピードと変化の加速化によって、経営資源適合、組織適合、戦略やマネジメント適合の視点から評価・実行・対策を短期的なサイクルで行っていかなければならない。その経営資源や戦略・人・組織との間のインターフェース機能は業務設計とシステム設計の摺り合わせによって、その適合を図っていかなければならない。

　業務設計は、経営資源の効率的な調達と運用のプロセスに、インターフェース機能としてそれを具現化する整合性と統合性であり、持続的な企業成長のためにビジネスシステムの進化をすすめる重要な機能である。これらの要素は時間とともに変化があり、ビジネスシステムの進化の適合要件は、インターフェース機能として技術システム、関連要素や他の連携先との適合、消費者との直接的な交信の適合がある。さらに左側部に図示している変革の素地づくりの牽引機能と推進機能が、右側部の企業変革の方向性であるイノベーションの創発と現在及び将来の成長に備える組織能力の強化と拡大につなげていくことである。

1.2　市場（消費者と競合先）と経営資源の適合機能

(1) 市場と経営資源の適合の意義

　企業変革は、顧客・消費者や業界の同業他社との競合と企業内部の経営資源との戦略や組織の適合を図ることであるが、その適合要件は刻々と変化する要因に応じて変化しつづけている。ビジネスシステムの進化は、人・組織と業務活動を繋ぐコミュニケーション（情報活用）によってインターフェース機能の結合と融合化をすすめていくことである。戦略の適合は、市場と企業内部の経営資源について、マネジメントの視点から次のような要因に構造化され、適合を進めるインターフェース機能や実行の基準となっている。

(1) 市場の適合要件は、最適な標的市場の選択や良好な顧客関係の維持のために、商品・サービスの価値や競合他社との競争優位の差別化であり、さらに取引先である供給先や販売先の流通チャネルのビジネスパートナーとの適合である。
(2) 企業内部の経営資源の適合は、資産の調達や運用、必要な人材の確保と育成、集合化された機能組織の機能性や機動力である。従業員のスキルやモラル、論理的思考力や策定能力、技術開発力・技能力、そしてコミュニケーション能力は見えない能力の資源である。
(3) マネジメントの適合は、持続的成長のための戦略と PDCA サイクルの管理指標に対する適応の評価具合である。それは、企業の成熟度、業界特性、業歴や業容そして企業体質によって異なり、狭義的には業務活動のマネジメントの管理手法や「場」の状況対応力などである。

例えば、製造業では、市場の変化や製品のライフサイクルの短命化に対処しなければいけない。受注変更に伴う生産計画の変更・修正は、購買先の部品や原材料の変更、協力会社の設備機械の稼働率や作業計画などに影響が生じ、その修正による打撃を最小化するために、受注精度の向上と次工程や協力会社への迅速な情報の伝達をしなければならない。経営資源の適合は、メーカー側と取引先が一体となって運用効率の最大化と負の打撃を最少化することであり、そのために業務プロセスの改善や調整、情報の迅速な伝達や共有化の方法を改善していくことである。また、現場層は、変更による打撃を最少化するために、迅速で自律的な修正対応を可能にする必要な管理項目や管理指標のデータ・情報を共有することである。さらに、下請先やアウトソーシング先の協力企業は、計画や変更時の情報共有をもとに、生産設備や作業人員の負荷計画や段取り計画を迅速に反映させていくことである。
　マネジメントシステムは、外部の取引先企業も含めて一連の業務プロセスをサプライチェーンとして捉え、情報の共有によって在庫資源のムリ・ムダの削減、工程の短縮化対応や設備や作業人員の有効活用を図る。小さな作業単位と詳細な活動状況の情報把握の仕組みによって、現場層が迅速で自律的な対応をとることができるように権限の委譲をすることである。さらにその

システムは、計画策定や予測精度の向上に関して、受注情報や需要予測の精度向上が生産計画や生産管理の充実、消費者への納期・配送、そして商品・サービスに対する満足度評価の獲得に貢献するなど、サプライチェーンの改革・改善によって経営品質の向上に結び付けていくことである。

(2) インターフェース機能の適合

インターフェース機能は、ビジネスシステムの基本設計について、第一に市場に産出する商品・サービスが価格・品質・仕様などの基準に沿って、高い満足度と支持が得られるという「有効性」の視点から行うことである。第二に、そのビジネスシステムは、経営資源の調達と運用において「合理性と効率性」の視点からムリ・ムダがなく、業務プロセスの整合性や同期性が取られ、全体的に最適な運用がなされているかということである。第三に、市場と経営資源の適合は、課題のインターロック（交差状況）とインターフェース機能の勘合（嵌合）具合である。ビジネスシステムとインターフェース機能は、結合と融合されることによって機能を発揮するものであり、その機能は、他のビジネス機能や業務プロセスの整合性や同期性のための変換装置ともいえる。

インターフェース機能の適合は、二つあり一つは、接続要件に対する技術システムや関連技術であり、もう一つは業務プロセスの業務要件の視点から一元性と統合性の役割を担う機能である。技術システムは、設計開発の技術や技法だけでなく、生産・物流部門の新しい生産管理や生産技術の手法、自動化技術と物流機能の機器や倉庫管理、輸送方法である。さらにマーケティング部門のデータベース・マーケティングやインターネットマーケティングにおける企業内外のインターフェース機能の適合である。

オペレーション領域では、業務システムとの整合性と同期性、さらに他社システムとの連携性や消費者個人とのコミュニケーションのやりとりの課題がある。それは、全体最適化と迅速化対応の要件があり、技術システムである導入機器の接続性と人間系の業務プロセスの双方から検討をしていかなければならない。さらに国際的企業では、これらの適合の課題に加えて異文化経営の要素の比重が重くのしかかっており、それは、現地生産や販売市場の

根強い民族、社会、文化の違いによる制約であり、さらに経営資源の調達と運用は、現地調達や現地生産の促進に技術システムの移植をし、人材や組織の視点から現地側の幹部登用や現地浸透を重要な課題として進めていかなければならない。

1.3 適合機能は情報技術の活用と情報活用

(1) コミュニケーション（情報活用）と合意形成

　企業変革は、企業間や部門間の利害の対立に合意形成の方法が重要であり、そのために戦略的企業情報システムのデータベースを積極的に情報活用することである。一番多いケースであるが現実の「場」では、変革に伴って生ずる利害の対立は論点について、争点の根拠を主張し、話し合いによる譲歩や調整を行う合意形成の方法である。企業変革には、情報技術の活用の視点から大別して三つの類型が考えられる。情報技術の活用は、次ページの図表4-3に示している通り、人や組織の人間系と業務プロセスを繋ぎ、活動指針に準じて業務処理を行うことを支援するものであり、情報活用は、譲歩や調整のために事実確認の情報把握から判断や意思決定の支援材料として右側部の企業変革のためにコミュニケーション（情報活用）に活用することである。

　図中の横軸は、情報技術の活用領域であり、システム構築による繋ぐ、処理、蓄積する機能ともう一つは、その構築された情報システムから情報を取り出しコミュニケーションと情報活用をしていく区分がある。縦軸は情報技術の活用による効果発現の軸であり、売上高増大や経営資源の在庫などの削減効果を直接効果とし、情報活用による精度の高い判断や意思決定のスピード化、また情報共有による計画や段取りなどの改善を間接的な効果としている。情報活用では、特に業務活動の精度、生産性や品質向上など情報や知識の共有による派生的な間接的効果の重要性を指摘している。またそれは情報の共有化と伝搬化であり、経営者が意図的に含意を人と組織に浸透させ、価値観の共有、ナレッジ化、自律・プロフェッショナル化を進め、さらに業務活動のシステム思考、学習思考、合意思考といった活動指針を強化させるこ

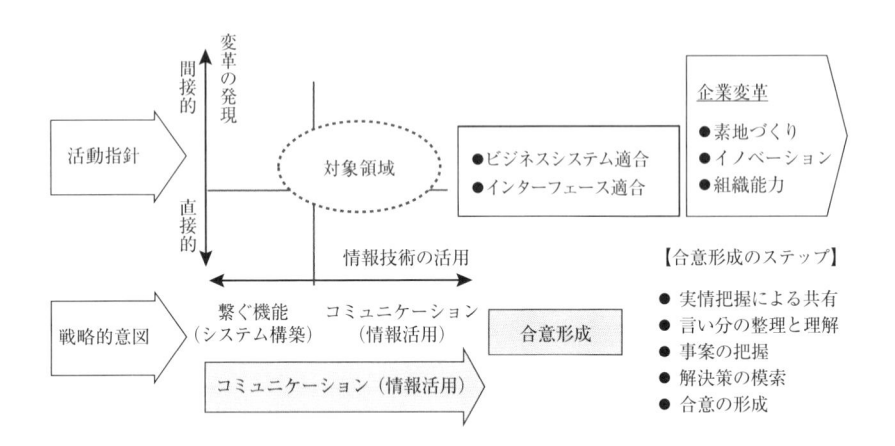

図表 4-3　企業変革の情報活用と合意形成

```
                    変革の発現
                      ↑
              間接的  │
                      │
  ┌─────┐         ┌─ ─ ─ ─ ┐    ●ビジネスシステム適合      企業変革
  │活動指針│───────→│ 対象領域 │    ●インターフェース適合    ●素地づくり
  └─────┘         └─ ─ ─ ─ ┘                              ●イノベーション
                      │                                    ●組織能力
              直接的  │
                      │     情報技術の活用        【合意形成のステップ】
                      
  ┌─────┐    繋ぐ機能     コミュニケーション              ● 実情把握による共有
  │戦略的意図│  (システム構築)   (情報活用)    ┌─────┐    ● 言い分の整理と理解
  └─────┘                                    │合意形成│    ● 事案の把握
                                              └─────┘    ● 解決策の模索
              コミュニケーション（情報活用）                ● 合意の形成
```

出所）　筆者作成

とを支援する機能である。

　企業間のビジネスルール、業務ルールに関する利害対立と解決には調整や妥協点を見出して行く合意形成の方法を取り入れ、そのステップは次の通りに進めていく。

(1) 双方にとって状況把握をするために客観的なデータ・情報の共有をする。
(2) 双方の言い分や主張の根拠に理解と同意を深める。
(3) 対立する論点や利害に関する因果関係と根拠をデータや情報によって明確にする。
(4) 解決策や調整方法の模索を通して双方の利害の利害得失表を作成して明示する。
(5) 部門間や企業間の利害対立に関して合意基準の長期的、全体最適の視点と他の部門への影響など、論点の擦り合わせを通して合意形成の調整案を作成していく。

　日本的経営システムは、部門間や企業間の争点にこのような課題の協議と

過程を経て合意形成の方法をとることが多い。

　企業変革の実践は、組織や個人が業務上の仕事として、変革課題の内容、目的、責任を明示し、上位層は、現場層の活動とその状況情報の共有化を行い、直接的なコミュニケーションを通して経緯の文脈や背景の見える化を共有することであり、さらに対立や調整の場に積極的に加わり、確認と課題解決の支援に努めることである。

　また時間外活動や有志の自発的な行動に任せないことである。さらに現場部門や取引先などの気付きや配慮など感性的な情報を大切に扱うことであり、そうした対応が組織や企業における情報の風通しを良くしていくことになる。情報は本社部門や上位層から一方向に伝達されるだけではなく、現場部門が自律的に意見や反応を発信することによって、双方の一体感から信頼と協調に繋がり、仕事の質的変換に発展する。コミュニケーションと情報活用は、コインの裏表の関係にあり、日常の業務活動の結合と支援の機能化であり、交換された情報と知識は、合理性や効率性を追求する改善・改革や経営品質を向上させ、さらに新しい事業創造を生んでいくことに発展していく。

(1) 戦略実行力の情報活用

　情報活用の比重が高まり、その有意性の検証として次の調査報告がある。ゲイリー・L・ネルソン（Gary L. Neilson）[2008]らは、企業変革と戦略実行力における情報活用の意義は大きいと指摘し、戦略実行力の本質は、報酬制度や組織構造を変えても改善効果がなく、むしろ情報活用の重要性を報告している。戦略実行力とは、従業員が持っている情報と自分の利益を基準にした価値判断に従って行動を積み重ねてきた無数の意思決定の産物であると定義している。ボストンコンサルティング（B&C）が行ったこの調査は、経営者の経験から戦略実行力を次の①〜④の四つの基本要素と従業員の業務活動の有効性を特定している。戦略実行力の四つの基本要素と相関性を示す獲得ポイントの関係は、次の通りであった。

　　①意思決定権　：意思決定の権限を具体化する　　50pts

②情報活用　　：情報の流れを改善する　　　　54pts
③動機付け　　：適切に動機づける　　　　　　26pts
④組織構造　　：組織構造を再設計する　　　　25pts

　分析手法は経営者から収集したデータをもとに多変量解析をしたものであり、四つの基本要素と17の組織特性の因子変数を分析している。検証結果の戦略実行力の有効性は、①と②の基本要素であることが明らかになったことを報告している。多くの企業変革では、組織構造の再設計や人事報酬体系の見直しに着手しがちであったが、今回の調査結果から言えば、組織構造はそれほど効果的でないことが判明した。検証された戦略実行力の最も効果的な施策は、情報活用のためにその流れを改善することであり、第一に、市場や競争に関する情報が迅速に本社に伝えられ、第二に、組織の部門や境界を越えて、情報が自由に流通する、第三に、現場側の従業員は、自分たちの日常的な判断にとって業務活動に必要な情報を与えられ、第四に、部門のリーダーやマネジャーは、担当事業の主要な業績指標や管理指標の評価と分析のために自在に情報入手ができることなどであった。
　情報技術の活用の一つは、業務活動の合理性や効率性を追求して業務プロセスの改革や改善を進めるために、情報システムの再構築を企画する、あるいはまったく新しい事業創造を支援する情報システムの構築を行う。もう一つは、積極的な情報活用である。人と組織は、データベースを活用して市場動向や競合他社と企業内の経営資源の状況を把握し、また重点的な管理指標の進捗状況を掴むことによって判断や意思決定と次の対応策を策定することである。情報の活用は、情報、知識の単純な共有だけでなく、新しい情報、知識、経験の創造に結び付いていくために、成功事例の紹介や感情的な驚きや喜びを共有することによって広がりを可能にしていく。情報処理システムの機能は、業務処理品質の視点から一定のレベルを維持することが可能であり、さらに無機質な情報処理装置としての交信、記録、保存の基本的機能の段階から、コミュニケーションや情報活用を通して、人と組織を感動の世界へ導いていく感覚的機能を備えた情報拡散と伝搬装置への役割に貢献しようとしている。

1.4 ビジネスシステムの「可視化」から「見える化」

(1) 「可視化」は業務活動の管理指標

「可視化」とはマネジメントのための管理指標に関する情報サービスである。情報の可視化とは、業務目標を達成するために施策の連携性を戦略マップとして関係づけて管理項目や管理指標を設定して進捗の実態を比較をすることである。可視化情報は、進捗や評価を明らかにし、次の行動計画を立てる分析や考察などの情報サービスである。経営者や利用部門は、消費者や顧客の目線から企業ブランドや商品・サービスの評価、流通チャネルのサービス状況など、色々な情報の把握に強い関心をもっている。また企業は、営業状況や経営の健全性について IR 情報による説明責任を持っており、情報を公開していかなければならない。企業内の可視化情報は、業務プロセスのデータ・情報によって、意思決定や統制・判断を行い短期的な行動を支援するために、有効的な情報を必要な人にサービスするものである。

業務プロセスの状況情報は、商流・物流・金流の流れとして企業から消費者に商品サービスを届けるまでの受注、生産、販売、流通チャネル・配送、サービス領域に関する、サプライチェーンの情報である。生産や販売領域の取引情報は、購買先の仕入債務の情報、販売では売り上げ債権情報がある。もう一つは、市場への販売促進、企業ブランド、商品・サービスの品質・コスト・利便性など、購入動機や満足度評価を得るための情報であり、信頼関係をつくる誠意ある対応、サービスの品質や納期の履行状況など目に見えない情報である。このような企業と顧客との間で、信頼関係を維持確保し、親和性を高める概念に CRM[1]（カストマー・リレーションシップ・マネジメント）があるがインターネットの普及によって消費者との直接的なコミュニケーションに拡がり、商品の仕様、品質、価格情報だけでなく、クレームや要望に耳を傾ける VOC[2] の機能に注目が集まっている。これらの暗黙知的情報は、独自の情報処理によって販売推進や商品企画の情報にフィードバックされている。さらに直接的なコミュニケーションは、色々なメディアによる収集と発信が人と人、コミュニティ、組織部門、外部の企業間との間で盛んに行われている。

管理指標は業績目標を達成するために財務会計や管理会計の視点から計画

と実績の進捗状況を把握している。その作業は、関係者間の共通理解と目標達成のために差異分析と早い段階で対策を講じる必要性から、さらに進んで現場の透明性のある見える化を共有していく方向にある。見える化は、マネジメントやオペレーションの状況をより正確に且つ多面的に把握し、課題に関して迅速で精度の高い見極めや対応に結び付け、自社の競争力を高めていくことである。

「可視化」から「見える化」への変化は、管理指標と業績・評価・進捗について「可視化」情報を分析から施策の策定、実行に反映させることである。さらに遠藤［2005］が指摘する強い企業を作る仕組みや実態の「見える化」に進化させることである。「可視化」情報をもとに、現場主導で自発的で透明化された業務実態を共有して改善に取り組み、その活動の実態がより高い精度をもって共有化できるようにすることである。見える化の始まりは、トヨタが生産ラインの異常を発見するために「あんどん」と呼ばれる表示板からスタートしたといわれているが、今日では生産現場のみならず、開発・営業・販売の現場、さらに本社部門のスタッフまで、あらゆる場面の活動が見える化の対象となっている。見える化は、専門化・複雑化していく課題を現場で迅速に対応することで、スピード化やサービス化に対して大きな役割を果たしている。また、見える化を実行して定着化させていくためには、業務ルールや仕組みづくりを検討・修正する過程に、問題を積極的に開示する意識改革や企業風土の醸成が極めて重要になってきている。

(2) 企業変革の「見える化」は透明化と情報文化

企業変革の「見える化」は運用の透明化をすすめると情報文化である。企業変革は意識改革から始まり、経営者が戦略的意図を浸透させ、活動指針に従って行う業務活動の可視化、見える化による透明化をすすめることである。情報活用は、人や組織を経営者の意図的な企業体質に変えることができ、企業の価値観の整列化、自由な情報流通、コミュニケーションの在り方について新しい情報文化を形成する。情報文化とは、業務活動の論理的な思考や組織学習などの進め方と情報の流通と共有や活用の方法によって新しい企業文化を形成することである。情報は共有化から情報の拡散化に伴って、

人や組織の業務プロセスの生産性向上、働く「場」のモチベーションや活性化に影響を与えており、情報を知り得た持ち主が優位性の立場となり、その情報活用は業務や交渉の局面において大きな武器となっている。

現在の情報化社会は、情報の拡散化や浸透についてもはや制御することが難しく、むしろその潮流に乗って情報技術の活用と情報活用を企業経営に活かすことが賢明といえる。企画・管理部門は、組織本位の主張が強い特性に加えて、部屋に閉じこもって過去のデータ・情報による教科書的な分析や戦略策定を行い、現場部門とのコミュニケーションの機会を持とうとしない。コミュニケーションの共通言語であるべき情報は、企業の情報文化やその意義、精度、解釈が異っており、必要に応じて現場に出かけ直接的な確認の機会を持つことである。

現場層からの情報の流れは、報告、他部門への修正・変更の連絡、協力企業への計画の修正・変更の交信があり、情報のやりとりを通じて「場」を作り、新しい知識の創造を育み、異なる立場の見方や考え方の吸収によって、改善の引き金になる事例も多く見られる。例えば営業部門の第一線は、商談中の提案内容が自社の色々な制約条件から苦戦を強いられている場合、他の部門から類似した情報による支援が寄せられ、また生産や販売部門間では、納期と在庫の課題に関して販売部門は売れない理由を生産部門の在庫のせいだと言い、また逆に生産部門は販売力の問題だと対立する。上位層はこのような内部の対立に関して、調整や問題解決に介入して全体最適化の視点から積極的に課題の共有と問題解決を図っていく。また早い段階の情報共有は、変更や修正に伴う損失の最小化や次の対応を見つけることが可能になり、取引先の資材・購買や人や設備の段取り作業の影響を最小限にとどめることを可能にする。取引に関与する利害関係者は、情報文化の共有化による双方の利点を求めていく信頼関係の維持確保を構築することである。

情報文化は、部門間や企業間の情報の共有化とその可視化によって繋がりを深め、業務プロセスの透明化と見える化をすすめていくことである。コミュニケーション（情報活用）は、業務活動にとって双方の効果を上げ、人や組織による企業変革を益々後押しすることになる。一方、情報共有化はマイナスの面もあり、それは情報の開示が商品・サービスや業務システムの競

争優位性を模倣されるリスクがあるが、情報化社会の商品の短命化と価格競争は、SNS時代の必然的な命題と認識して取り組む必要がある。これからの戦略は、コア・コンピタンスと組織能力の組み合わせの視点から第一に、簡単に模倣が出来ない商品・サービスの市場投入、第二に、独自のビジネス・ソリューションなど模倣に時間を要する人間系特有の感覚的世界の商品開発やビジネスプロセス構築に注力していかなければならない。他方、情報セキュリティや情報保護に関する機密性、可用性、完全性の点では、情報開示と情報セキュリティの制御を強化しなければならない。

2　企業変革の素地づくりとその類型化

2.1　素地づくりの三つの類型

　企業変革は、企業外部の市場適合と内部の経営資源や人・組織の適合を図ることであり、それは市場適合と企業内部のインターフェース機能としてビジネスシステムの進化を意味している。企業変革のフレームワークは、戦略的企業情報システムの活用によって、牽引機能や推進機能の相互作用から行われることを初期設定としている。推進機能の四つの推進要因は、①経営者の戦略的意図、②業務活動の活動指針、③肝的機能としてのコミュニケーション（情報活用）、④「場」の運用に論理的な手法と感情的な作法の均衡である。企業変革の方向性は、まず基本的な素地づくりを醸成し、イノベーションの創発と組織能力の強化・拡大を進めることである。企業変革には、戦略論、マネジメント、組織論、人的資源論などからの指摘が多いが、共通している論点は、リーダーシップが人と組織を動かし、策定された施策を段階的かつ自発的に進行させ、マネジメントの評価と進捗からの実行計画を修正して実績を積みあげてくことである。

　企業変革は、その素地づくりとビジネスシステムの進化が基本であり、持続的成長と経営目標や経営課題の達成のために優れたオペレーションだけでなく、方向性としてのイノベーションの創発と組織能力の強化・拡大に取り

組んでいくことである。企業変革の取組様式は、これまでの議論から三つの類型が考えられ、第一に、論理的・技術的な手法を基本にする方法であり、ビジネスシステムの基本的な進化は、業務プロセスの合理性と効率性を追求したものであり、システム思考、学習思考、合意思考から次の創発や実行に移していくことである。その過程はデータ・情報を媒介にして業務プロセスや技術システムのインターフェース機能の適合に論理性本位に取り組むことである。第二に、企業変革には、創業者や功労者の人的属性に左右される要因を持っており、このような影響力を及ぼす勢力に対して感覚的・感情的な作法を中心にして取り組むことである。抵抗勢力の原因が、影響力や支配力に依存する例は、創業者や功労者だけでなく、固有技術や熟練技能をもつ熟練者にもあり、そのような対応に人間の情緒的な感覚にコミュニケーションを持って訴え、相応の処遇を準備して対処する方法をとることである。第三に、第一と第二の折衷型の取り組みである。折衷型の取り組みは、合意形成型として部門間や企業間の利害関係の対立などの課題について、情報共有や双方の利害得失を開示し、双方の妥協点を探索し、調整と譲歩をする合意形成の方法である。部門間の対立には、社内部門間の競争原理による運用が、長きにわたり定着しており、全体最適化や関与する業務ルールやビジネスルールの障壁として横たわっている。

2.2 論理的な手法によるビジネスシステムの進化型

三つの類型の第一は、ビジネスシステムの進化が、論理的・技術的な考え方と無機質な手法によってインターフェース機能を適合させることである。経営戦略は、外部の市場や競合他社の動きに働きかけ、内部の経営資源の活用によって成果を獲得していくチャートである。またそれは、持続的成長を続けていくために、戦略、人、組織そしてこれらの適合性に関して摺り合わせと成果発現の結果を追求していかなければならない。戦略適合の第一は、市場と競合他社に対する経営資源の適合である。企業は、市場の顧客や消費者に対して業界の競合他社と競い合っており、変化・スピードと市場の飽和化に伴って市場の敏感な選好動向に適応していかなければならない。第二

に、内部の経営資源の適合があり、現在と将来にわたる有形・無形資源の調達と運用である。有形資源は効率的な調達と運用、もう一つの無形資源は、人的資産、組織資産、情報資産など長期的な視点からストックとして醸成と活用をしていかなければいけない。第三の適合は、第一と第二の二つの適合を統合化する全体最適の適合である。ビジネスシステムとインターフェース機能の適合は、業務プロセス間の適合、技術システムの整合と両側面のインターフェース機能適合がある。ビジネスシステムの進化は、推進要因である経営者の戦略的意図、活動指針、コミュニケーション（情報活用）及び「場」の運用にとって、強い相互作用と関係性があり、論理的な手法と感情的な作法の両輪によって探索するものである。

　ビジネスシステムの適合は、業務プロセスの整合性と同期性の適切な連鎖であり、そのインターフェース機能は、論理的あるいは技術的な機能の繋ぎの役割を担っている。その連鎖は二通りあり、一つは人間系の意図的な知識や経験が連鎖する判断業務に理解と賛同が得られ、もう一つは信号系の接続性であり、生産、ロジスティックス、データ処理機器などの連鎖の適合である。例えば販売機能では、主に受注、売上、出荷・納品、債権回収が業務プロセスの連鎖によって業務処理と情報処理を行っている。一方、市場の要求が厳しくなり、現場では受注の変更、値引き交渉や支払条件など難題が発生し、一元的な対応では間に合わなくなり、その対応に当たって関連する業務プロセスの迅速で柔軟対応を必要とする。またインターフェース機器の接続性は、受注業務の多様なメディアからの入力、生産領域では、高性能な新鋭設備の導入、物流領域ではピッキングや配送業務の機密など商流と物流の流れに整合性と同期性の課題がある。

　企業変革は、インターフェース機能の適合によるビジネスシステムの進化から二つの効果が期待できる。一つは細分化された業務プロセスの情報把握によるマネジメント品質の向上であり、もう一つは組織学習による知識と経験の積み重ねによってイノベーションの創発や組織能力の強化・拡大の方向に発展していくのである。一つ目の情報把握によるマネジメント品質の向上は、自企業だけでなく取引先企業とのやり取りを一連のサプライチェーンとして捉え、在庫資源のムリ・ムダの削減を図り、工程の短サイクル化対応や

設備と作業人員の有効的活用を向上させることである。また小さな作業単位で詳細な経営資源や活動状況を把握することが可能になり、全体最適のスループット向上にために因果関係を明らかにし、迅速な対応を可能にすることができる。このような情報把握は、経営資源の合理化や効率化と業務活動のマネジメントを向上させ、計画策定や経営資源の予測、受注情報や需要予測の向上、生産計画から生産管理や流通システムの最適化、さらに関係者や消費者の満足度評価に繋がり、経営品質の向上に貢献する。

またイノベーションの創発は、自社の商品・サービスのイノベーションやプロセスイノベーションだけでなく、最終消費者までのサプライチェーンのビジネスプロセスイノベーションとして、業務プロセスの合理化や効率化と業務目標の達成に貢献する。さらに組織能力の強化・拡大は、現有資源の状況把握から、戦略、マネジメント、オペレーションの領域に対して、論理的な手法による策定と実行を支援する。その戦略策定や実行力は、市場や企業環境の変化に対して、経営戦略の創造・修正・追加をしていく能力であり、実行力は業務スキルや開発力・技術力を高め、その各要件を繋いでいくためにコミュニケーションを活発にする。この二つの方向性は、意識改革、論理的思考や手法、情報技術のコミュニケーション（情報活用）に支えられて、適合機能と相互作用を繰り返して共進的な進化を続けていくといえる。

2.3　コミュニケーションと感情的な作法重視型

保守的で守旧的な企業体質は、その業界や企業の形成過程から強い企業文化となっており、特に日本企業では互助の精神や運命共同体、保身や規律の習性として定着している。この強力な企業文化は、企業の創業期や成長期ではプラスの作用として働くが、成熟期や衰退期のフェーズに入るとえてしてマイナスの働きをする。このような企業文化の風土・体質を持つ変革は、全社員に色々な形態のコミュニケーション（情報活用）を通して意識改革を訴え、特に社内を支配する守旧派層に危機感を投げかけていく。ジョン・コッター［2008］の段階的で八つのステップを踏む実践を提示し、柴田［1998］は、風土や体質改善を進めることを強調する。コミュニケーションによる方

法は、社内広報誌や直接的な対話を通じて意図的に不安定な雰囲気に陥れ、危機意識を募らせて行く。具体的には、①外部のマスコミ情報や他社の取組情報の紹介、②内部から自律的に湧き上がった知恵や情報による小さな改善事例の紹介、③外部の企業がすすめている意識改革や盛り上がり運動に関する情報、④社外から講師を招聘して意識付けの研修や学習を行うなどである。

　変革を進める段階は、危機意識を煽り、強烈なインパクトを与えることが大切であるが、並行して情報の共有化と自発的な動きや仕掛けを支援していく環境をつくることである。情報共有化の内容は、経営ビジョンや意識改革の浸透を図るために全社員に対して企業変革の必要性の強い意思表示を発信し、業績結果や管理指標の情報さらに未来の戦略的な経営目標を開示して情報の共有化をはかる。企業変革の取り組みは、経営者の強力なリーダーシップと現場層の自発的な活動によって一体化した活動や成果が徐々に守旧派層に浸透されていくことである。守旧派層は、周囲の雰囲気の変化や成果の実現によって次第に盛り上がりの運動の輪の中に引きずり込まれ、やがて感動や共鳴を共有していくように仕向けていくことである。生産や販売の現場では、明確な因果関係や論理的に説明をすることが難しい事象が多いが、重要なことは販売現場での独自のノウハウ、顧客関係性、接客手法などを、生産現場では熟練した技能者の感覚的な知恵や経験をオープン化していく方向にもっていく。経営者は、熟練した固有の職人技をシステム化する必要性を説得し、作業チームを編成して彼らのノウ・ハウ、仕事の手順について標準化とシステム化をすすめる。さらに企画・管理や販売部門でも独特の管理手法や顧客との関係性に関する、固有の知識、対処ノウハウ、顧客先の人的チャネルやその対応について文書化によるシステム化を図る。

　コミュニケーションによる感情的な配慮とは、守旧的な功労者の企業の地位確立と功労に対して謝意を明らかにし、業務活動の歴史を共有することである。そして技術や技能のスキルや企画・管理部門の独特の手法、業界や顧客の関係維持のための人的チャネルについて単なる情報として引き継ぐだけでなく、並行的に標準化やシステム化をすすめ、知識・経験の共有を全社的な見えない資産とすることである。熟練者は、自ら業務の質的な転換に目覚め、新たな役割を変革のアドバイザー的な存在として知識と経験を発信と再

生の機能として発揮することである。経営者やリーダーは、企業の現状や経営課題をコミュニケーションすることであり、現場の守旧派層や熟練者に対して質的転換のチャートを示し、新しいミッションとして変革の知識・経験を発信する貴重な戦力として再生と処遇を行うことである。

2.4 論理的手法と感情的作法による合意形成型

　企業変革は論理性と感覚性の対極的な視点から「場」において色々な手法を織り交ぜて行われるが、類型の3番目は、二つの特徴を折衷した取り組みであり、現実的にはケースとして一番多いタイプといえる。業務ルールやビジネスルールの見直しには、企業内の業務部門間で部門目標に固執するあまり利害が対立し、企業間では取引上の慣習や制約から利害が発生している。そのような企業変革は、過去のしがらみや悪しき慣習を清算して合理的な考えと論理的な手法よって取り組むべきであるが、現実はいろんな過去の制約条件や習慣に縛られ、根強い対立となっている。ジョセフ・ナイ（Joseph Nye）[2009]が、指摘する望ましいリーダーシップは、ハード・パワーとソフト・パワーさらにスマートな手法と泥臭い作法を混在した対応をすることであると指摘している。

　企業間取引のビジネスルールや事業部門間の業務ルールは、制約と対立からくる利害得失があり、関係者間の調整や譲歩による妥協点を見出して行く合意形成の方法を提起したい。そのステップは、①双方は可能な限り論理的な手法によって作成されたデータ・情報の共有と客観的な状況把握をする、②双方は争点について根拠となる主張を展開して共通の理解に努める、③対立する事案や業務プロセスの現状から利害に関する因果関係を明らかにする。④解決策や調整方法は、学習過程の主張や評価に関して出来るだけ貨幣換算化した利害得失表を作成する、⑤部門間や企業間の利害対立の評価基準は、長期的・短期的なスパンや自部門と他部門への影響の視点を考慮する。⑥これらの作業から調整と譲歩による合意形成案を作成していく。この過程では日本固有の共存関係、信頼関係の維持・確保を基本として、現在の経済原理の変化やパラダイムチェンジの潮流について共通の理解に立たないといけない。

企業間や部門間の対立と争点は、企業独自の経営理念を堅持しつつ、双方の調整や譲歩を重ねていく合意形成による妥協点の提案であり、その成果は新しいルールやシステムに反映させてビジネスシステムを進化させていくことに発展する。上位層は、現場層から発信される取り組み状況について情報共有をし、理解と共通の立場から無機質なデジタル情報だけでなく直接的なコミュニケーションによって経緯の文脈や背景の見える化を確認する。この過程では、ダニエル・ゴールマン（Daniel Goleman）が指摘するEQの概念を大切にし、IQ本位の主張と均衡を図ることである。さらに事案によって上位層は、現場の対立や調整の「場」に直接参加し、その支援と加速化を行い、成功の成果を部門間や他の企業間の改善に横展開をさせていくことである。

3 事例──ビジネスモデルとローコストオペレーションの追求

3.1 (株)スーパーホテルの顧客目線とローコストオペレーション

(1) 顧客目線のビジネスモデル

企業コンセプトは「安全、清潔、ぐっすり眠れる」をモットーにお客様の目線に立ち、感動的なサービスの提供を運営方針に掲げている。これまで、わが国の宿泊施設の主流は旧来からある「旅館」のサービス概念であり、現在ではホテルの数が増え、やがてはホテル数が旅館数を上回ると予測されている。なかでも伸長著しいのがビジネスホテルで、とくに「快適な宿泊」というニーズに特化したバジェット型（宿泊特化型）ホテルは、今後ますますその数が増えていくと見られている。(株)スーパーホテルは「日本一のバジェットホテル」をスローガンに掲げて成長を続けており、この分野のリーディングカンパニーといえる。お客様をお待たせしない「チェックイン」、「ノーチェックアウト」システムは、ビジネスモデル特許を取得し、同時に今までにない低価格の実現で、業界全体の「進化」と「革命」の役割を進めてきた。これらの実現のために情報技術は、欠かすことのできないツールであり、さらにビジネスシステムを進化させるために経営者、従業員が一体と

なって企業変革について継続することを日常活動として位置づけている。

　(株)スーパーホテルの企業概要は、大阪市に本社を置き、設立が平成元年12月、2010年度末では資本金、6750万円、売上高182億2500万円の業績を上げており、従業員は260名で事業所数として全国101店舗を運営している。一泊朝食付きで4980円からとリーズナブルな料金設定で人気を博しており、顧客満足度調査では2009年度、2010年度と2年連続ビジネスホテル部門第1位を獲得している。「安全、清潔、ぐっすり眠れる」というコンセプトは、お客様に満足してもらうための工夫として、「くつろいでもらい、ぐっすり眠ってもらう」を基本にし、フロントで枕やマットの硬さの選択、室内の照明や静かさの保持への工夫がなされている。スーパーホテルが打ち出した独創的なホテル運営のコンセプト、"感動サービスとIT（情報技術）によるローコスト化"は、テレビや新聞、雑誌等、多くのマスコミで取り上げられ、大きな反響を呼んだ。

(2) 情報技術の活用によるローコストオペレーション

　スーパーホテルは、「日本一のバジェットホテル」を目標に掲げ、その実現のために、新しいビジネスモデルを創造し、情報技術を活用して情報システムを構築、その保存によって蓄積データ・情報の活用からホテルシステムの運用と業務改善の進化を続けている。新しいビジネスモデルを構築したホテルシステムの主な特徴は次の通りである。

(1) 基幹的なホテルシステムは、予約管理、チェクイン業務、顧客管理、精算業務などの機能を統合化して一元的に運用を行っており、予約管理システムから自動的に一連のプロセスに連動して行われる。また、リクルートの宿泊予約サイト「じゃらん」と連携しており、このシステム連携によって予約の入力作業の軽減、入力作業ミスの削減によって店舗の業務効率化に貢献している。顧客管理は、北海道から沖縄までの全ホテルの情報を一元化して活用することができ、「昨日は当ホテルの○○店にお泊まりいただきありがとうございます」とのご挨拶から、「このお客様は、いつも枕は硬めをご希望」「いつも角部屋を希望されている」

などの顧客特性のサービス情報まで確認できる仕組みによって、どこの店舗にお泊り頂いてもお客様のご要望をもとに満足いただけるサービスを提供している。さらに顧客データベースの活用からお客様のチェックイン時に、ひと声かける挨拶によって感動を頂けるホテルづくりの実現を目指している。

(2) 自動チェックイン機（暗証番号 Key システムと呼称）は、スーパーホテルの「チェックイン、ノーチェックアウト」のビジネスモデル特許を実現した強力な支援ツールであり、ホテルシステムと連動して、機械との対面によってチェックインと支払いが可能で前払い方式をとっている。またキーレス方式が採用され、エントランスと客室のキーはホテルシステムと連動させ、自動チェックイン機から発行される暗証番号で開錠するシステムを構築し、安心してぐっすり眠って頂けるサービスを提供している。

(3) 深夜時間帯の運用は、深夜対応センターが集中管理によって対応している。ホテル運営はローコストオペレーションの視点から、少人数で応対する設計がされており、夜間時間帯の対応は、現場の負担を軽減するために、全ホテルの夜間対応を行う集中型の「深夜対応センター」を設置している。センターではお客様の宿泊データ件数を参照しながら対応をおこない、フロント負担をかなり軽減している。例えば2008年8月度には1064件の夜間対応があり、大半の994件が深夜対応センターのみで対応をしている。

(4) 業務システムの開発と運用は、集中処理方式をとっており、自動チェックイン機の導入、暗証番号キーの採用と発行、ホテルシステムの精算・会計システムを行っており、さらに夜間対応センターが集中対応をしている。標準化や汎用化による集中処理方式はホテルの現場業務の軽減を図り、ローコストオペレーションの実現の結果、サービスにかける時間を増やすことに成功している。

(5) Web技術の活用は、店舗の業務効率を向上させる為に、お客様の直接予約をする入力システムを取り入れている。Webからの予約比率は高く、全店平均で約50%、店舗によっては90%を超えており、自社サ

イトを中心に「じゃらん」や楽天トラベルなどの予約サイトとの連携を進めている。インターネットによる販売推進は、Webサイトでの予約をすすめる方法として各種キャンペーンや検索と履歴状況のSEO[3]対策も実施している。

(6) システムのインフラの運用は、集中方式によるデータセンター化を採用している。ホテルシステムは集中サーバーを設置して、インターネットでデータセンターのサーバーとデータベースの接続を行っており、コスト軽減やグリーンIT化、リスク低減とスピーディーな障害対応を可能にしている。

3.2 成功要因の検証 —— ビジネスモデルと情報技術の活用

(1) 成功要因

㈱スーパーホテルの成功要因は、成熟市場のホテルビジネスにあって宿泊の顧客目線の快適化要件に応えたサービスの提供と収益性を追求したローコストオペレーションにあるといえる。企業内の従業員には、ホテルコンセプトの徹底がなされ、情報技術の活用によるローコストオペレーションの運用、コミュニケーションや情報共有による価値観の共有、そして成果の達成感が感動の喜びとなって全社的なうねりを巻き起こした結果である。

第一に、人と組織に対する働きかけがあり、経営者の戦略的意図が、コミュニケーションを通して浸透し、価値観の共有となっている。一般的に企業の成長や組織の肥大化は、上位からの発信や指示によって動く現場層の指示待ち型の運用スタイルに変わっていく傾向が強い。しかし㈱スーパーホテルでは経営者が積極的に現場層と徹底的なコミュニケーションの機会をもち、中堅社員や支配人と直接的な対話を通して価値観を共有し、その意思を「経営指針書」や「Faith」と呼ばれるカードに明文化している。アルバイトやビジネスパートナーを含む就業者全員に対して日々の朝礼では、顧客目線の対応とローコストオペレーションのテーマに「考えさせる」ことを取り入れ、変革意識を訴え、その定着化を図ってきた。

第二に、ローコストオペレーションの視点から業務プロセスに新しい手法

や技術の導入によって改善を続けている。業務プロセスの取り組みは、ローコストの実現にとって多くの取組課題があり、店舗開発から開業までの契約締結に要するスピード化、建設プロジェクトの45%委員会の活動、IT戦略室が中心になり情報技術の活用による合理性と効率性を追求する業務プロセスのシステム化として、ホテルシステムと連動した自動チェックイン機や暗証番号キーの導入などを行った。またホテルシステムの開発と運用は、データセンター化や独自開発したグループウェアのインフラ構築があり、色々な業務要件とシステム要件を交差させる擦り合わせが行われ、業務プロセスとそれを支援する情報処理システムの構築がなされた。成功要因は、人や組織の視点から店舗用地の確保やホテル建設時のスピード感覚とコスト重視の交渉力であり、稼働時のオペレーションでは、お客様が満足するサービス感覚と内部の業務プロセスのコスト感覚の両立に向けられた。情報技術の活用は、合理的で効率的なシステムを構築し、情報の活用は、業務側と情報システム側の両面から情報サービスの評価を行い、そのシステムについて継続的な計画・評価から、次の改善や進化に反映をさせていった。その結果、人件費は他社に比べて30%少ない割合で運用を行うことが可能になっている。

　第三に、店舗運営力を高めるためにホテル店舗と本社の経営課題を共有して、本社のスタッフは店舗のさまざまな取り組みや課題解決に対し一体となって支援を行っている。第一線の顧客接点である店舗の運営は、支配人任せにすることなく、本社からの支援として固有のゴールド作戦、3S運動、店舗指導、集合研修など現場の改善活動を展開している。例えば、支配人に対してライセンス評価制度による評価と指導があり、その結果に基づいて次年度の改善計画の策定が本部スタッフと共同で行われ、その指導状況や進捗状況が月次会議で報告されるなど、店舗運営の質を高めるためのPDCAを回す仕組みを確立している。

　第四に、自律化と感動人間の育成に向けた個々人の自発的な活動を進めている。組織の部門計画を、その構成員一人ひとりに展開するためのツールとして、個人計画チャレンジシートや日々の業務目標の状況を自己管理するためのランクアップノートが活用されており、これらのツールをより効果的に活用するために、ベストプラクティス事例が収集され他の部門に伝搬されて

いく仕組みになっている。また、支配人は、ライセンス評価制度に基づいて、本社運営企画部と直接的なコミュニケーションを持ち、品質向上の計画策定がなされるなど、人材育成の課題についても仕組みによる運用をしている。

(2) 素地づくりの検証

　この企業事例は、企業変革のために経営者のリーダーシップと情報技術を牽引機能とし、推進機能として企業独特の推進要因や情報システムの推進基盤を強化したものといえる。その実践では、経営者の戦略的意図、情報技術と情報の活用による論理的な業務活動、コミュニケーションには論理性と感情性の均衡がとられている。ホテルシステムの構築は、顧客の快適なサービスと内部のローコストオペレーションの目的に従って業務プロセスを策定し、そのシステム構築は業務要件とシステム要件の双方から機器や情報技術の技術的なインターフェース機能の擦り合わせを繰り返して導入をすすめた。新しい事業モデルは一見、顧客サービスとローコストの課題が相反するように考えられがちであるが、両視点から最適解を求めて創発的に導入を行ったホテルシステムとして予約管理、チェックイン業務、顧客管理、精算業務などの業務処理を担っている。ローコストの課題は、業務システムと情報システムの改善を継続して段階的に反映と進化を遂げた。業務プロセスの効率化だけでなく、夜間対応の集中化・統合化の考え方は、顧客サービスの快適性とローコストオペレーションの背反性と進化に貢献した。情報技術の活用は業務処理の効率化に貢献し、顧客満足度やリピート宿泊客の増加に繋がっている。全社員の情報共有は、組織に伝搬され、知識共有、経験共有に進み、ますます変革や進化の推進力となっている。

　企業変革の特徴は二つあり、一つは経営者の戦略的意図を浸透させ、ローコスト事業モデルの執拗な改善をすすめていることであり、もう一つの特徴は、トップの指示に一方的に従うのではなく、現場の業務活動を通して課題を共有し定期的に評価を行い、業務システムに反映して改善を図っている点である。経営者、現場層が、一体となって現状や改善を考え、取り組む、行動する能力の産物であるといえる。会議体は、経営者とリーダー層から構成

される本社会議があり、毎日の朝礼は、日々の経営課題を取り上げてリアルタイムで全社員に放映され、その見える化による運用の透明性を図っている。また組織能力は、上司と部下との間で仕事の質的な挑戦目標の設定、業績結果から期間損益や成長目標の計画と実績を評価するシステムを定めており、計画の策定、評価による修正や追加施策を考える能力になっている。それは業績結果だけでなく、個人の能力の練磨と向上を目論む運用を行い、コミュニケーションと業務を通じて人材の成長を促すために、具体的な細かい目標を設定して業務と一体化させる特徴を持っている。また研修や学習による人材育成のプログラムがあり、インターンシップや新卒研修をはじめ、ユニークな取り組みはワークアウト活動と呼ばれるGEが導入した経営改善プログラムと自社の企業変革プログラムを対比させた独自の学習システムを導入している。(『関西IT百撰フォーラム』2009年2月19日の資料とセミナー参照)。

【注】

1　CRMとは、顧客との関係を維持・強化するための組織的な取り組み。この活動を通して企業と顧客の生産性を高め、企業価値を向上することを目的とする。現在では、インターネットを活用したマーケティングスペースが重要な機能となっている。

2　VOCとは、顧客の声をコールセンター、アンケートや苦情、インタビュー、市場調査結果などから収集、分析し、顧客の満足を獲得できる製品やビジネスプロセスを設計、開発することである。

3　SEOとは、Googleなどの検索エンジンのキーワード検索で、任意の検索結果、上位に特定のWebサイトを表示させるためのテクニックのこと。またその特定サイトにインターネットユーザーのアクセスを増加させるというマーケティング手法。

参考文献

伊丹敬之・西野和美［2004］『ケースブック経営戦略の論理』日本経済新聞社。
ゲイリー・L・ネルソン（Gary L. Neilson）、カーラ・L・マーティン（Karla L. Martin）、エ

リザベス・パワーズ（Elizabeth Powers）著、編集部訳［2008］『報酬制度や組織構造を変えても効果は薄い戦略実行力の本質』DIAMOND　ハーバード・ビジネス・レビュー 2008 年 9 月号、ダイヤモンド社。
遠藤功［2005］『見える化―強い企業をつくる見える仕組み』東洋経済新報社。
ジョン・コッター（John Paul Kotter）、ダン・S・コーエン（Dean S. Cohen）著、高遠裕子訳［2008］『ジョン・コッターの企業変革ノート』日経 BP 社。
柴田昌治［1998］『なぜ会社は変われないのか――危機突破の企業風土改革』日本経済新聞社。
ジョセフ・ナイ（Joseph Nye）［2009］「経済教室」日本経済新聞社。
ダニエル・ゴールマン（Daniel Goleman）著、土屋京子訳［2009］『EQ――こころの知能指数』講談社。
スーパーホテル
　　（参照：http://www.superhotel.co.jp/kaisya_r/company/summary.html）。
関西 IT 活用企業百撰実行委員会［2009］『関西 IT 百撰フォーラム』2009 年 2 月 19 日
　　（参照 http://www.superhotel.co.jp/keihin/）。

第5章

企業変革と「イノベーション」の創発

1 企業変革とイノベーションの現状

1.1 イノベーションの現状

(1) イノベーションの変遷

20世紀は「イノベーションの世紀」であり、イノベーションが工業化社会を支えた「成長の世紀」であったといえる。実際、20世紀中頃に、プロダクトイノベーションによって無数の新製品が絶え間なく市場に出現した。自動車、電化製品、航空機、コンピュータ、OA機器などの工業化製品のプロダクトイノベーションがあり、また大量生産と大量消費につながる生産要素の合理性や効率性と労働生産性の向上をもたらすプロセスイノベーションが産業界を発展させた。この工業化社会の発展とその成熟化は、米国のウィリアム・アバナシー（Abernathy, W.）［1984］の脱成熟化、またジェームズ・M・アッターバック（James M. Utterback）の進化プロセスとして紹介されている。ウィリアム・アバナシーは、プロセスイノベーションによって専用設備や最新の機械が導入されて大規模な効率的な生産体系が確立されると、生産性は上昇するが、一方、技術選択肢の幅が狭まり、プロダクトイ

ノベーション、プロセスイノベーションとも停滞を招き、生産性の向上とイノベーションとの間にトレードオフの関係が生まれ、この現象を「生産性のジレンマ」と呼んだ。またジェームズ・M・アッターバックは、事業の生成・発展から世代交代に至る進化プロセスについて、イノベーションと競争のダイナミックなモデルを提示している。

近年、グローバル化や市場の飽和化に伴ってイノベーションは、ビジネスプロセスの分野まで拡大され、経営資源の投入から付加価値工程や企業外の取引先である流通チャネル、消費者に配送されるまでの業務プロセスの改革を指している。情報技術の活用は、あらゆる経済体のモノと情報の流れやコミュニケーションのやり方を変え、モノの流れでは、新しい商品・サービスの開発、資材部品の購買と生産プロセスから顧客に届けられる、すべての業務プロセスの連鎖機能として繋いでいる。情報の流れでは、市場から情報を収集し、顧客の要望に耳を傾けて商品企画に反映させ、生産計画から生産プロセスに入るなど従来の情報の伝達や共有のスピードを加速させて業務プロセスを変質させている。イノベーションは、モノと情報の両方の視点から考えられ、業務プロセスのそれぞれの特性を生かすことから小さな改善や改革と新しいビジネスモデルを構築することである。

イノベーションの創発と情報技術の活用は、業務プロセスを効率化するために処理、伝達、共有するだけでなく、消費者と企業が電子空間のマーケットスペースを共有して、そのコミュニケーションから新しい商品・サービスの企画や業務プロセスの改善・改革を共創している。さらにイノベーションは、対象分野や組織階層の多様な経営課題の中で、事業ドメインや機能領域、業務プロセスや作業プロセスの段階レベルまで多彩である。また革新的なイノベーションは、ハードとソフトの融合化や複合化による新しいプロセスやサービス機能を生み出すものであり、それは業務設計とシステム設計の摺り合わせに依存するものである。　企業変革は、経営者の戦略的意図が、意識改革を鼓舞して人や組織にイノベーションの重要性を認識させ、また日常の業務活動から改善や改革を生み出していく企業能力の組織風土を醸成していくことである。さらにピーター・ドラッカーは、イノベーションが企業の中核的なテーマであるとし、企業内のプロダクトイノベーションやビジネ

スプロセスイノベーションに限定されることなく、社会のニーズ、社会の問題を事業機会として捉え、市場・顧客の新しい創造と満足を追求する姿勢の重要性を指摘している。

　プロダクトイノベーションは、市場や消費者のニーズに応える新商品企画が主流であり、多くの成果を産出してきた。しかし現在、プロダクトイノベーションは、次のような理由から市場において見える商品化が減少する傾向にある。第一に、商品は成熟化がすすみ、機能や品質に対するニーズは減少しており、飽和化によってコモディティ化商品は価格中心の競争に陥っている。第二に、企業では、利益重視の視点から合理性や効率性を追求するビジネスプロセスイノベーションにシフトしており、業務プロセス間や企業外の取引先との改善と改革に注力されている。第三に、新商品開発は、ハードとソフトの融合したサービス機能から構成され、組み込みソフトウェアの開発比重が高くなり、それは、画期的な仕様や外見上のデザインなど、目に見える商品化イノベーションの認識がされにくい状況にある。

　新商品開発の組み込みソフトウェアについて経産省から次のような報告がある。財務省の貿易統計による 2008 年の輸出製品比率の内訳は、組み込みソフトウェア関連製品が輸送用機器、一般機械の分野で 56.7％ に昇っている。同じく経済産業省商務情報政策局 [2009]『2009 年版組込みソフトウェア産業実態調査報告書』によれば、製品全体に対する組み込みソフトウェアの開発費の割合は、40％ 以上を占めており、その伸び率は 2004 から 2009 年の平均比率で 15.2％ の伸びを示している。このような背景からプロダクトやシステム商品のイノベーションの課題は、組み込みソフトウェアの生産性、品質などの開発方法論や技法に移っており、イノベーションが市場や消費者の目にインパクトを与える対象物として過小評価されていると言える。

(2) イノベーションの重要性と意義

　企業を取り巻く環境は、不確実な変化の局面が連続しており、変化とスピードは加速している状況にある。消費者は商品・サービスの新しい機能や仕様だけでなく、品質・価格や流通チャネルの利便性に関して多様性を求めており、企業側はその要望に応えて差別化した商品・サービスの開発と消費

者に届けるすべてのビジネスプロセスで懸命な努力を続けている。また商品サイクルは、短命化しており、多様な消費者対応に応える商品開発はまさに激しい競争とイノベーションの継続であり、それは消耗戦の域にあるといえる。

ゲイリー・ハメル（Gary Hamel）[2008] は、現在の企業について次のように指摘している。企業経営は、オペレーションの限界状況にあり、今まで予想されなかった不測の事態がおき、次から次に重荷を背負わされて苦痛に喘いでいる。その背景には、変化のペースの速さ、束の間で消える競争優位性、既存の技術を駆逐する画期的技術の出現、従来の秩序を破壊する競争相手の台頭、細分化された市場の多様化対応、絶大な力を持つ顧客の影響、反逆する株主など多くの理由を挙げている。企業変革に挑戦する共通項は、イノベーションがあげられているが、新商品・サービスの開発だけでなく、全業務プロセスのビジネスプロセスイノベーションや社会共生と経営品質を追及したオペレーション全体のマネジメントイノベーションである。

マネジメントイノベーションは、仕事のやり方や業績の達成だけでなく、業務の精度や経営品質を高めるように変革をしていくことである。それは第一に、目標設定やその活動計画を策定し、情報共有を行った上で動機づけを行い、活動計画と経営資源の状況について乖離状況の原因の解明や計画の調整・修正の行動をとることである。第二に、適切なスキルを持つ人材を配置し、蓄積されている知識の活用や共有など特に人的・組織的資源の配分と活性化を考えることである。第三に、利害関係者との良好な関係を構築・維持するとともに、対立する点について双方の利害調整をとるようにすることである。

経営戦略やPDCAのサイクルは益々短期化されており、イノベーションは、優位性の持続時間を引き延ばすことが可能な唯一の方法であり、それは容赦ない競争の世界で企業が生き残るための最善の行動である。認識すべき重要なことはイノベーションが、すべての社員の任務と業務であり、意識改革と具体的な経営課題の変革を続けることである。ゲイリー・ハメル（Gary Hamel）[2009] は、マネジメントイノベーションの必要性を強調し、新時代へ向けた25の課題として「マネジメント2.0」を提唱している。経営者層

は、自らの高い次元の目標や志とリーダーシップをもち、優れたマネジメント手法と人の心を掴むことによって、人や組織を動かす運用をすべきとしている。彼の指摘は日本の経営システムに合通ずるものが多く、論理的な手法だけでなく心理的・感覚的な要因からイノベーションを指摘している。イノベーションは、データ・情報・知識を基盤とする情報技術の活用が基本であり、さらに人と組織の自律化や組織能力強化の人材育成など人的資産、組織資産や情報資産に依存しているといえる。

またフィリップ・エバンス（Philip Evans）［2001］らは、情報技術の活用が、経済体の繋ぎ方を変え、スピード化をすすめることになり、経済原理や経済作用の効果を活かしていくことであるとしている。その結果、従来の経営戦略やビジネスシステムを抜本的に見直し、単にスピード化だけでなくバリューチェーンやサプライチェーンを大きく変えることだとしている。さらにインターネットによるネットワーク化は、膨大な情報を自由にタダ同然でパーソナルなレベルまでコミュニケーションが可能になっている。SNS時代のイノベーションは、その機能や経済原理の変容をすすめ、双方の垣根を取り払い、電子的空間を共有し、アイディアやヒントのマーケットスペースの宝庫として、業務プロセスのパラダイムチェンジや新しいビジネスモデルの創造を行う源泉となっている。

1.2 経営課題とイノベーションに関する企業の認識

(1) イノベーションと経営課題の認識調査

（社）日本能率協会は、国内主要企業の約4000社の経営者を対象に、2009年「当面する企業経営課題の認識調査（第31回2009年）」を実施した。調査の主な内容は、経営概況、当面ならびに中長期的な経営上の課題、イノベーティブな組織を実現するための経営のあり方などについて調査報告をしている。調査では第一に、当面並びに中長期的な経営課題、第二に、イノベーティブな組織や施策を実現するための要件について質問している。回答の第1番目の課題は、販売力強化による売上・シェア拡大、次いで収益性向上、人材強化の順番であり、第2番目、第3番目の課題を加算した順位とほ

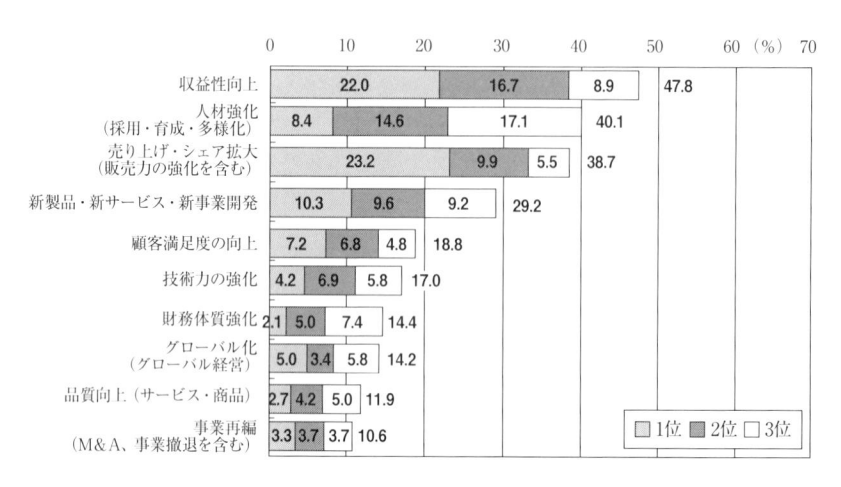

図表 5-1　近い未来の経営課題の認識（上位 10 項目／選択順位別）

項目	1位	2位	3位	計
収益性向上	22.0	16.7	8.9	47.8
人材強化（採用・育成・多様化）	8.4	14.6	17.1	40.1
売り上げ・シェア拡大（販売力の強化を含む）	23.2	9.9	5.5	38.7
新製品・新サービス・新事業開発	10.3	9.6	9.2	29.2
顧客満足度の向上	7.2	6.8	4.8	18.8
技術力の強化	4.2	6.9	5.8	17.0
財務体質強化	2.1	5.0	7.4	14.4
グローバル化（グローバル経営）	5.0	3.4	5.8	14.2
品質向上（サービス・商品）	2.7	4.2	5.0	11.9
事業再編（M&A、事業撤退を含む）	3.3	3.7	3.7	10.6

出所）（社）日本能率協会「日本企業の経営課題 2009」当面する企業経営課題に関する調査結果

ぼ同じである。多岐にわたる課題が挙げられており、その多様な対応に関して色々な施策や制度を準備していかなければならない。

　また同協会による近い将来と仮定した同じ内容の調査結果は、図表 5-1 に示すような報告をしている。1 位に挙げられた項目は、売上・シェア拡大であり、続いて収益性向上や新製品・新サービス・新事業開発の順になっており、売上・シェア拡大は新製品・新サービス・新事業開発の必要性と密接に関係していると言える。依然として財務指標の売上高指向や収益性向上が中心であり、戦略や施策はイノベーションによる新製品の投入やビジネスプロセスの効率性を示唆している。また 2012/2015 年の将来の課題に関する報告では、第 1 位から 3 位までの順位では変化は見られなかったが、収益性向上は 22.0％から 8.8％に、売上・シェア拡大の認識は 23.2％から 11.3％と減少傾向に推移しており、それは経営課題の多様化と分散化の特性によるものと考えられる。新商品・新サービス・新事業開発の経営課題は、10.3％から 15.9％と増大の傾向を示しており、また人材強化は、8.4％から 7.5％とほぼ同等な比率を示しており基本的な課題として認識されている。全般的な認識は、経営課題が多様化傾向にあり、将来の経営の不確実性と多様化を物語っ

ている。

　新商品・新サービスの開発と新事業開発の課題は増加傾向にあり、ノベーションによる新しい商品・サービスの市場産出や新しいビジネスモデルなど新事業の創造の課題を指摘している。情報技術の活用は、既存のインフラの多面的な活用から新しい商品・サービスを市場に産出するだけでなく、企業間や業種を超えた複合ビジネスや要素技術の新しい組み合わせによるイノベーションを積極的に展開していくことである。

(2) イノベーションの実現度（成果）と経営ビジョンの共有と仕事に対する意欲

　図表5-2は、イノベーションの実現度と組織風土の特性について、考え方や方向性の共有と仕事に対する意欲の尺度に関する調査結果である。

図表5-2　イノベーションによる実現度（成果）と組織風土の特性

(1) イノベーションの実現度と経営ビジョン（考え方や方向性）の共有度

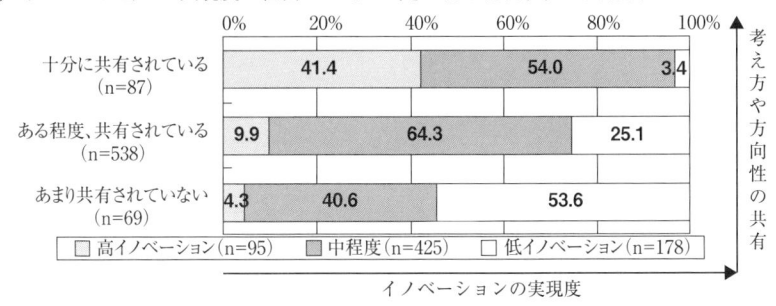

考え方や方向性の共有	高イノベーション	中程度	低イノベーション
十分に共有されている (n=87)	41.4	54.0	3.4
ある程度、共有されている (n=538)	9.9	64.3	25.1
あまり共有されていない (n=69)	4.3	40.6	53.6

□ 高イノベーション(n=95)　■ 中程度(n=425)　□ 低イノベーション(n=178)

イノベーションの実現度

(2) イノベーションの実現度（成果）と社員の仕事に対する意欲

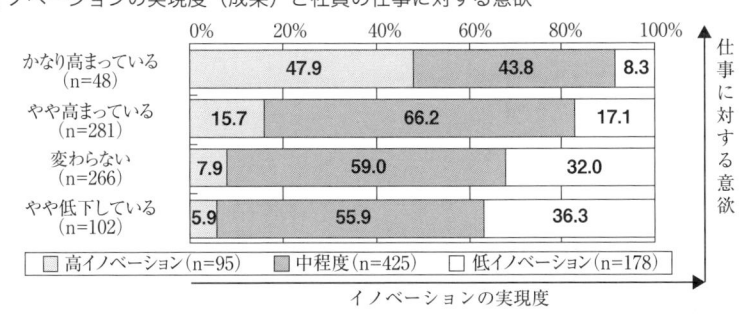

仕事に対する意欲	高イノベーション	中程度	低イノベーション
かなり高まっている (n=48)	47.9	43.8	8.3
やや高まっている (n=281)	15.7	66.2	17.1
変わらない (n=266)	7.9	59.0	32.0
やや低下している (n=102)	5.9	55.9	36.3

□ 高イノベーション(n=95)　■ 中程度(n=425)　□ 低イノベーション(n=178)

イノベーションの実現度

出所）　（社）日本能率協会「日本企業の経営課題2009」

すなわちイノベーションの実現度（成果）は、組織風土の特性である経営ビジョンの共有や社員の仕事の意欲に関係性をもっており、二つの図表は横軸にイノベーションの実現度（成果）、縦軸は前者が経営ビジョンの考え方や方向性の共有度、後者が仕事に対する意欲の状態を表している。イノベーションの実現度は、圧倒的な競争力のある商品・サービスの開発、新しい市場の開拓、独自の生産システムや販売方式の導入、業務プロセスの大幅な改善、社員一人ひとりの仕事のやり方の5項目を5段階で評価し、縦軸は二つの特性について3段階と5段階の評価区分から集計したものである。

　この調査から言えることは、考え方や方向性を明示して価値観を共有している企業は、イノベーションの実現度が高く、また社員の仕事に対する意欲が、高いあるいは意欲が高まっている企業は、イノベーションを実現していることを指摘している。調査分析から言える示唆は、イノベーティブな組織づくりとイノベーションの実現の要件は、第一に経営ビジョンや価値観の共有であり、第二に社員の仕事に対する意欲向上、第三に組織風土の変革であると言える。

(3) イノベーションと組織風土

　イノベーションに関する調査分析の第三番目は、組織風土との相関関係であり、それは強い相関を示しており組織風土の要因の変革を指摘するものである。典型的な守旧型企業と新しい組織風土の企業の特徴を比較するために、六つの特性と具体的な12の質問について、回答結果を図表5-3に示している。六つの特性は、守旧型企業の、①過去志向、②形式主義、③数値主義、④他律と責任分散、⑤自己抑制、⑥無関心を挙げ、一方、対極する変革型組織風土の特性として①未来志向、②実質主義、③意味主義、④自律と責任感、⑤自由闊達、⑥協働を対比させている。

　特性の第一は、過去の執着か未来志向かであり、過去の執着は成功体験に捉われ、建前の議論に参加するだけで実践的な動きに発展しないことが多く、目標設定をしないばかりか進捗状況を省みない。第二に、形式主義と実質主義の違いは、前者は会議や日常の会話の中で本音が出にくい状況で過去の社内資料に依存することが多く、後者の実質主義は、共通認識に至るまで

第 5 章　企業変革と「イノベーション」の創発

図表 5-3　イノベーションの成果と変革の組織風土

〈典型的な守旧企業像〉		〈変革の組織風土〉	（質問項目）
過去志向 （延長志向）	⇔	未来志向 （変化志向）	前例や過去の成功体験にとらわれる ※ リスクがあることを避ける ※
形式主義	⇔	実質主義	会議では、本音や異論が活発に出る 会議では、多くの資料が準備される ※
数値主義	⇔	意味主義	数字の話しばかりをしている ※ 「何のためにやるのか」を重視する
他律と 責任分散	⇔	自律と責任感	上司の顔色をうかがう ※ 主体的に行動する
自己抑制	⇔	自由闊達	会議では、若手も積極的に発言する 風通しがよい
無関心	⇔	協働	他部門に口出しをしにくい ※ 同僚が困っていたら進んで助ける

出所）　（社）日本能率協会「日本企業の経営課題 2009」

可視化情報による議論を行い、課題や実態の共通理解と前向きな仮説や試行を進める。第三に、数値主義と意味主義の相違は、部門予算や個人目標の進捗状況について、前者は業績数字のみに終始することが多く、経営ビジョンや経営目標と自部門の位置づけなど本質的な意義を問う議論がなされていない。従って本質的な使命や活動について社員が理解しないまま業務処理や数字達成の作業がなされるという結果を生んでいる。第四に、他律や責任分散と自律や責任感の違いは、上司の指示を仰ぐ、受け入れる、疑問を挟まない、常に上司の顔色を伺うなど指示待ち型の行動に表れている。この現象は、業歴が古くて大企業に多く、市場が安定的で組織構造が、指揮命令型のときは有効的であったが、現在の環境下では、主体性と自律性による責任感のある迅速な行動を求められている。第五に、自由闊達な組織風土では、改善・改革について、自分の目標や計画について考え方を積極的に発言し、部門内や他部門との協働作業を行う。第六に、協働化の運用には、部門間の利害調整や協働作業を支援して経営課題を学習する「場」作りの環境を整え、発言・発信、情報共有、意見の交換が自由にできる風通しの良い組織風土を作ることである。

　この六つの特性と 12 の質問を 5 段階評価した結果を「高イノベーション」「中程度企業」「低イノベーション企業」の企業群に分類してレーダーチャー

図表5-4 企業変革の組織風土とイノベーションの実現度

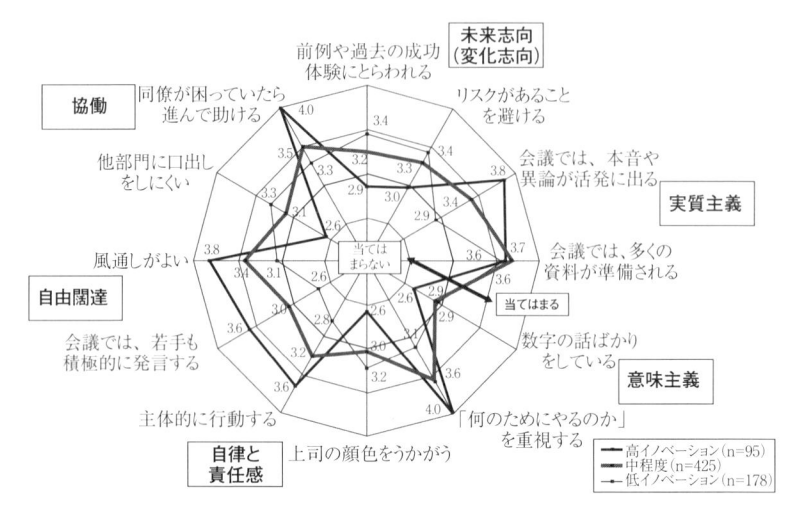

出所) (社)日本能率協会「日本企業の経営課題2009」

トの形式で表わしたのが図表5-4企業変革の組織風土とイノベーションの実現度である。「高イノベーション企業」群は、変革の組織風土の特性が高い評価であり、特に会議で本音の発言をし、異論を唱え、仕事の本質的な意義を考え、主体的に行動し、会議では階級や入社年次に関係なく発言する。さらに組織の風通しの良さだけでなく、同僚に対する思いやりや互助精神を発揮するなどの特徴も見られる。

一方「低イノベーション企業」群は、高イノベーション企業と対照的で前例を重んじ過去の成功体験にとらわれ、上司の顔色をうかがい、会議では本音や異論が少ない、他部門に口出しをせず、自由闊達さを欠くなどの特徴を持つ。企業変革の方向性であるイノベーションの創発だけでなく、組織能力の強化・拡大にとっても組織風土は共通した基本的な要件といえる。組織風土は、本音による実質主義、本質的な意義志向、自律性と責任感、協調を基本とする協働や自由闊達な意見交換そして全員参加型の組織運用のもとに未来を信じて経営ビジョンに挑戦する組織といえる。

1.3 シャープ(株)のイノベーションとそのジレンマ

(1) 創業者の DNA と「イノベーション」

　日本企業のイノベーションといえばシャープ(株)があげられる。創業者の早川徳次の「まねされる商品をつくれ」という言い伝えは、受け継がれており、技術開発を柱に置く精神が今も生きている。オンリーワン製品の歴史は、各事業ドメインから差別化製品を市場に出し、その選択と集中化戦略では、情報家電や情報機器そして液晶／太陽電池関連部門の分野に特化している。当初、1976年（昭和51年）4月、商品開発をテーマにして幅広い消費者調査から、新しい商品開発方針として「ニューライフ商品戦略」を打ち出した。商品戦略は、消費者が新しい喜びを感じる標的市場に対し、ニーズを先取りした新しい商品開発を、続々市場に出したのがその商品戦略であった。
　商品開発を意図的にすすめる制度は、1977年独自の開発制度として広く知られた「緊急プロジェクトチーム」の組織を誕生させた。それは戦略的な商品開発について社内横断的に各事業部や研究所から技術要素と最適の人材を集め、社長直轄のプロジェクトチームが取り組むという、他社に例を見ない柔軟な開発組織であった。この組織は、各事業部の技術を融合させて強みを発揮できる特徴があり、当時のフロントローディングタイプのビデオの開発を皮切りに、両面レコード自動演奏ステレオ、音声入力ワープロなどの画期的な商品を次々に生み出した。電子システム手帳、液晶ビジョン、左右開き冷蔵庫などのヒット商品も「緊プロ」から誕生したものである。経営者のこの「緊プロ」に対する熱の入れ方は、特別な思いがあり緊プロに所属するメンバーの名札は、一般職の名札の色と異なり、キンプロをもじって役員と同じ金色とする処遇をしていた。同社の緊プロチームは、順調に成果を上げ企業の成長に大きく貢献し、イノベーションによる戦略論、技術経営論、経営組織論として数多くの研究報告がされている。
　浦野ら［2010］は、組織論からイノベーションの行き詰まりを分析し、新たにイノベーションを生み出す制度や組織設計の視点からイノベーションの革新的な組織文化の醸成の必要性を提起している。筆者は1980年前後の約10年間、シャープに出入りした経験があり、まさに新製品開発のイノベー

ション活動が最も活発化していた頃であった。その当時、面会した経営トップの姿勢と企業組織の雰囲気から企業成長とイノベーションの関係性について次のように考えられる。早川と二人三脚でやってきた管理系の佐伯旭が後継者となり、早川の技術面のDNAをどう受け継いでいくかが大きな課題であった。また彼は、1970年、大阪千里で開催された世界万博の企業パビリオン出展を断念し、奈良の天理に技術・開発の拠点として大型投資の意思決定をした。これはシャープの成長の礎を創った意思決定として、当時'千里から天理へ'の言葉を流行らせた。緊プロ制度が制定された1970年代、家電製品の需要は旺盛であり、日本の産業界が家電製品やエレクトロニクス産業を中心にして非常に活性化していた。シャープ(株)は当時、長期的な経営戦略としてエレクトロニクス・半導体・情報家電の多角化による成長路線を進めており、その技術開発のリーダーこそ後に、代表取締役副社長技術担当を歴任した佐々木正であった。佐々木は、当時の神戸工業から移籍し、開発技術の研究者として秀でているだけでなく、将来の社会や技術動向に関して深い洞察力をもった学者でもあった。彼は、シャープ(株)の開発費用の売上構成比率を7%の目標に置き、将来のエレクトロニクス・通信・映像・コンピュータの融合化に関して熱く語りかけていた経営者であった。またシャープ(株)は、当時、関西家電三社の松下、三洋に次ぐ3位に位置していたが、家電から情報家電への多角化戦略の流れの中で、組織風土の組織活性化とイノベーションの雰囲気が後押しして、追い付き追い越せの競争と躍進の気運にあふれていた。

(2) イノベーションは市場適合とビジネスプロセスイノベーション

シャープ(株)は、新製品によって消費者ニーズに応えたい、企業を成長させたいという従業員1人ひとりの思いが多角化路線をすすめていった。経営層は、長期目標と技術開発中心に基礎研究から応用研究や設計開発に積極的であり、その見える形が緊急プロジェクトの組織化や事業部門の組織拡張とLSI技術や液晶技術などに対する積極的な投資であった。しかし最近、イノベーションの成果として、画期的な商品・サービスが見られなくなり、市場から停滞しているように見られている。グローバル化による成長戦略は、

市場における消費者の多様化や同業他社との競合戦略であり、ノベーションは単純な商品開発だけでなく、ビジネスプロセスの改革や市場の多様化に伴って市場の動向を読み、マーケティングと技術・技能、生産、流通システムの組み合わせによる複雑高度化されている課題に取り組んできた。

　イノベーションは市場適合のためにビジネスプロセスイノベーションに関心が移っている。その背景の第一に、戦略の市場適合は、海外市場と海外の同業者との競合戦略が比重を増しており、市場のグローバル化や消費者主導は、生産・販売領域の現地の資材調達や雇用の確保と消費者対応を余儀なくされている。グローバル化と消費者主導は、価格競争と商品の短命化を加速させ、特にアジア諸国のコストを課題とした競合要件は、ビジネスシステムのイノベーションである。生産・販売拠点の経営課題は、生産（Production）、販売（Sales）、在庫（Inventory）の状況把握によって経営資源の投入や配分・配置に関する全体最適化に対して、そのPSI情報を源泉としてすすめてきた。世界レベルの経営資源の全体最適化は、マネジメントイノベーションに関心を移し、情報技術の活用の視点からいち早くERP導入による、標準化とスピード化対応を行ってきた。第二に、イノベーションは新製品開発が基本であり、性能・機能、品質、コスト、デザインなどを評価基準としていた。現在では、ハードとソフトの融合化されたシステム化商品となり、設計開発費の比重がソフトウェア中心になり、その成果物が見えなくなりつつある。さらに商品・サービスの成熟化と短命化がすすみ、コモディティ化を伴ってコスト中心の競争に陥っている点である。第三は、市場の産業構造変化から売上高の事業構成比率が、最終商品から部品やデバイス機器に移り、特に産業用としてエネルギー、環境、ゲーム、健康・医療、などのシステム機器メーカーの顧客に納入している。したがって従来の新商品と同じ基準や目に触れる機会で比較することができなくなっている。

(3) シャープ(株)の危機はイノベーションのジレンマと大企業病

　シャープ(株)は今、経営の危機にあり、その背景にはイノベーションのジレンマと経営者や組織体質の大企業病に侵されたことによると言える。シャープの経営危機は業績・財務情報から見て明らかであり、それは、積極

的な投資戦略とそのイノベーションが招いたジレンマと大企業病といわれる組織体質の硬直化が原因と言ってよい。

業績・財務情報は、2008年3月期から2012年3月期までの5期間の過去の実績から見てすべての指標において悪化傾向にある。財務指標の売上高と経常利益は業界動向とほぼ同じであり、08年3月期の純利益は過去最高の1020億円から08年9月のリーマンショックによって、株式の評価損や金融危機に伴う大幅な需要減速から09年3月期は最終的に1300億円の赤字を計上している。度重なる当期純利益の赤字の結果、純資産は半減しており、自己資本比率は40.1％から23.9％に落ち込んでいる。また安全性を示す流動性比率は115％から102％まで落ち込み、まさに変化とスピードの経済社会の影響をもろに受けたことを物語っている。この背景には偶然のリーマンショックもあるが、暴走ともいえる積極的な投資戦略が財務的にのしかかってきたのである。

イノベーションのジレンマの視点から言えることは、戦略として液晶への「選択と集中」に固執した余り、液晶製品の急激な暴落が利益を大きく圧迫させた。利益の圧迫要因はいくつか考えられるが、一つは革新的なイノベーションに対する積極的な投資であり、それは液晶への投資として、亀山工場と堺工場だけで投資額は、9450億円に上り、売上の約70％が液晶に頼る状況を招き、一方液晶市場の急激な不振が屋台骨を揺るがすことになった。1兆円を超える有利子負債は大きな負担であり、さらに減価償却費負担として重くのしかかっている。もう一つは市場の需要と生産量の見極めを誤った点があり、設備稼働率の視点から余剰在庫を招いた結果、潜在的赤字要因や価格への跳ね返りという悪い循環となったことである。さらに技術システムの競合戦略に甘さがあり、それは液晶や太陽電池の設備機器を設計・導入した関連企業は、アジアの競合企業にも外販しており、品質の差がきわめて少なく、コストの安い製品が市場を押さえることとなった。

一方非財務指標の組織や人的資産領域に大企業病がはびこり、組織の活性化やイノベーションの変容と積極性が遅れたことにある。長きに亘って、生産・技術系と管理系の均衡による組織編成と人材の配置が特徴的であり、マネジメントの特性は、全社的視点から本社管理部門と事業部の企画部門が積

極的にコミュニケーションを行い、次の活路を探る風通しの良い組織風土を持っていた。しかし成長という大きな使命はコミットメントとなり、営業主導の業務目標に縛られ、組織の硬直化を招き、発言力の大きい経営者の目顔を伺う大企業病に侵されていった。

イノベーションは、業界の産業構造の変化と企業独自の戦略や構造変化に伴って、企業内部の経営資源の創造・修正・追加などを行い、市場戦略として消費者や業界の競争適合に内部経営資源の適合を図り、ビジネスシステムの変革と業務プロセスの改善をしていかなければいけない。さらにイノベーションは経済社会や市場の動向を読み、人と組織がその活力によって動き、仕事の楽しさや緊張感によって達成感と感動を共有する組織風土でなければいけない。シャープ(株)の経営危機は、眼前の財務指標や業績目標に終始して、将来の市場動向や経済社会の潮流を読み、イノベーションの精神の部分をおろそかにしたと言える。今一度、自社の位置づけを確認し、風通しの良い組織風土を取り戻して持続的な成長と企業内部の経営資源である戦略、人、組織の見直しをすることである。

1.4　イノベーションは市場開拓と既存モデルの脱皮

(1)　内需型企業も海外市場を主力に

イノベーションは、市場から見える形態が事業構造の変換であり、新製品の投入や新市場への開拓である。日本の日用品・化粧品業界は、従来、国内向けが主たる市場であったが海外事業の拡大を加速させており、比較的海外戦略が遅れていた日用品などの内需企業が最近急激な海外売上高の伸びを示しており、図表5-5では全事業の海外売上高比率について5年前との比較を示している。

ユニ・チャームは、2011年から3年間で過去最高水準の600億円の投資をして紙おむつをアジアで増産し、資生堂は現在三つしかない売上高500億円超の「世界戦略ブランド」を六つに増やす計画である。また両社の海外売上高は、3年後には国内売上高を逆転する見通しである。国内市場が縮小傾向の自動車や電機業界は、いち早く海外戦略に乗り出し自動車の大手三社

図表 5-5　全事業の海外売上高比率（＊印企業は 10 ポイント以上の変動企業）

	企業名	現在	5 年前
日用品など内需企業	資生堂＊	42.9	29.4
	ユニ・チャーム＊	42.4	26.7
	キッコーマン＊	43.2	26.2
	味の素	33.5	29.5
	キリン HD	23.4	13.6
自動車	ホンダ	83.2	82.9
	日産自動車	78.7	75.1
	トヨタ自動車	72.0	71.4
電機	TDK	87.3	78.2
	ソニー	70.0	70.7
	日立製作所	43.4	38.5
素材	信越化学工業	63.5	66.7
	三菱ケミカル HD	34.3	26.0
	新日本製鉄	34.2	25.0
機械	コマツ＊	81.1	70.1
	ファナック＊	75.2	63.5
	三菱重工業	49.0	43.9

出所）　日本経済新聞、2011 年 7 月 21 日参照

は、海外売上高比率が既に 70％超となっている。また電気業界のソニーをはじめパナソニック、シャープは 50％超となり、家電比率の低い日立製作所も 5 年前に比べて約 5 ポイント上昇している。機械・重機械の分野ではコマツは、海外売上高比率が 80％を超えており 5 年前に比べて 10 ポイント以上の躍進であり、また発展途上国の需要に支えられ、工作機械のファナックも同様に BRICs などの新興国市場から支持されている。

（社）経済同友会［2009］が指摘している「新・日本流経営の創造」の近未来モデルでは、日本市場での売上はおよそ 20％と予測しており、旧来のアメリカ、アジア、ヨーロッパに加えて新興国市場が拡大中で、従業員の半数以上は、日本人以外で多国籍化を前提に経営をやっていかなければならないと指摘している。飯田［1998］が指摘する異文化の、民族、宗教、言語、社会・文化、地理環境は、強固な要素であり、それは異なることを前提として企業経営の基本的価値、仕事のすすめ方、雇用者の多国籍や多様化を統合化し、総合化していくイノベーションを求めていかなければならない。このような背景から経営戦略は多目的なイノベーションを通して製品、市場、ビジ

ネスシステムの変化と進化をしていかなければならない。

現在の国内市場依存型の企業は、自動車や電機業界の先行事例を学び、海外市場への投資、生産・販売拠点の分散化や現地化の促進、外国人社員の戦力化と雇用などについて積極的にすすめていかなければならない。異文化経営の経営課題が重くのしかかるが、経営者はグローバル化の潮流を見極め、人の基本的な価値観は、普遍的であるとの認識に立ち、人を得、組織を動かし、コミュニケーションを強化して国際経営をすすめていかなければならない。また既に国際展開を行ってきた企業は、国際戦略や異文化経営に磨きをかけて、現地市場でのプロダクトイノベーション、生産や販売業務のプロセスイノベーション、さらに現地化のもとで生産・販売機能の分野でビジネスプロセスイノベーションを積極的にすすめていくことである。国際経営は、異文化、現地の行政、市場を理解し、組織や雇用者の活性化に情報技術の活用やコミュニケーションによるイノベーションを継続していかなければならない。

(2) リアルな手法と補完する新しいビジネスモデルのイノベーション

新しいビジネスモデルは、情報技術の活用による新しいビジネスを加速させているが、ネットビジネスの無機質な特徴を補完するためにリアルな手段を組み合わせてビジネスを普及・拡大しようとする動きがある。今、大手小売業ではインターネットを活用した販売を急拡大させようとしているが、既存の店舗を活かした販売手法の特徴を取り入れており、図表5-6は、小売大手企業のネット販売の取組状況を示している。セブン&アイ・ホールディングスは、ネットスーパーの拡充や通販の強化で1千億円を目指す計画を立て、イオンは店舗商品を自宅に届けるネットスーパーの実施店舗を2011年2月期に2倍に増やしている。店舗販売が縮小する一方、ネット販売は、2ケタの成長が続き、国内店舗に依存した小売の競争も様相を変えている。

ネットスーパーとは、消費者からインターネットで注文を受け、店舗から届けるサービスであり、日用品だけでなく野菜や肉などの生鮮品も含めて店舗と同様の品ぞろえと価格で、最短で数時間で届けるのが特徴である。働く主婦などの利用が多く、外出を控える「巣ごもり消費」の傾向が追い風となっ

図表 5-6　小売大手企業のネット販売の取り組み

小売大手企業	取り組み内容
セブン&アイ	ネット事業全体の売上高を 2012 年 2 月期に 1000 億円超に拡大
イオン	ネットスーパーの売上高と実施店を 2011 年 2 月期に倍増
サミット	住友商事と組んで昨年からネットスーパーを開始
丸井	2010 年 3 月期に通販事業の売上高が 200 億円超す見通し
青山商事	ネットで注文したスーツを店舗ですそ直しをするサービス提供

出所）　日本経済新聞、2010 年 2 月 14 日参照

ており、市場規模は 2009 年に食品の販売額だけでも前年比 25％増の約 280 億円に達しており、日用雑貨も含めれば、今後 1～2 年で市場は 500 億円規模に拡大すると予測されている。

　ネット通販との相違点は、注文に応じ即日に近隣の店舗から食品などが届く仕組みである。多くのスーパーは、ネットスーパーの実施店を増やして売り上げ拡大を目指し、全国各地の店舗を受け渡しの拠点として活用する他、地方の名産品なども取り扱う。百貨店は、対面販売とネットの組合せ方式で、ネットで注文した衣料の引き渡しや試着、サイズの直しなどのサービスを行う。国内のスーパーや百貨店の売上高は、5％程度のマイナスが続く見込みであるが、ネット事業への進出を強化するために、店舗の利用という優位性を活かし、また他サービスと併せて利用客を増やしていく考えである。（日本経済新聞、2010 年 2 月 14 日の記事を参照）。

　このように情報化社会が進む中で、インターネット販売は、無視することができなく、むしろ自社の持つ商品・サービスの強みや現存の店舗を活用して新しい事業戦略のイノベーションを展開する方向に向かっている。この事業戦略は、戦略策定や企画管理の視点からマーケティング手法、ロジスティックス、決済方法のオペレーションに関する知識やスキルの強化を行い、流通システム機能では、消費者の受注方法の多様化や簡便化、受注情報の精度向上、仕入れや配送業務の品質向上を図り、さらに物流機能では商品在庫のムリ・ムダを最小限にする視点から仕入れ商品の選択や納入タイミングについて情報技術の活用によるイノベーションの創発を続けている。

2 企業変革の「イノベーション」創発と情報技術の活用に関する先行研究

2.1 ビジネスプロセスのイノベーション

(1) ビジネスプロセスの再構築とイノベーションの意義

　企業変革には、色々な目的や形態があり、大規模なものは事業ドメインからの撤退や縮小、新しい事業分野への事業構造の転換、M&Aや新しい事業モデルの創造などがある。企業例として例えば造船事業の撤退から橋梁や環境機器事業へ、カメラ事業から事務機器事業や医療分野への転換など従来の要素技術やコアコンピタンスを活用してプロダクトイノベーションを行った企業は多い。企業変革には、特に無形資産の創造・変更・修正の必要性があり、組織と人の領域で、組織の再設計や再編成、人の技術・スキル、マネジメント能力や手法の転換が中心的な課題である。イノベーションには、マイナス面として一般的にジレンマが発生し、事業構造の転換だけでなく、職種や新しいスキルの習得に伴う負担や負荷が重なって色々難しい問題を生じている。特に情報技術の活用による業務改革や新しいビジネスモデルの台頭は、イノベーションのジレンマとして有形資産の店舗や生産拠点の統廃合や設備や土地・建物の遊休化の課題が生じ、無形資産では、組織の再編成による処遇、人員の縮小や配置転換、ストックされた資産の活用や新しい技術・技能への転換の課題が起きている。企業変革はこのような背景や課題を考慮して、イノベーションの規模の大小を問わず将来の最適解の共有と探索に取り組んでいかなければならない。

　バリューチェーンの進化理論とは、情報とモノの連鎖の流れによって、経営資源のムリ・ムダをなくし、合理性と効率性を高めることとしている。戦略は、経済、政治、文化、人口などの社会動向に関するデータ・情報のマクロ分析をはじめ、ミクロ的には、マーケティング分野の市場動向や業界構造などがあり、企業は市場調査から標的市場、商品・サービスの商品企画、販売予測や受注情報をもとに生産システム分野に繋いでいく。商品・サービスは、設計開発や生産技術の準備を整えて生産計画から生産管理のプロセスに

入り、部品の資材・購買、下請・協力会社の協力を経て、組み立て・加工・検査を終えて流通チャネルや物流システムを通じて消費者に商品を届ける。

このように多くの業務プロセスは、市場の絞り込みや、消費者の満足や評価を得るために生産・販売・流通機能を細分化してサプライチェーンとして捉え、品質向上や顧客価値創造を行っている。これらの一連の活動が、ビジネスプロセスイノベーションであり、自部門だけでなくビジネスルールや業務ルールの変更・修正に取り組むことである。その分析過程の要件は組織学習、戦略策定のシステム思考力、利害の対立に合意形成を進める交渉力などを必要とする。最近のイノベーションの動向は、市場や消費者と直接接点を持つ企業が、取引先企業、流通チャネル、ロジスティックスの協力企業と一体となって、情報の共有とそれぞれの固有技術やノウハウを出し合ってコラボレーションをすすめ、バリューチェーンの革新的な成果を上げていく方向に進んでいる。

またイノベーションのタイプをトニー・ダビラ（Tony Davila）[2007]らは、その特性からイノベーションのマトリクスを作成して、ビジネスモデルとテクノロジーの二つの変革軸を定めている。さらにそれぞれ二つの変革軸の特性を新規性基準とし、新規性と既存性を対極的に位置づけている。この四つのイノベーション・マトリクスは、①テクノロジーとビジネスモデルが両方とも新規である象限をラディカル（革新的）、②テクノロジー、ビジネスモデルのどちらかが新規性を持つタイプをセミラディカル、③両方とも既存性に近いインクレメンタル（斬新的）と位置づけて三つのタイプに分類している。さらにビジネスモデルの変革軸では、バリュー・プロポジション、サプライチェーン、ターゲット顧客の因子をあげ、テクノロジーの変革軸では、製品・サービス、プロセス・テクノロジー、イネーブリング・テクノロジーの因子をあげている。

一般的に、イノベーションは、明確に分類することは難しく、期間や規模の基準では、長期的で戦略的なイノベーションと短期的で業務改善の日常的な改善レベルの斬新的改良型として分類することもできる。長期的で戦略的なイノベーションは、経済社会や技術動向を洞察した企業の長期戦略に沿った事業構造の転換、他社の買収や合弁事業、まったく新しい事業創造などを対象と

している。また短期的な業務改善レベルのイノベーションは、現場の日常活動から生まれ、小さな改善の気付きや活動を尊重し、組織学習の積み重ねから企業変革の組織体質に繋がっている。現場中心の活動が、変革意識や組織体質を変え、価値基準や自律的行動の質的変換をもたらし、人的資産や組織資産の強化・拡大に連鎖して定着化していく。やがてイノベーションの創発は、組織学習や組織能力の相互作用によって新しいビジネスモデルや革新的な事業改革として、経営資源の大胆な創造・修正・追加などに進展していく。

イノベーションの創発には、情報技術の活用があり、企業の内部や外部に発生している情報の収集や交換によってデータ・情報を整理し、共有と学習をするために、暗黙知的な情報の形式知化や新しい知識を創造するために保存・統合化の仕組みを考えていく。また組織能力の強化・拡大は、経営資源の状況把握と制御をすることであり、企業ブランドや顧客資産などの無形資産を充実させ、その過程で情報・知識・経験を共進的に活用することである。企業外部のすべての経済体とコミュニケーションを活発化させてIR情報などによる反応や収集情報から有効な情報資源に変換させて、マネジメントによる経営品質やビジネスプロセスイノベーションに反映させていくことである。いずれにしろイノベーションと組織能力は、強い関係性を持っている。

(2) インターネットマーケティングの台頭

情報社会の進展に伴い、コンピュータとインターネットは、新しいインターネットマーケティングの台頭によって市場の消費者と企業の取引に大きな変化を与えている。筆者［2004］は、インターネットマーケティングに関して次のような要旨を発表している。新しいマーケティングとインターネットの関係性は、①マーケティングリサーチは、商品力を高めるためにインターネットを活用して情報収集から商品開発や双方向のコミュニケーションによって共創型の開発を行う。②価格設定は、仕入方法として、オークションモデル、リバースオークションモデルなどの新しい方法によって決定する。③プロモーション機能では、消費者に商品を認知・理解させるためにインターネットを情報提供、来店誘導、コミュニケーション手段として活用する。④データベース・マーケティングと併用して、新規顧客の獲得や既存顧

客から優良顧客への醸成に活用する。⑤市場（顧客）間の流通チャネルと直接つなぐことによって各業務プロセス上のムリ・ムダを省き、販売方法、流通チャネル、物流部門の効率化とスピード化をすすめていく。

　また企業と市場との取引形態の第一は、直接的な取引形態（B to C）として、インターネットの特色を生かしており、それは不特定多数とのリアルタイムでのコミュニケーション、情報提供や情報入手の手段として活用している。マーケティング領域では、販売分野が中心であり、販売推進機能は、既存のメディアに比べてリッチ＆リーチネス[1]の特色を持ち、さらに電子的な時空間上のコミュニケーションを可能にしている。第二に、企業と企業の取引形態（B to B）では、B to Cと共通的な部分があるが、顧客への情報支援や迅速な応答がなされ、ムリ・ムダの合理性に貢献する。二つの取引形態に関わらず業務プロセスの連鎖は、販売実績の商品セグメント、エリヤや担当組織別、そして流通チャネルの状況把握を可能にし、さらに生産と物流の視点から、生産や物流プロセス上の在庫量を把握して効率化とスピード化を可能にする。特に物流機能の包装・保管・輸送機能は、オープン化など標準化や統合化によって他社も含む物流業務の集約化と効率化を進めている。インターネットの導入によって取引形態である、B to CとB to Bの区別がはっきりしなくなり、電子空間（マーケティング・スペース）のコミュニケーションによって、商品・サービスと購入条件のマッチング要件が緊密に行われている。またマーケティングのリッチネスやリーチネスの特性は、その機能とコンピュータとの融合した手法によってロングテール・マーケティング[2]や多様化に応える試作品ビジネスを活性化している。

　情報化の浸透は情報の非対称性を崩壊して、主導権は企業から市場に移り、価格崩壊と消費者行動を多様化へと変化させている。消費者の顧客満足度に関して、嶋口［1999］らの戦略的な顧客満足の評価尺度は、単なる理念として漠然と捉えるのではなく、消費者の選択性、企業の競争優位性として投資発想を持って対応していくことが必要であると指摘している。新しい顧客対応の課題は、基本的と応用的な問題に分け、前者は最低限の市場に対する社会的責任を果たし、後者は、企業の独自性、強みを反映させた取捨選択的な基準の満足度の追及を展開していく。競争優位性とは、単なる企業の自

己満足に終わることなく、従来の競争戦略に加えて新しい共創的なビジネスモデルについて、革新的な仕組みを構築するイノベーションである。投資発想の顧客満足は、関連する企業活動に関して、現在の財務会計的なコストの問題から将来の投資と期待効果として考えることを指摘している。

インターネットマーケティングは、企業と消費者が、同じ電子的な時空間を共有して同じ次元で情報を共有して検索や検討の過程を経て購買行動や価値創造をしていくことである。新しい市場は、益々標的市場が細分化の方向にあり、商品・サービスは、リアルだけでなく巨大なバーチャルな倉庫にあり、そのマッチング機能が電子的な時空間のスペースと言える。情報技術を通して生まれる価値創造は、今まで想像できなかった新しい経験を通して絆を作り、共感、感動などの感覚的な価値創造に繋がるといえる。

2.2 イノベーションの創発と進化

(1) マーケティング領域のイノベーションの創発

マーケティング領域では、コンピュータとSNS上の色々なコミュニケーション（情報活用）によって、多様な形態のイノベーションをおこしている。石井ら［2010］は、インターネットが企業・顧客・消費者との関係性を緊密にして、インターネット的世界の展開をすすめると指摘する。人や企業の行動形態は、加速的に多様化しているが、インターネットの出現によってビジネス機能や新しい事業モデル構造の概念を、今までまったく予測できなかった形態によって市場の多様性に対応することを可能にしている。

イノベーションの形態は、製品・サービスの市場投入、新市場の開拓、新しい事業モデルなどがあり、その構成要素と要件は、商品・サービスの開発技術、生産技術、マーケティング、流通販売などと業務プロセスの整合性、接続性による統合化である。また要素技術の標準化やオープン化技術は、プロセスイノベーションやビジネスプロセスのイノベーションを進めるものであり、例えば自動車業界の開発分野では、電子機器やソフトウェア技術の導入によるモジュール型化、販売分野では、従来の垂直的な囲い込み型から構造変化が起きており、部品の標準化やオープン化によって系列を問わない汎

用的なサービスビジネスの形態となり、さらに金融や保険サービスの派生的なサービスの展開をしようとしている。今、消費者の所有概念や車の保有に関する制約条件から、カーシェアリングビジネスの台頭など、業界の事業構造や販売チャネルとしての機能を変えようとしている。

　本書の指摘するマーケティングとイノベーションの関連性は、情報技術の活用において、コンピュータ(サーバー)をハブとしてインターネットのネットワークであり、すべての活動をリアルタイムに連鎖させている。その連携機能は、企業と市場や消費者との関係性を深め、経営資源をリアルタイムに把握することによって市場動向に合わせ、業務活動を合理的、効率的に運用している。経営戦略や経営課題にとって情報技術の活用は、業務プロセスを繋ぐ機能によって情報ネットワーク経営システムを構築し、改革・改善を追及している。ビジネスシステムは、経営課題の視点からビジネス・アーキテクチャーと情報技術の機能のシステム・アーキテクチャーの擦り合わせを行い、その進化についてビジネスシステム自体や周辺技術のイノベーションによって交互に進歩する共進化の状況にある。

(2) 人と組織領域からのイノベーションの創発

　イノベーションの取り組みの主体は人と組織であり、その過程を開示と共有化することによって組織的なマネジメントをしていくことである。ジョン・ロバーツ (John Roberts) [2005] の指摘は、企業成長に関して人・組織とイノベーションの関係では、一般的に成長を続ける企業の従業員の喜びは、そうでない企業に比べてより大きくなることを挙げている。企業成長の要因は、新しくてエキサイティングな仕事の環境を作り、その機会や昇進の機会を増やすことから組織を活性化させることと言える。またすべての企業が、一般的な成長のライフサイクルに従っているとはいえないが、企業成長は時代の流れや業界の潮流に依ることが多く、新しい市場や顧客を伸ばしている企業は、業務活動と組織を活性化させている。また1990年代以降の情報革命はインターネット技術、コンピュータ、ソフトウェア及び周辺の技術がマーケティングをはじめ、生産技術、自動化技術、接続技術物流技術などによって、ビジネスシステムのあらゆる分野のイノベーションを後押ししている。

一方、旧い企業のイノベーションは、長きに亘って染み着いた課題について分析と再設計をするために専任の組織化や新しいアイディアの創造を促し、聡明で知識欲旺盛な人々を結集して、時間、資源、使命と行動計画を策定していかなければならない。その組織運用は、行動計画の策定や評価のために、企業内外の優秀なメンバーとのコミュニケーションを積極的に行い、優れたイノベーションによる業績貢献をした人々の評価や報償に報いる制度も準備していく必要がある。本質的なイノベーションは、論理的な視点から経営戦略や経営目標を実現するビジネスシステムや業務システムを策定し、もう一つは感覚的な視点から、イノベーションに対する関心と感知力を上げるために市場や消費者の声に大きな耳を傾け、光り輝く瞳とスマートな頭で行動計画に反映させることである。人と組織は、この過程を通して業務プロセスのアーキテクチャー（業務設計）に関して、企業基準や業界基準を学ぶことから、業務プロセスと業務ルールの理論的な学習を続け、大小さまざまなイノベーションの創発を考える機会を持つ。

　人と組織を中心にした運営ついて、さまざまなイノベーションを牽引し、コンサルタントの実績と経験を持つエテゥエンヌ・C・ウェンガー（Etienne C. Wenger）ら[3]は、これらの学習過程と組織行動を「場」と呼び、従来の組織構造の使命をより補完し、知識の共有・学習・修正を劇的に活性化するような新たな組織形態を提起している。それは、共通の専門スキルや、ある事業へのコミットメント（約束・公約）によって非公式に結び付いたグループ集団であり、リーダーや統制層は、まず組織の戦略力を高められるような「場」の規範となるテーマやグループを選定する。続いて「場」を支えるインフラを提供して、組織能力や学習を効果的に発揮できる環境を整備して「場」の位置付けをすることによって、従来とは異なる観点から評価をする、ことをあげている。企業の組織風土は、自由闊達な雰囲気をつくり、社内の情報流通に対して風通しを良くし、素直で前向きな意見を交換して戦わされることによってイノベーションの芽を育てていくことである。経営者は、このような組織風土の醸成のために自発的なコミュニティ活動を支援し、そこから生まれてくる新しい価値を見極めていく、新たな役割を持っていかなければならない。

2.3　イノベーションと情報技術の活用

(1) イノベーションと情報技術の活用による経済原理の変化

　イノベーションは情報による経済原理の変化によって従来の特性に変質をきたしている。「モノ」と「情報」の経済原理は、根本的に異なり、モノは売られる時、所有権が離れ、複製には製造コストがかかり、老朽化が進み、損耗につれて性能が劣化する。一方情報はアイディアやそのサービス機能を売る場合、売り手は情報を所有したままであり、ほとんどコストをかけなくて何度も複製をして売ることが出来る。また情報は、摩耗はしないが流行遅れや時代遅れに変わり、その所在はあらゆる場所に散在することになる。経済性の視点からモノは、収穫逓減と収穫逓増の二つの法則に当てはまり、情報は完全に収穫逓増の法則に従うのである。情報が物理的なモノに組み込まれている場合は、この二つの両方の特性を有することになる。

　情報技術の機能は、業務プロセスのバリューチェーン、サプライチェーン、消費者との交信を可能にしており、企業内の各組織を互いに結び付ける接着剤の役割を果たしている。ネットワーク技術や通信規格の標準化は、情報を繋ぐ通信機器の接続やコミュニケーションにとって強力な道具となっている。情報技術の活用は、バリューチェーンにおいて競争上、不利な部分の機能や業務プロセスを統廃合し、利益源となっている機能や組織に経営資源を集中し、全社的な最適化の視点から業務プロセスや事業構造の再構築を図るなど企業変革に貢献している。

　小川［2006］は、イノベーションに関して情報技術の活用の視点から、消費者の演じる積極的な役割を明らかにしている。それは、経験的な要因の一つとして、各プレーヤーによるイノベーションの「期待利益」の大きさであり、もう一つは、フォン・ヒッペル（Von Hippel）［1994］が提唱した「情報の粘着性」という概念の定義、「ある単位の情報を探し手に利用可能な形で移転する費用は、移転された情報の増大に伴って、費用自身も増加するという性質をもつもの」に基づいている。例えば企業のマーケティング機能は、消費者のニーズを察知して、それに応える商品・サービスを産出して高い満足や評価を得ることから業績に結び付けている。ここで企業と消費者間のイ

ンターネットの役割と「情報の粘着性」の定義の関係性についていえば、インターネットは、情報交換コストの急激な減少、リアルタイムでの双方向性機能、モノや情報の繋ぎによる経営資源のムリ、ムダの削減、さらにコミュニケーションのスピードを劇的に変えている。他方「情報の粘着性」の概念では、「期待利益」と消費者との直接的なコミュニケーションが、商品企画の段階から生産・販売・流通機能に至る全プロセスの全体最適化に貢献する関係性が成り立っている。

　情報化社会の進展に伴って、企業外部の機会や脅威が変わり、新しい事業の再構築がされて競争優位の構図や要因を変化させている。事業の再構築は、時代の潮流や企業背景と現状の事業構造について評価・分析を行った上でビジネスシステムや業務プロセスの再構築をすすめることになる。その理由は二つあり、一つはモノと情報の経済原理の違いであり、もう一つはリーチとリッチネスというトレードオフの消滅である。情報のリーチとは情報が伝搬して影響を与える到達範囲の広さであり、リッチネスとは情報の質的な濃度、密度、豊富さである。トレードオフの消滅は、情報の伝搬が多様なメディアとインターネットの情報量によってコミュニケーションを強化・拡大したことである。情報技術は市場の消費者と企業や組織の境界を取り除き、同じ電子的な時空間を共有して消費者行動や企業の支援サービスを大きく変えて行ったのである。

　ビジネスシステムとイノベーションの視点は、次の四つの視点、①ビジネスシステムの中心的概念は、顧客本位と企業の全体最適化を求めた再構築をする、②組織や管理体制は、フラット型構造のもとで、その運用は、管理型から自律的な自己主張によるコミュニケーションやコーチング方式に転換する、③求められる人材は、自律型でプロフェッショナル型の自律的な姿勢によって業務に従事する、④経営者の役割は、経営理念や価値観の徹底とリーダーシップの発揮によるコミュニケーションを重要視して取り組むことである。ビジネスシステムの再構築は、合理性・効率性そして全体最適化を追及してイノベーションの創発と自律型で自発的に動く組織の運用を進めることである。

(2) イノベーションをすすめる情報技術の活用

　イノベーションを進める情報技術の活用に関して、元橋［2006］は、日本企業の情報技術の戦略的活用が不十分であり、その背景には業務プロセスや組織の改革による生産性の点で遅れていることを指摘する。企業の生産性の向上には、情報技術の活用があり、特に中小企業はその利活用を積極的に進め、生産性の向上につなげるべきであると主張している。イノベーションによる生産性向上が叫ばれる背景には、中長期的な経済成長の視点から少子化による労働人口の減少があり、投資資本の面でも期待の難しい点を持っているからである。今後の企業経営の命題は、企業変革による生産性の向上であり、情報技術の活用による、イノベーションを重要として強調をしている。現在、情報技術のコンピュータとネットワーク機能の活用は、業界を問わず多くの企業では情報ネットワーク経営を中心に行っているが、イノベーションと情報技術と活用の視点ではビジネスシステムの多様な進化の点を指摘している。

　それは第一に、製造業や装置業界では、プロダクトやプロセスのイノベーションからビジネスプロセスイノベーションに焦点が移り、経営資源の有効活用の点から情報ネットワーク経営を構築している。

　第二に金融や流通業界では情報を本位とするサービスイノベーションの遅れについて創発をすすめている。インターネットバンキングやサプライチェーンシステムにおいて、イノベーションに挑戦した活動を行っているが、そのサービス業では、米国と日本の生産性の比較において米国の生産性は、かなり優れていると言われている。この背景には米国の業務プロセスが手続き型であり、手順に従って業務処理と情報処理を行う定型的な方式で、業務処理を手順書通りに行っている。生産性は、業務プロセス単位の投資対効果と考えられ、定義された業務処理の負荷費用が、貨幣換算をもとにして詳細な変換手法から算出されているからである。一方日本の業務プロセスは、業界特性や企業間の特別なビジネスルールが存在しており、情報システムで定型的に処理できない部分を多く含んでいることから、生産性の後れをとっていると考えられる。

　第三に、人や組織のイノベーションの遅れである。多くの企業では、経営

資源や情報・知識のマネジメントから経営課題にリエンジニアリング手法を適用して生産性を向上させている。一方、組織とイノベーションは、組織の再設計や人の再配置を伴うものであり、それは企業に横断的で、すそ野の広い分野について多くの選択肢と波及的な作用に十分配慮していかなければならない。人と組織の課題は、生産性を考える上で非常に重要であるが、特に人のモチベーションや組織の活性化の視点から、目に見えないイノベーションのジレンマが予想される。今後単純に情報技術の活用による生産性を図る手段にとすることに慎重性を要するが、論理性と感覚性の両輪からすすめていかなければならない。

(3) 日米比較からの教訓

　情報技術の活用に関する日米の比較「内閣府平成19年度年次経済財政報告―生産性上昇に向けた挑戦―」の報告では、情報ネットワークの構築状況に大差は見られないが、情報化投資による生産性の比較調査において、米国企業の方がより高い生産性を実現していることが判明している。日本企業の生産性は、情報ネットワークを活用している企業とそうでない企業と比べた場合、2.0%の差異があり、米国企業の4.4%と比較して2倍以上の開きとなっている。情報ネットワークの構築状況に大きな違いは見られないので、やはり日本企業で情報技術の使い方に問題を持っているといえる。また、適用業務対象と効果の視点から見ると、日本企業では企業内のネットワークの生産性に対する効果が2.4%であるのに対し、企業間ネットワークは1.0%にとどまっている。これは特に下請け先など、親企業の強い要請で導入したものの、生産計画や段取り計画の変更・修正業務に十分に活用されていないことが考えられる。一方米国企業は、受発注、生産管理、在庫管理などの業務プロセスが定型化と規律化され、生産性の効果に発現されている。

　情報技術の活用による生産性の日米比較は、総務省編［2007］による『情報通信白書』から、金融サービス業は米国が、製造業は日本が優位性を有していることを指摘している。その理由は、業務処理と情報処理に関する日米の業種・業界の特徴の相違点をあげ、金融サービス業の大半の業務は、定型的で非常に規律性の強い特徴をもつ処理方式であり、作業者層の業務処理は

作業処理としてほぼ同一である。一方日本製造業では、受注に基づく生産計画から、資材購買、組み立て、検査工程など取引先や協力会社と業務連携をしている業務プロセスは、資材購買や在庫管理、設備機器の稼働に関して、作業者の労務工数やモノの管理と強い関係性を持っており、生産計画の変更は、相手先に大きな影響を与える特徴を持っている。

　また日米比較の金融サービスの基幹的な業務の生産性では、ほぼ同一であるが、米国では対象業務の範囲が極めて広い分野で生産性を上げ、一方日本では附帯的業務の店頭や顧客訪問など細やかな対応が生産性の足を引っ張っている。さらに製造業では、販売側の受注変更が多く資材購買と生産プロセスの修正・変更は、米国では業務ルールや業務手順書にしたがって粛々と業務処理を行い、日本の製造現場では、経験や高いスキルと信頼関係をもとに取引先と調整を続け、コスト、納期、品質の目標に一体となって取り組んでいる現場力が生産性向上に寄与している。情報技術の活用は、小さな現場の改善活動から高い意識のもとで業務プロセスのムリ・ムダを最小限にする活動に取り組み、精度の高い受注入力と生産計画の変更・修正を早い段階で情報共有や情報支援が生産性向上を進めている。

2.4　情報技術の活用によるイノベーションの創発とジレンマの事例

(1) 先駆的なネットビジネスの教訓

　インターネットの商用化が1995年前後から台頭して企業のビジネスモデルは、消費者からインターネットを経由して直接に注文を受け、それに応えるシステムが導入された。先駆的な企業事例は、書籍のネット販売のアマゾンドットコムが今では書籍に限らずいろんな商品を扱い成長を続けている。本項では日本の企業事例としてアスクルを取り上げ、先駆的なネットビジネスの教訓と新たに発生する経営課題を探索する。アスクルは「お客様のために進化する」を企業理念とし、オフィスに必要なモノやサービスを「明日お届けする」、トータル・オフィス・サポートのサービス提供の会社であり、1993年3月に大手文具総合メーカーであるプラス株式会社の一事業部としてスタートし、その後1997年5月に分社独立している。

現在、商品カテゴリーは、オフィスの事務用品・文房具、OA 機器、店舗用品そして働く人の生活雑貨品や飲料・食品を手掛け、さらに病院など医療・介護用品まで流通インフラを共通基盤にして拡張を続けている。2011 年 5 月期で商品数は、14 万 5000 アイテム、売上高は 1970 億円、経常利益は 52 億円強と好調な推移をしている。ビジネスモデルは当初、標的市場を中小事業所に絞り、オフィス商品をクリック＆モルタル^{5}をすることで、指定場所に「明日中」にお届けする仕組みを構築したのである。現在ではお客様との関係を均一性から個別に進化させて中小事業所から個人顧客へ、また大企業の部門組織に拡大して、五つの Web サイト構成を充実させている。従来の通信販売型の仕組みは、コンピュータとインターネットに変わり、従来の流通経路のロスを省くという、合理性と効率性を追求した新しいビジネスモデルである。従来の流通システムでは、メーカーから 1 次卸、2 次卸を経由して小売店に至るという多層構造は、経済的なロスとして情報（商流）と物流のロスを発生させ、在庫や販売機能のコストを重複して生じていた。

アスクルのビジネスモデルは、アスクル本体、サプライヤー（メーカー）、お客様、エージェントという四つのプレーヤーから成る流通システムであり、特徴はそれぞれの機能と役割のもとで情報ネットワークによって情報を共有している。アスクル本体は、お客様の前面に立ち、全体のビジネスシステムと商品開発、仕入・納品の物流機能のインフラを構築しており、また市場・消費者のクレームや要望の声を聞き、商品企画や業務プロセスの改善に反映させている。サプライヤーのメーカーは、新規商品の開発を協働化して行い、従来の文具店であった主たるエージェントは、新規顧客の開拓と債権回収機能を分担している。当初このビジネスモデルは、文具店の死活的な問題として抵抗にあったが、大型店舗化や低価格化の潮流から現在では協働化が進んでいる。

アスクルのビジネスモデルからの教訓は、リアルとヴァーチャルの両視点から、市場の顧客獲得のために、企業の信用やブランド力の形成と顧客本位のマーケティング、物流や債権回収の基盤を確立することである。成功要因の一つは、従来のリアルビジネスと同様に、顧客の関係性を強めて新規顧客の開拓や債権回収を対面によってすすめたことであり、もう一つの無機質な

ネットのビジネスは、インターネットを介してクレームや要望に耳を傾け、新製品開発や市場開発の拡大に反映したことである。その運用は、お客様目線の利便性、迅速性、に応えた業務プロセスであり、受注・物流の業務システムの操作容易性とワンストップショッピングを実現するプラットホームを構築したことである。お客様は、顧客登録をした後、カタログを参考に必要に応じてFAX・電話・インターネットメディアから注文し、モノは当日または翌日届けられ、債権回収は、お客様に直接送られる請求書に基づいて、エージェントが回収業務を行うものである。

　このビジネスモデルに二つの特徴がある。一つはお客様との直接的なコミュニケーションを重視している。この機能は一般的な商品の問い合わせと流通や回収の状況のやりとりであり、さらにお客様の生の声を聞くカスタマーセンター機能がある。それは本社部門のフロアーの真ん中に設置されており、商品・サービスのクレームが、周りの中心的なスタッフに緊張感と情報の秋波として伝わるようにレイアウトされている。もう一つは、取引先をビジネスパートナーとして位置付け、情報の共有化による協働化を狙っている。アスクルは、パートナーから売れ筋情報を仕入れ商品として提案を受けることと、お客様のクレームや希望商品の情報を共有することによって商品開発の協働化を促している。またエージェントに対して商品企画情報の開示を行い、顧客開拓の推進や債権回収の効率化をすすめている。このようにアスクルは、ビジネスシステムと業務プロセスの改善のイノベーションの創発を行い、情報をキーとしてお客様、サプライヤー（メーカー）、エージェントの協働化と全体最適化を基本的な要件として成長を続けている。

(2) 情報技術によるイノベーションのジレンマ

　イノベーションのジレンマについてクリステンセン（C. M. Christensen）ら［2005］は、『イノベーションのジレンマ』と『イノベーションの解』に共通の理論として、その混沌とした因果関係を解きほぐす三つの柱を挙げている。三つの柱とは、第一は、破壊のイノベーションの理論、第二は、経営資源、業務プロセス、価値観の関係性の理論、第三は、バリューチェーンの進化の理論としている。

第一の破壊のイノベーションは、さらに三つに分けられ、①生き残りをかけて既存のマーケットに新製品を送り出すイノベーション、②顧客の層別管理によってローエンドからロイヤルカスタマーに顧客を醸成する、③コスト重視のビジネスモデルによって新たな市場や消費者層を創造する破壊のイノベーションをあげている。第二に、経営資源、業務プロセス、価値観の関係性は、これらの三つの要素と破壊のイノベーションは、トレードオフの関係になることが多いとし、経営資源は、材料、仕掛品、商品など、破壊が可能な資産であり、業務プロセスは、ビジネスシステムに資源を投入して付加価値の高い商品やサービスに変えるプロセスであり、価値観とは経営資源の再配分の意思決定に関わる経営戦略の基準である。多くの企業は、既存事業を営んでおり、既存の経営資源や業務プロセスから脱皮をすることが難しいだけでなく、イノベーションの破壊的な対象に対して技術開発や経営戦略に消極的で制約をかける傾向を示す。第三にバリューチェーンの進化は、企業内の業務プロセスや企業の利害関係者との情報ネットワーク経営の進展である。

　破壊のイノベーションの具体例は、技術革新の激しいIT産業が挙げられ、1980年代末、コンピュータの技術動向は、大型機からダウンサイジングやクライアント・サーバーシステムへの転換期にあったが、大型製品の利益率や大口ユーザーへの販売に束縛されて、画期的なイノベーションの対応に遅れたことは記憶に新しい。クライアント・サーバーシステムのパソコンの普及が始まった1990年代当初、IBMのハード・ウェアの売上高構成比率はおよそ70％弱であったが、2003年度ではハード・ウェアは32％でそれ以外が68％と完全に逆転した結果になっている。ハード・ウェア以外のサービス内容は、ITインフラの構築や業務改革に伴う情報システム開発サービス、アウトソーシング、経営コンサルティングサービスそしてソフトウェア製品である。その5年後の2008年度ではハードウェア以外が約80％となり、そのうちサービス事業が57％と過半数を占め、ソフトウェア事業が22％となり、ハードウェアに至っては、減少を続け19％となっている。ハードウェアのイノベーションのジレンマに挑戦した経営戦略がサービス事業の需要創造であり、ビジネス構造変革をイノベーションによってその伸長を図ったのである。

ネット販売の事業拡大化に伴う、イノベーションのジレンマの企業事例として、旅行ビジネスの業界では、旅の情報がすべてであり、従来の店頭の商談が減少して接客販売からインターネット販売に移り、その強化・拡大に力をいれている。旅行業2位の近畿日本ツーリストは、2010年中に全店舗の2割に当たる50店を閉鎖して旅行予約のインターネットへのシフトを行い、店舗統合によるコスト削減を図る。同社は全国260店を運営しており、ネット予約が急増している航空券やJRチケットの販売が多い店ほど採算が悪化し、こうした店を閉鎖対象として選択している。また同社は、09年10月に全社員の5%弱に当たるおよそ190人の希望退職を実施済みであり、ネット販売で約2割相当の国内パック旅行をすべてネット予約可能にして、その取扱高を2012年12月期に400億円にする予定である。業界首位のJTBも11年度末までに約2割の200店近くを閉鎖する方針でリストラをすすめた。このように前向きなイノベーションの一方、希望退職者の応募、人員削減に伴う再配置や職種転換、閉鎖店舗や設備など遊休資産の再生利用など新たな課題を背負っており、ジレンマの事例といえる。(日本経済新聞、2011年1月11日朝刊記事、参照)。

　音楽エンターテイメント業界では、第4節で紹介するアップル社が複合的な要素技術によるイノベーションの成功事例であり、同様に書籍業界でも類似したビジネスモデルが普及しようとしている。さらに自動車業界もイノベーションから派生する新たな経営課題を持っている。それは、技術的なイノベーションは、競争優位性のために省エネルギー対応のエンジン技術と画期的な軽量化、燃費削減の課題を持っており、また海外進出は、販売市場の開拓、生産部門の現地化による部品調達や労働力の雇用確保、そして新しいビジネスプロセスイノベーションの課題を抱えている。さらに国内市場では、販売業界のビジネスの大きな変化が予想され、一つは販売チャネルの従来の垂直化型からオープン化型への転換による主にメンテナンスサービスビジネスの変化であり、もう一つはカーシェアリングの普及など自動車本体の売上の減少傾向と金融やサービスなどの事業進出の課題を抱えている。

3 イノベーションの創発と牽引機能と推進機能

3.1 イノベーションの創発と牽引機能と推進要因

(1) イノベーションと戦略、人、組織の情報技術の活用

　イノベーションは企業の戦略、人、組織が情報技術を活用して創発される。(社)経済同友会は、『第16回企業白書』「新・日本流経営の創造」の中で、企業アンケートの調査と報告を行っている。日本流経営の質問は、「10年後も競争力をもつために日本企業が取り組む必要がある課題として重要なものを三つ以内で答える」という項目がある。その五つの回答の上位順は、イノベーション、独自の製品・サービスの創出、人材能力向上、経営者やリーダーの養成、グローバル化の対応である。イノベーションは、57.9％と断トツの数字を示しており、今後の企業経営の根本的な経営課題であることを示唆している

　ゲイリー・ハメル（Gary Hamel）［2008］らは、ビジネスシステムは、法則や方程式から導き出される解答があるわけでなく、また永遠に継続するシステムは有り得ないと断定している。なぜならビジネスシステムは、今変化とスピードの重荷を背負わされて苦痛に喘いでおり、その挑戦は、変化の速さ、束の間に消える優位性、既存の技術を駆逐する画期的技術の出現、従来の秩序を破壊する競争相手、細分化された市場、絶大な力を持つ市場の消費者や顧客、反逆する株主への対応であり、それらは産業構造や企業の組織構造を揺さぶり、対応していく限界域と神経戦の様相を示唆している。

　スピードと変化の企業環境にとって新しいビジネスシステムを策定する企業は、時間的な要因と情報技術の活用をキーにして戦略、組織、人の見直しを行い、組織能力のスキルや技術力そしてオペレーションの実行力を総合的に結集させることである。加護野［2006］は、情報技術の活用と時間的な要因を有効的に活かすために、ビジネスシステムに両者の特性を相互に作用させることだと指摘する。新しいビジネスシステムの策定は、業務プロセスの因果関係を明らかにし、統合化して経営の意思決定をするために情報を活用

する意義がある。そして見直しによる設計は、企業の利益とリスク分散の仕組みであり、効果的な運用と実行の時間的要因の優位性であるとしている。

新しいビジネスシステムの設計は、基本的に従来の「規模の経済」「範囲の経済」「ネットワークの経済」から「組合せの経済」や「スピードの経済」の原理を加えて探索しなければならない。情報化による伝統的な経済原理は、否定されがちであるが従来の経済原理は生きており、金融業界では、銀行の顧客口座数の多少が経営の効率性に大きな影響を与え、また製造業の各業界において生産システムの標準化や汎用製品が効率性に寄与している。範囲の経済や組合せの経済は、情報の特徴を活用することによって新しい商品・サービスの開発や経営資源の有効活用に効果的であり、スピードの経済は、商品化サイクルが短縮化され、部品や商品の回転率をあげ、さらに業務プロセスのムリや在庫のムダの削減によって、財務内容の改善や競争優位性につながっていく。また浦野ら［2010］は、新しいビジネスシステムの推進には、インターフェース機能の適合性のイノベーションだけでなく、経営組織の制度や人事の報酬制度の設計などの重要性を指摘している。

多くの先行研究では、ビジネスシステムの優位性とイノベーションの推進について次のように指摘されている。第一に、イノベーションは、個人や組織の業績を高める改善や改革を進めていくことであり、そのマネジメントは、コミュニケーションを肝的機能として次のように段階的に進めることである。それは、①目標の設定と実行計画を作成する、②動機付けや取り組みの方向を一致させる、③担当者と進捗や評価を行い、活動比率の割合を調整する、④仕事の分野とスキルや能力・知識を照らして適材適所の配置とその人材育成を強化する、⑤組織や個人の知識の蓄積を共有して応用展開を図る、⑥適切な経営資源を蓄積し、戦略的な活用のために再配分や再配置を行う、⑦個人の上下方向や横方向の良好な関係性を維持構築し、業務プロセスの連鎖がすすむようにする、⑧他部門と自部門の主張を開示することによって主張と譲歩など合意形成を進めていく。第二に、社員が自分の仕事として認識することであり、自発的に計画と実行に責任を持ち、定期的に進捗評価と次の計画を修正することである。そのPDCAサイクルは短期化し、商品の短命化対応と競争優位となるビジネスモデルや業務プロセスの創発をする

ことである。またイノベーションは、企業がその成功の持続期間を引き延ばす事が出来る唯一の手段であり、容赦ない競争の世界で生き残るための唯一の方法であることを強く認識しなければならない。

(2) イノベーションは論理的な手法と感情的な作法

イノベーションは論理的な手法と感情的な作法によって行われる。ビジネスシステムの進化とイノベーションの関係性は、業務プロセスを効率化するために部門間や企業間で統合化することであり、もう一つは業務プロセスを支援するために共通言語となるデータ・情報を一元化させることである。ビジネスシステムは、最適な適合状態をつくるために業務プロセスの整合性を図ることであり、論理的・技術的な整合性と人間系の擦り合わせを行うことである。さらにビジネスシステムは、経済社会の潮流の影響や変化を受けその変化に適応していくためにイノベーションを進めることであり、取り組みは、論理的で技術的な方法と人間特有の感覚的で感情的な手法を混在させて実践をしていく。

イノベーションは、マーケティング戦略と近似的であり、市場の消費者や競合他社の動きと自社の経営資源の適合性の視点についてビジネスシステムの創造・修正・追加などダイナミックに対応していかなければならない。それはマーケティング戦略の4P（製品、価格、販売推進、流通チャネル）と呼ばれる個別戦略や市場調査からセグメンテーション、ターゲティング、ポジショニングを決めていくSTP戦略などがある。さらにサプライチェーンやバリューチェーンのオペレーション領域では、開発技術、生産技術分野とビジネスプロセスに関連するイノベーションがある。それらは、業務プロセスと技術システムの整合性などの擦り合わせと情報ネットワークの接続性と同期性であり、消費者や他企業とのコミュニケーションは、それを実現するためにすべての利害関係者とイノベーションに取り組んでければならない。それは、製造業を例にとると具体的に次の段階的なステップで行われる。

(1) 販売予測は、取引先の受注データと市場動向や消費者の売れ筋のデータ・情報から立てられ、生産計画は確定受注データとこの販売予測シス

テムの情報をもとにして作成される。しかしこの生産計画のデータは、受注データや予測データの精度の問題があり、さらにそのデータの変更が伴い、関連先に変更情報の迅速な伝達をし、部品や商品の在庫や作業の影響の最少化に努めていくことである。

(2) 生産システムは管理単位と管理指標を細分化する。その目的はムリ・ムダの在庫削減であり、管理指標のデータ・情報は、購買部品別、生産工程別、機種別、協力会社別に品質、納期遵守、在庫量などの詳細な状況を把握して現場層で迅速な対応を可能にする。

(3) 業務プロセスが細分化され、詳細な情報の伝達・把握・共有を迅速にすることから、計画や対応の精度向上と経営資源のムダの削減に繋げていく。さらに一連の情報ネットワークによって関連プロセスの効率化や満足度情報によってイノベーションの創発に反映させていく。

(4) 情報ネットワークによって、内部の業務プロセスと協力企業を繋ぎ、関係者が緊密な連携のために迅速な情報伝達と情報共有をして、生産設備の稼働や作業者の負荷などの段取り計画に反映させていく。

国際企業は、世界の生産や販売拠点の、PSI［生産（Production）、販売（Sales）、在庫（Inventory）］情報を、デイリークロージング処理（日次会計管理）によって把握する情報システムの構築をしている。PSI情報は、世界的視点の経営資源の一元的な基本情報であり、それは、拠点の状況把握だけでなく、人、組織、カネと再投資の意思決定の支援に寄与している。海外戦略は、新興市場の開拓や販売と生産の現地化であり、現地側の経営資源の調達と運用について意思決定のために支援情報を提供していかなければならない。

ゲイリー・L・ネルソン（Gary L. Neilson）［2008］らが行った企業の戦略実行力の研究調査をすでに取り上げ、それは情報活用が組織の活性化と意思決定にとって強い要素となっていることを指摘した。そして入手する情報は、自律的な判断や意思決定を支援する情報であり、現場側では権限の拡大と委譲を望んでいる。現場層は、自律的なオペレーションをするために必要な情報を入手して活用し、上位層は、業績結果や事業プロセスの状況把握の

ためにタイムリーな情報を手にし、迅速な行動をとることを可能にしている。

　一方情報は、経営資源の状況を正確に写像し、業務活動に関して共通な理解や伝達する共通の言語として表現されているのかという観点からみれば不確実な特性を持っている。その背景としてデータの入力には、状況の雰囲気や暗黙の圧力が働き、情報には発信側と受信側のそれぞれの思惑があり、そこに両者の読みや擦り合わせの必要性が生じる。流通するデジタル情報だけでは、真実の写像に限界があり、直接的なコミュニケーションによる確認や意義について補完を必要とする。その過程に感情的な手法として動機づけや気遣い・心配りという潤滑油的な配慮の介入が必要であり、そこから情報が人や組織の本質的な共有となり、事象の質的な変換を起こしていく。情報流通の重要性は、即座に上位層や本社部門に伝えられ、部門を越えて自由に流通して、オペレーションの改善や組織学習に広く活用されてイノベーションに展開されていくことである。

3.2　イノベーションの創発とコミュニケーション（情報活用）

(1)　イノベーションの創発とコミュニケーションの重要性

　イノベーションの創発にはコミュニケーションが重要な役割をする。IBMは1980年代後半に始まった情報技術のクライアント・サーバーシステムと通信技術分野のインターネットにおいて遅れを取った。さらに巨大な国際企業であるIBMは、世界の市場を一元的に統治する戦略やマネジメント手法を持ち、オペレーションレベルは、現地主導による世界の百数十カ国で展開していたが、企業の肥大化に伴ってはびこる大企業病に病んでいた。同社の株主は、最高経営者のCEOにルイス・ガースナー（Louis V. Gerstner, Jr.,）を連れてきた。彼は1993年4月、IBMで初めての外部出身のCEOとして招かれて、2002年12月の退任までに同社の再建に腕を振るい成功を収めた。

　IBMのイノベーション戦略は、それまで事業ドメイン単位の分社化路線を取っていたが、ルイス・ガースナーのCEO就任以降、市場の動向と内部の経営資源の強みを分析した結果、ハードウェア中心の事業からサービスビ

ジネスへの事業構造の転換とそれまでの分社化路線から事業ドメインのコア・コンピタンスを結集する集中戦略に転換した。新しいビジネス構造の経営ビジョンを徹底するために、コミュニケーションを重視して全世界30数万人の社員一人一人に同じ価値観を共有するメッセージを発信した。またトップ人事で最初に手を付けたのがコミュニケーション担当のシニア・バイスプジデントを交代させたことである。IBMは、世界百数十カ国の根強い国際異文化経営の障壁や困難さを経験しており、彼は、現地法人のトップや大口顧客とのコミュニケーションに時間を費やしたのである。一連の動きから言えることは、自ら社内コミュニケーションに努め、コミュニケーション担当を刷新する一方、現地法人の責任者や主要顧客とパイプを持っているマーケティング部門の責任者の交代は最後に行った。

彼のコミュニケーション手法は、社内のタウンミーティングを通じて直接、経営ビジョンや経営課題を語り、価値観の整列化よって大企業病に冒された巨艦の意識改革をしていくのである。企業外部とのコミュニケーションは、意識的に顧客訪問の機会を通して生の声を聞き、顧客要望を戦略や施策に反映し、さらにその検討経過を開示した。IBMは見事蘇り、2002年末にCEOを譲ったがその後もイノベーションやサービスサイエンスの戦略と実行によって成長を続けている。企業変革の事業構造の転換は、ハードウェアとサービス・ソフトウェア比率を急激に逆転させ、サービス・ソフトウェア事業が利益貢献において80数％を占めるようになった。さらに業務プロセスの合理化・効率化のイノベーションは、シェアードサービスといわれる、購買機能、コールセンター、事務支援機能の集約化と統合化をダイナミックに実施した。企業変革は、大企業病の意識改革から始まり、シェアードサービス機能の集約化と統合化によって支援し、異文化経営をオペレーションの分散化で実践したのである。その原動力はイノベーション、情報技術の活用、コミュニケーションによって支えられている。

(2) イノベーションの創発はコミュニケーションと感情的な作法

企業変革はイノベーションと相等なものと考えられ、特にビジネスプロセスイノベーションは、論理的な手法だけでなく、コミュニケーションを肝的

機能にして感情的な作法を取り入れることが大切である。イノベーションは、質的変化が進んでおり、ビジネスプロセスイノベーションや経営品質の向上を求めるマネジメントイノベーションに関心が寄せられている。また情報化に伴っていろいろなイノベーションの形態が出現し、技術仕様の標準化によるオープン志向や物流分野のパッケージングの汎用化、また多くの企業や機関との共同研究などは、業界構造や社会共生の領域に及ぶイノベーションの課題につながっている。このイノベーションの多様化と拡大化の流れは、あらゆる経済体とのコミュニケーションを支える情報技術の活用を基本にしている。

　多くの企業は経営課題として、事業や経営資源の選択や集中、その撤退や縮小、そして既存の経営資源の有効活用と業務プロセスの改革・改善課題を抱えている。経営課題の取り組みは、経営ビジョンと経営資源の適合と適応であり、その源泉はイノベーションの創発である。イノベーションの創発は、まず外部情報や他社の取り組みに関する刺激的な情報があり、内部には意識改革や企業風土の改革を進めていく。従業員の持っているアイディア、知恵、気づきを集約し、改善活動や成功事例を紹介するために、コミュニケーションと情報の流通・伝達を徹底することである。強烈で刺激的な情報は、市場が求める商品・サービスに敏感になり、また自発的な業務プロセスの改革・改善に関心を寄せ、それを促すことになる。企業変革は、ビジネスプロセスイノベーションを段階的に捉え、職能や階層、改善・改革の規模、領域や業務プロセスの分野を限定をしないで取り組むべきである。重要なことは、消費者目線のイノベーションがお客様に驚きや感動を与えるとうい視点に立ち、直感的で自由な創造の意欲や意思を尊重し、活動や仕掛けを支援する雰囲気作りと熱いコミュニケーションの機会を持つことである。

　製造業のビジネスプロセスイノベーションは、バリューチェーンとサプライチェーンの視点からコスト・品質・納期の改善を追求することであり、市場の消費者のニーズに応える適応と経営資源の適合を図っていくことといえる。そのイノベーションは、新しい生産技術や自動化技術の導入、コストや品質向上を目指す全員参加型の活動の経緯と経験を積むことになる。日本の製造業では、製品品質だけでなく業務プロセスの品質向上のためにTQMや

TQC 活動として上位層まで拡大して行ってきた。ビジネスシステムは今、企業外との連携業務や企業クラスター化の概念をもとに情報ネットワーク化を緊密にして、情報と流通の双方から、ビジネスプロセスイノベーションに挑戦している。明石［2002］は、品質向上など現場活動の「ちょっとずつの改良」の積み重ねや技術・ノウハウの因子と製品競争力との関係、もう一つは企業間競争優位との関わりの視点から技術・ノウハウの要因の位置づけを明らかにしている。さらに彼は、製品品質と製造原価削減のトレードオフの関係からキャッシュフローの改善は斬新的改良型イノベーションによる推進を強調している。

マネジメントイノベーションは、業績情報や部門単位の管理指標に関連する可視化情報の情報共有と行動計画のコミットメントを開示することから始まり、それは経営者の強力なリーダーシップによって、現場層に対して自発的な行動を促す。また守旧的なグループには、可視化情報の共有と直接的なコミュニケーションの機会を持ち、意識改革や仕事のやり方を変えていく同調者になってもらうことである。変革の実践は、伝統的で固有の職人技とその存在感を十分認識し、彼らのノウハウや仕事の手順を開示して、システム化の方向にもっていくことである。また企画・管理部門の管理手法や営業部門の強い顧客関係についても、同様の方向にもっていくことである。この情報やノウハウの供出には、強い抵抗が伴うが、まず功労に対して処遇で応える制度を準備し、続いてコミュニケーションや感覚的な要素に訴え、次の挑戦的な機会を準備することである。経営者やリーダーは、コミュニケーションを通して熟練者のスキルやノウハウを積極的に標準化や汎用化の資産化をすることであり、自ら膝を交え、目を合わせて将来のイノベーションの創発について熱いコミュニケーションをすることである。

3.3　イノベーションの創発と多様化の方向

(1) ことづくりイノベーション

経営課題の多様化に伴ってイノベーションの形態は多様な方向に進んでいる。企業変革には、多くのイノベーションの形態と概念があり、経営情報

学会がイノベーションに関して整理しているテーマは、伝統的なプロダクトイノベーションから、プロセスイノベーション、イノベーションマネジメント、ビジネスプロセスイノベーションがあり、情報社会に伴ってソーシャルイノベーション、ナレッジイノベーション、マーケティングイノベーションに発展拡大し、さらに最近ではネットワーク技術とコンピュータ技術を融合させた生活様式に入り込んだモノ作りとコト作りのイノベーション、イノベーションプロセス、サービスイノベーション、サービス・サイエンス、サービス・ドミナント・ロジック、スモールワールド、環境イノベーション、など構造部と人間本位の視点から顧客価値共創、知識創造など、多くの新しい形態と概念が次々に発表されている。

　最近注目を浴びているのがことづくりイノベーションである。有信[2008]は市場の変化によってモノ作りからことづくりの新たなイノベーション創出を指摘している。科学と技術の関係性に触れ、科学は、自然や社会の新たな現象や法則を知識として体系化し、技術は、特定の目的を達成するために科学的知識を構造化・統合化するものとしている。科学が対象を細分化し知識を先鋭化することに対して、技術はそれらの知識を今目的的に統合化し、その成果と現状の乖離が大きいときに革新と呼ばれ、達成された成果が生活や市場・社会に構造変化をもたらしたときにイノベーションと呼ばれている。技術革新は社会のニーズや生活にかかわる多くのイノベーションをもたらしてきたと主張している。

　市場や社会のニーズは量から質的に転換し、心の豊かさや生活の質的な向上を求めている。例えば、生活の「驚きと感動」や「楽しみと利便性」は製品によってもたらされなくて、その擦り合わせ技術と安全・安心・生き方の価値観の二つの設計要素から生み出される。このような設計は、技術だけでなく様々なアイディアや知識が生活の豊かさや質を向上させる「こと」のために構造化・体系化・統合化されていかなければならない。新たなイノベーションの創出は、人々や社会のニーズを満たす「こと」を設計し、「こと」を実現するための「もの」を組み合わせて「こと」を提供することである。人々や社会の要求に応える「こと」は、価値として望ましい生活や社会を描き、概念化、設計、構造化・統合化していく創発のプロセスから実現される。グ

ローバル化や情報技術の活用によるイノベーションは企業の境界を超えて要求に応える「こと」の実現のために取り組まれている。イノベーションは多様な「質」への要求に応える「こと」によって起動され、最終的な「こと」に至る「もの」と「こと」の融合が合目的的に設計されるのである。例えば、健康食品企業が自社商品の販売推進を目的として少年野球チームを支援する事例がある。企業は、少年野球の全国大会を支援してその家族の集客を通してブランドの宣伝・広告や試飲会を通して販売推進を行う。少年たちの家族は、その晴れ姿と驚きのあまり、おじいちゃん、おばあちゃんを招待し、また子供たち自身は、著名な球場でのプレーの喜びと感動を分かち合う。企業の目的は、野球チームのコミュニティ市場への販売推進であり、日常的な支援は、練習のスケジュールや練習場所に関する情報インフラとして掲示機能を提供する。健康食品企業は、販売推進の狙いを果たし、少年野球チーム側は、「ネット」の伝達機能を受けることから生まれた Win-Win の「こと作り」の関係を築いている。

情報化社会の市場のニーズは、論理的な要素と人間の感覚的な要素の両特性からユニークな仕組みと感動を起こすイノベーションを牽引していく。これまでの「ものづくり」から、「品質づくり」に質的転換し、さらに「驚きや感動、楽しみや利便性のビジネス（シナリオ・戦略・企画・デザイン）づくり」を組み合わせて統合化の設計・創発を進めているといえる。ことづくりの定義は、「消費者が本当に求めている商品・サービスは何か、その商品・サービスを使ってやりたいことは何か」を人の生活基盤や生活スタイルを中心にして感性を働かせて考え、真の顧客価値を提供することといえる。

企業では、サービス機能を確立して日本の強みともいえる思いやりやおもてなしの心を、製品に組み込みグローバル市場に発揮していくイノベーションを展開すべきである。「もの」によって実現される「こと」は、複雑な価値連鎖を内包しており、イノベーションの価値は、価値連鎖の中で投入資源の資源配分と付加価値創造に配分の設計を戦略的に行うことである。大切なことは、顧客価値創造の肝の部分がどこにあるのか見極めることであり、「もの」のサービス機能の組み込みソフトウェアの比率が高くなり、「こと」作りは、資源配分としてこのソフトウェアに大きな影響を受けるようになっ

ている。消費者の目線から「もの」と「こと」の両側面から設計をして擦り合わせや統合化の過程を重要視することであり、消費者の生活様式の経験価値や感動を取り込んでイノベーションの創発を進めていくことである。

(2) サービス・サイエンスの潮流

　サービス・サイエンスは、2005年頃から米国が政策的にすすめるサービス化とそのサービス産業へのシフトに力を入れていく産業振興の研究領域である。日本では文部科学省が2008年「サービス科学・工学の推進に関する検討会」をもち、その検討経緯の報告書を公開している。その定義では、「サービスとは、人と人、人とモノが関わる場面において、受け手にとって価値があるものを生み出すための機能やそれを体現する行為や過程、さらにそれによってもたらされる効果」であると指摘し、また「サービス科学とは、サービスに科学的・工学的手法を導入して、新たなサービスの創出や既存サービスの高度化・効率化・広範囲化を図るための方法論を構築して活用すること」としている。

　安部［2005］は、先進国（日、米、英）の産業人口構造の推移について総務省統計局『世界の統計2005』から示し、1990年から2000年の10年間に及ぶサービス業、製造業、農林業をそれぞれ比較対比させている。サービス業の推移は、日本では56％から67％、米国で70％から75％、英国で68％から74％とそれぞれ伸長しており、特に日本では11ポイント増加し、価値額や従業員数で見てもサービス業分野が比率を高めているが、サービス分野の生産性は、製造業に比べて低い状況にある。彼の主張は、サービス分野の生産性向上では、イノベーション強化に積極的な投資を行い、得られる価値評価の妥当性や透明性をめざす戦略を推進すべきであるとしている。

　また米国の動きは、サービス業の人口比率が高く生産性も優れているが、さらに強化・拡大する方針から、米国IBMが中心となってサービス・サイエンス［2005］という国策的な概念を産・官・学共同で策定し、産業振興を推進しようとしている。サービスビジネスの特徴は、知識、経験、アイディアの集合体であり、科学的な方法論や技法が難しい分野であるが、そのサービス・サイエンスの主な概念は、サービスビジネスに科学的な方法論や技法

を取り入れ生産性を向上させることと、現在の地球規模の課題である資源、エネルギー、自然災害の課題、そしてスマートシティのあり方は、情報技術の活用によっていかに取り組んでいくかというイノベーションへの挑戦である。

　サービスビジネスは、同時性、無形性、情報量の大容量性という特徴を備えており、情報技術と緊密な関連性を持っている。パート・ヴァン・ローイら［2004］は、情報技術と証券業界の動向を引き合いに出して、インターネットが大きなビジネスの役割をする「仮想世界」によるビジネスモデルを紹介している。「仮想世界」の価値創造は、情報の交信によって3つの連続的な段階を経て行われるとしている。第1段階では、情報は実業務の理解とプロセスを支援するために業務手順に従った連鎖の設定を行う。第2段階では、実活動から仮想活動に置き換わり、ミラーリングされた仮想世界（電子空間）で企業と消費者の情報のやり取りを支援する。消費者の要件に基づいたシミュレーションから応答する提案になり、その価値基準は、一般的なものや個人固有の評価価値を提供する。第3段階では、情報のやり取りから消費者のサービス要件の固定化により、それに従った新しいサービスソリューションの提案を行う。仮想的な電子空間から応答される情報は、その過程である検索・整理・選択・認識・評価を通して購入動機をはっきりさせる消費者の行動プロセスの価値創造を提供するものとなる。

　マーケット・プレースの仮想価値は、サービスの提供側と受け身側が一体となってリアルタイムで要求要件とソリューションのマッチングをやり取りする仮想の世界といえる。このようなコンピュータとインターネットが作る仮想的な時空間は、全業界のサービス機能に普及が期待され、銀行、保険、損保といった金融サービスのサービスメニューと消費者の要求要件のマッチング過程の支援機能である。流通サービス分野で消費者側の多様な要求要件を巨大な電子カタログの中から抽出することは困難であり、サービスメニューからソリューションやコンテンツを特定していく方法に変わっている。電子的な時空間上で要求要件とソリューションをリアルタイムにマッチングを行う誘導と購入過程の支援をしており、今後、益々サービスビジネスの成長が期待され、マーケティング戦略、情報技術、組織能力、イノベーションそしてマネジメント能力が必要とされる。また企業ブランドや商品・

サービスのブランド力として経営品質や信頼性が益々重要性を増してきている。そのような要件は、消費者・顧客に対する論理的な手法による対応だけでなく、社会や市場との共生、人間特有の感覚的な評価や関係性の要素が大きく影響を及ぼす。特にサービスビジネス分野でその影響が強く、そうした要素を支える長い歴史と文化が培ってきた日本固有の配慮、気配りと接客上の挨拶やもてなしなどである。イノベーションは、論理的な手法と人間固有の感覚的な要素の組み合わせと調和をさせていく視点から、大局的な潮流に乗り、論理的なサービス・サイエンスの手法を活用し、人間の感覚的価値を大切にする感情の作法を持ってすすめていくことである。

(3) オープンイノベーションの展開

　情報の共有化や協働化によるオープンイノベーションの動きが活発化している。この形態のイノベーションは、企業のニーズや知識源の変化から情報拡散、知識源の多様化、スピード化・高度化がすすみ、従来の垂直統合や自前主義では間に合わなくなっており、「オープンイノベーション」の形態に変わりつつある。文部科学省科学技術政策研究所が、2011年3月発表した調査結果「第2回全国イノベーション調査──調査結果の概要」では、イノベーションの知識源は、小・中・大の企業規模別と全企業のプロダクトイノベーションとプロセスイノベーション（製造・生産、物流・配送）のタイプ別にその推移を報告している。知識源の一般的な動向は、製品・サービスなどの技術の高度化によって自前の活動はもはや限界域にあり、それは対象分野の広範囲化と多様化によるものと考えられる。自前のイノベーション活動は、全企業平均が27.4％で、企業規模別では、大企業が33.0％と小・中企業に較べ大きい。しかし外部の取引先や顧客との協働化の割合は、プロダクトイノベーションが全企業平均で31.1％、大企業で43.7％、またプロセスイノベーションでは、全企業平均28.7％、大企業38.3％の報告をしている。知識源の獲得は、タイプ別では、プロダクトイノベーションがプロセスイノベーションと比べて自社以外の知識源を活用し、企業規模別では両タイプとも大規模企業の方が小規模企業よりも外部の知識源を利用している。特にプロダクトイノベーションでは、大学、他の研究機関、他社の公開情報を知識

源として積極的に活用している。

　大企業が研究開発のオープン化に乗り出し、自社技術を開放する一方、外部から技術やアイディアを採り入れる手法を使っていく動きを加速させている。化粧品最大手の仏ロレアルや日本の資生堂は、世界市場への商品展開のためにコストの抑制と開発期間を短期化し、新興国市場や高齢化市場に標的を合わせた商品開発のスピードを上げる狙いを持っている。既に、プロクター・アンド・ギャンブル（P&G）は、主力品の3分の2を新手法で開発しており、それは自前主義からの転換を加速し、また武田薬品工業では、米の科学者団体と中枢神経系疾患に使う治療薬の共同研究をしており、その団体が遺伝子レベルで病気の仕組みを突き止める役割を担っている。伝統的に開発技術を重視する日立製作所では、2010年4月研究開発本部内にオープンイノベーション室を組織化して、六つの研究所の産学プロジェクトを統括している。同様な動きは、開発重視と事業ドメインの変革を進める企業のエーザイ、帝人、大阪ガスで見られ、共同研究や外部の技術資産を探索して自社技術を補完するオープンイノベーションを活発化させている。（日本経済新聞、2010年12月16日夕刊記事、参照）。

　企業では、包括的提携やクロスライセンスによって特許や技術を互いに解放する方法や、インターネットを介して解決策やアイディアを探索している、また外部人材の対象者を研究者や発明家に拡げて、募集する動きもある。新しい「オープンイノベーション」の手法は、他社企業や大学などの機関が持つ技術や特許に関する研究成果を基礎研究から商品開発分野まで利活用することによって、開発期間の短縮とコスト抑制を目的に考えている。一方、社会や地球規模のエネルギーやユーティリティをはじめ、医療、教育、公共・安全、交通、行政サービスなどの大きな課題は、まさに行政機関の研究所、大学や高等機関の研究機関、企業や研究所との情報共有や協働化が、イノベーションを進める方向に動き出している。

4 事例──蘇ったアップル社

4.1 業界のサプライ・チェーン構造を変えるイノベーション

(1) 業界のバリューチェーン創造のビジネスモデル

　アップル社は、コンピュータとインターネット技術の融合による新しいビジネスモデルとして有料音楽配信システムを構築し、その飛躍的な業績から注目を浴びている。有料音楽配信システムは、アーティストによる企画・制作によるコンテンツをデータベース化し、消費者（音楽愛好家）はインターネットを介してそのコンテンツを検索して、選択と注文処理を経て自分の多機能端末に配信されるバリューチェーンのビジネスモデルである。音楽愛好家は従来、お好みの音楽CDとプレイヤーを購入して楽しむものであったが、新しいビジネスモデルでは多機能端末である製品（iPod）から直接、音楽コンテンツのデータベースを検索して配信（Down Load）を受けることによって楽しむことができるのである。一旦配信された音楽コンテンツは、多機能端末に保管され、必要に応じて再生される機能を持っている。コンピュータとインターネットの融合化によるイノベーションが新しいビジネスモデルとして競争優位性や差別化を実現している。

　この新しいビジネスモデルは、成功に至るまでに多くの大きな課題があった。所謂、有料音楽配信ビジネスの売り上げとCDの生産金額にみられるイノベーションのジレンマである。2007年度の有料音楽配信回数は4億6000万回、CD生産数量は2億6000万枚であり、売上金額ベースでは有料音楽配信売上が740億円に対してCD生産金額は3200億円であった。圧倒的にCDの生産金額が、有料音楽配信金額を上回っており、有料音楽配信回数は、急激な増加傾向を示しているものの売上や利益に反映していないというジレンマを抱えていた。もう一つは、音楽CDの生産プロセスであり、「オケ録撮り→歌ダビ→ミキシング→マスタリング→カッティング→CDプレス」のプロセスから生産され、音楽情報とCDメディアとが一体になっていた。しかし、新しいビジネスモデルでは、コンピュータによって音楽コンテ

ンツの情報を一元化してデータベースとして扱うことを可能にしている。最終消費者は、音楽コンテンツのデータベースの検索から注文過程を経て個人の多機能端末に配信を受け、再生機能によって楽しむことができる。

(2) インターネット（情報技術）と有料音楽配信システム

音楽市場は、音楽CDによって成長してきたが、アップル社のインターネットとコンピュータの融合によるイノベーションは、有料音楽配信システムとして従来のビジネスモデルを一変した。有料音楽配信システムは、音楽コンテンツをCDメディアに転写することなく、データベース技術、検索技術とインターネットの融合化によって、消費者は希望の音楽コンテンツを検索、選択し、さらに注文と配信機能を通して、いつでも・どこでも、音楽のエンターテイメントを即座に楽しむことができるようになった。

アップル社は、有料音楽配信のビジネスプロセスをコンピュータとインターネットを基盤としてバリューチェーンを繋ぎ音楽コンテンツのデータベース化で独立させている。そのバリューチェーンは「制作（Digital Contents）－販売・配信（iTunes Store）－保管・管理（iTunes）－多機能端末（iPodとプレーヤー）」に従ってサービスの機能要件を繋いでいる。各プロセスの機能要件は、ネットワーク技術やコンピュータ技術の技術的な整合性と機能的な摺り合わせの創発の結果、従来、複数企業にまたがっていた業務プロセスを連鎖させて独自の有料音楽配信システムの構築にこぎつけた。

アップル社の有料音楽配信システムは、図表5-7に示すように画期的なビジネスモデルであり、従来複数の企業で行われていた音楽コンテンツの制作やそのデータベース化、マーケティング企画、流通チャネルの販売業務、消費者のプレーヤーの操作を、連鎖したプロセスによって製品と楽しむことのサービス開発のイノベーションである。音楽愛好家へのサービスは、好きな時に自由な場所で音楽の感動を味わうことができるだけでなく、手にした多機能端末の操作によってコンテンツデータベースの検索・選択から購入・配信（iTunes store）を受けて音楽を楽しみ、さらにその保管管理（iTunes）は、多機能端末のライブラリーとしての機能を持っている。音楽制作は、従来通りプロデューサーやアーティストによって行われ、CDメディアのパッ

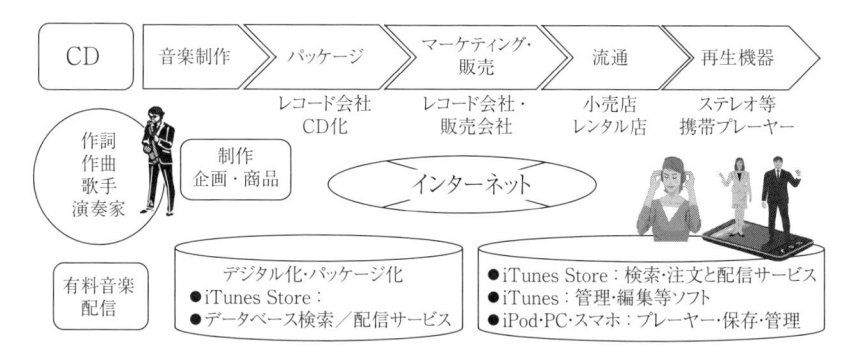

第 5 章　企業変革と「イノベーション」の創発　215

図表 5-7　アップル社の音楽配信システムのビジネスモデル

	CD	音楽制作	パッケージ	マーケティング・販売	流通	再生機器
			レコード会社 CD化	レコード会社・販売会社	小売店 レンタル店	ステレオ等 携帯プレーヤー

作詞作曲 歌手 演奏家

制作 企画・商品

インターネット

有料音楽配信

デジタル化・パッケージ化
● iTunes Store：
● データベース検索／配信サービス

● iTunes Store：検索・注文と配信サービス
● iTunes：管理・編集等ソフト
● iPod・PC・スマホ：プレーヤー・保存・管理

出所）　内田和成「経済教室」日本経済新聞、2009 年 12 月 10 日を参照に筆者加筆

ケージはデータベース化される。マーケティング機能では、制作企画、価格決定や販売推進を一元的に行う。従来の流通チャネルの機能は中抜きとなり、インターネットを通して、iPodやPCに、音楽コンテンツの配信サービスを提供する。このシステム全体の価値創造は、消費者目線からコンテンツの検索・購入、配信サービス機能を受け、多機能端末では、コンテンツの保管や操作の機能に関して、価値創造を提供している。

4.2　イノベーションの創発と牽引機能

アップル社のイノベーションは、最高経営者スティーブ・ジョブズ（Steven Paul Jobs）[1955-2011]のリーダーシップと情報技術の活用を牽引機能として「ビジネス・アーキテクチャー」と「システム・アーキテクチャー」の双方から摺合せと技術への挑戦による創発活動の連続であった。従来のビジネスシステムでは音楽配信の回数は増加傾向にあったが、収益に直結しない特徴を持っていたが、複数企業にまたがる業務プロセスの統合化と情報技術のデータベースや多機能端末の活用による、独自のビジネスモデルは、売上と利益に貢献した。その収益と競争優位性の両立要件は、消費者の価値創造をどこのプロセスで、何によって創出するかという視点から「ビジネス・

アーキテクチャ」戦略の全体構想を策定した。それは、業務プロセスの連鎖を情報技術の活用によってシステム機能を統合化する「システム・アーキテクチャー」として明らかにして創発的なイノベーションによってビジネスモデルを成し遂げたのである。

　有料音楽配信システムは、コンピュータ、ソフトウェア、インターネットを構成要素として、業務プロセスの「制作（Digital Contents）－検索・販売・配信（iTunes Store）－保管・管理（iTunes）－多機能端末（iPod）」の機能があり、消費者の視点から価値創造を主眼に共創的な手法を重ねながら構築に取り組んだ。大きな課題であった音楽コンテンツと多機能端末の緊密な結合は、一連の業務プロセスの連鎖によって大きな収益の成果を生み出した。複数企業にわたる多層な業務プロセスはソフトウェアとインターネットによって統合化され、従来のプレーヤーから多機能端末に代わり、いつでもどこでも音楽コンテンツを即座に楽しむ、感動を届けるシステムとして構築されている。

　新しいビジネスモデルは、リーダーシップと情報技術の活用が牽引している。リーダーシップはビジネス・アーキテクチャーの要件定義であり、バリューチェーンの企画・制作、マーケティング、流通チャネルなど従来の複数企業の業務の統合化と消費者の生活様式への適応や操作性の適応要件である。情報技術の活用は、ビジネス・アーキテクチャーの機能要件に応えてコンテンツのデータベース化、検索機能、注文と配信機能、多機能端末の機能に関する技術的な対応である。検索・販売・配信システムのiTunes Storeの機能は、音楽コンテンツを、検索・選曲・購入・配信のプロセスとなり、多機能端末（iPOD）の保管・管理・操作システムのiTunesに引き継がれ、プレーヤー機能のMP3によっていつでも、どこでも音楽コンテンツを再生して楽しむことができる。

4.3　アップル社の業績推移と優位性

(1) 共創的価値創造による競争優位性

　有料音楽配信システムの画期的な特徴は、第一に、音楽愛好家がいつでも

どこでも自由に音楽コンテンツを選択して、ダウンロード以降は、自分で再生と保管・管理をすることができる利便性である、第二に、流通システムの中間のプレイヤーを省く業務プロセスの中抜きである、第三にCDメディアの生産・販売システムから音楽コンテンツのデータベース化であるといえる。このビジネスモデルのサービス機能は、企画・制作からそのコンテンツのデータベース化、販売推進機能、最終消費者への直接的な配信サービスの機能、そして多機能端末による保存や再生機能の一連のサービス機能を提供する。競争優位性は、複数企業にまたがる業務プロセスを一元化して企画制作から音楽を楽しむ画期的なサービス機能を提供したことである。その背景には強烈なイノベーションの魂があり、ビジネスプロセスの業務要件とサービス機能要件を定義し、「ビジネス・アーキテクチャ（業務設計）」と「システム・アーキテクチャー（システム設計）」の擦り合わせを重ね、創発と試行錯誤の結果、画期的な成果物を産出している。新しい一気通貫型のビジネスモデルのソリューションは、コンピュータをハブとする色々なインターフェース機能とインターネット技術の融合による「システム・アーキテクチャー」の機能が支えている。その要求要件は「ビジネス・アーキテクチャー」として制作、マーケティング、コンテンツのデータベース化、販売、流通チャネルなどの業務プロセス機能であり、この画期的な配信システムは適合や擦り合わせなど多くの困難や障壁を乗り越えた結果である。

　成功は、スティーブ・ジョブズ（Steven Paul Jobs）の強烈なリーダーシップが最大の要因だと言われている。リーアンダー・ケイニー（Leander Kahney）[2008]は、彼の基本アーキテクチャーとは、コンピュータがイノベーション要件の技術的なハブ概念として位置づけられ、すべてのデジタルデバイスのドッキングステーションであり、コンピュータに繋ぐことによって機能拡張を可能にする設計を貫いたと指摘している。またマーケティングの視点からは、「顧客を見失うな、市場と業界を調査し、学べ、顧客に尋ねよ」など顧客目線の重要性を説いている。さらにイノベーションに挑戦する精神的な支柱は、動機こそがすべてであり、開発予算の多寡とは関係ないと断言し、「優れた商品価値を創ることに集中する、学ぶ、製品に集中せよ、イノベーションを意識するな、つなぎあわせろ」と強調し、創造性とは物事

を繋ぎ合せることにすぎない、他人のアイディアを盗めとまで鼓舞した。このような背景から共創的な価値創造による産出物が、有料音楽配信市場におけるビジネスモデルの圧倒的な差別化の要因となり、競争優位性を実現しているといえる。

(2) 業績推移と分析

売上高と利益に関する業績推移を図表5-8に示している。2000年、売上高は79億ドルであったが、2003年には62億ドルに減速、2004年には82億ドルへと若干回復し、2005年の139億ドルから、それ以降2008年の324億ドルまで急成長している。ほぼ同時期の総製品出荷台数と製品別構成台数の推移は図表5-9である。総出荷台数は2000年から2003年までは300万台で推移していたが、2004年に700万台となり、2005年には2700万台となり、2008年には7600万台以上と急拡大した。

アップル社の売上高は、製品出荷台数の増加に相関しており、その製品構成はPC、iPod及びiPhoneであり、PCは2000年から2004年にかけて300万台で推移していたが、2005年に400万台、2008年には900万台を超えた。成長を支えているiPodは、2005年に2、000万台以上になり、2007年に5000万台を超える出荷台数となり、iPhoneは2008年に1000万台を超えている。iPodは、製品総出荷台数の大きな比率をしめており、その伸びが緩慢になった時点で、新たなiPhoneの出荷台数がカバーして製品総出荷台数を押し上げている。

またそれぞれの相乗効果が働き、PCは総出荷台数を下支えしているものの構成比率は低下、iPodは圧倒的に上昇、さらにiPhoneがPCを凌ぐ実績となっている。つまり、アップル社の事業構成は、PC事業を中心としたものから新たに有料音楽配信事業と多機能型携帯事業によってPC、iPod、iPhoneの三つの事業となった。そうした新製品や新たな市場の開拓はイノベーションの継続の結果であり、2008年度324億ドルの売上高を達成したのである。

図表 5-8　アップル社の売上高・利益の推移

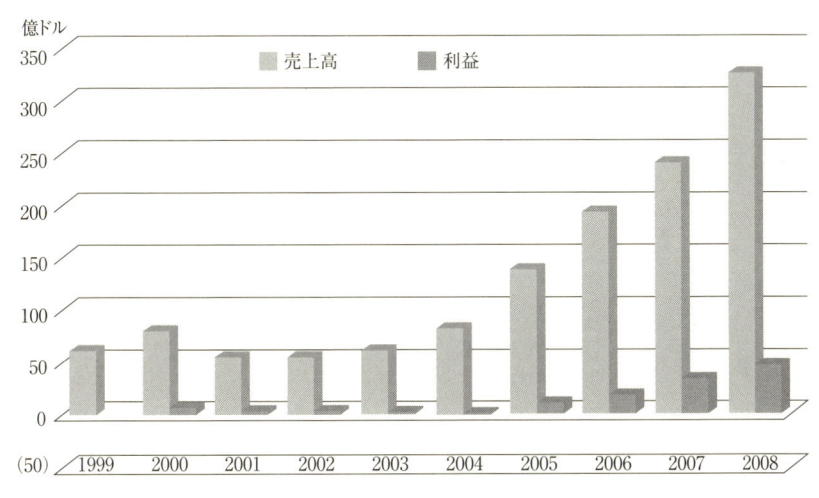

出所）アップル社 HP プレスリリース抄訳資料により作成

図表 5-9　総出荷台数と製品別構成台数の推移

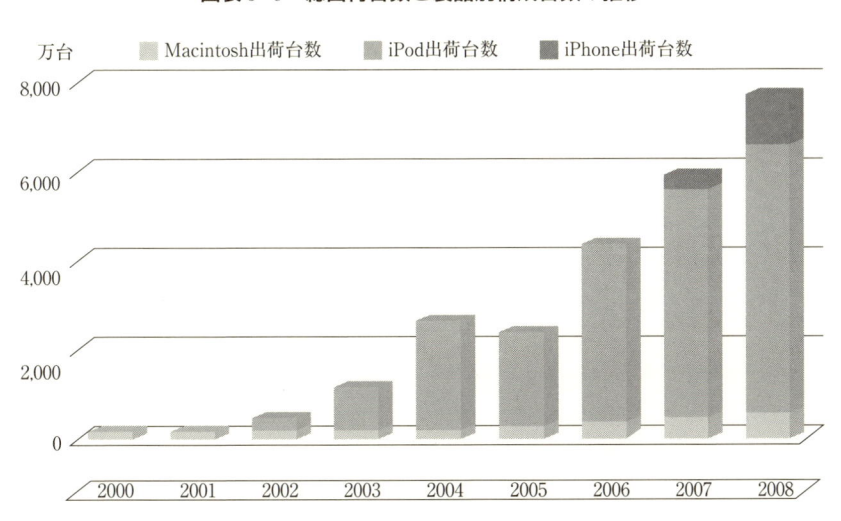

出所）アップル社 HP プレスリリース抄訳資料により作成

4.4　成功要因の検証と日本企業への教訓

(1) スティーブ・ジョブズの経営学を評価

2009年以降業績は、さらに順調な推移を示しており、2011年4〜6月期の四半期決算では、売上高が前年同期比82%増の285億7100万ドル、純利益が同2.5倍の73億800万ドルと過去最高を更新し、その好業績を背景に株式の時価総額は米国企業の首位に立った。同社はカリスマともいうべき強烈な個性とリーダーシップをもったスティーブ・ジョブズが、企業の瀕死の状態から世界一のアップル社に再生させていった。しかし一方、iPhoneやiPadなどの大ヒットを飛ばし続けることが可能なのか、ライバルの米グーグルの急拡大は脅威にならないかなどイノベーションの継続性や企業環境の脅威の不安もある。

スティーブ・ジョブズ氏とアップル社との歩みは、1976年スティーブ・ウォズニアック氏とアップルコンピュータを共同設立、83年自らがスカウトしたジョン・スカリー氏が社長に就任し、その2年後スカリー氏と対立、アップル社を退社して別のベンチャー企業を設立した。1985年の経営陣の内部対立によっていったん退社したが、96年経営不振の時、アップル社に顧問として復帰し、翌年の97年には経営不振から危機を脱して急激に成長路線に乗りトップの座に復帰している。98年PC「iMac」を発売、2001年携帯音楽プレーヤーの「iPod」を発売して直営店「アップルストア」を開いた。その後、携帯音楽プレーヤーのヒット商品を次々に出すとともに、音楽や映画の配信による複合コンテンツで成功した。音楽愛好家向けの機能端末は、音楽コンテンツを受信、保管・管理するソフト「iTunes」を中核的な機能として据え付け、消費者を囲い込んで独自のビジネスモデルを確立した。

米ハーバード大学経営大学院教授のデビッド・ヨフィー（David B. Yoffie）[2010] は、スティーブ・ジョブズの成功について二つの視点をあげ、一つは彼独特の経営スタイルであり、もう一つは商品・サービスの差別化と特定市場の集中と選択の競争優位戦略及びハードとソフトの融合化技術を挙げている。彼の経営スタイルは、強烈な個性を事業哲学にまで高めた経営者であり、マーケティングや販売の領域でB・J・パイン（B. Joseph Pine II）

[2000] らが提唱した情報技術の活用による体験を通じた経験経済の試行であり、完全主義ではなく卓越したイノベーションの創発活動と情熱であるとしている。

またリーアンダー・ケイニー（Leander Kahney）[2008] は、イノベーションがどこからもたらされるかの問いに対して、スティーブ・ジョブズの言葉を『フォーチュン』[1998/11] の中から紹介し、「イノベーションは研究開発予算額とは関係ない。アップルが Mac を考え出したとき、IBM は最低でも 100 倍の研究開発予算を使っていた。イノベーションはお金ではなく、人材であり、彼らをどう導くか、それをどれだけ理解しているかである」と強調している。

彼にとって発明の意欲がすべてであり、多くの企業が制度や組織、研修、人材の雇用など環境づくりを課題とするが、彼は体系や制度・システムなどの必要性を否定し、優れた製品をつくることへの志に尽きると断言している。さらにイノベーションとは創造性であり、独創的な方法で物事を組み合わせることと、物事を結び付けることに過ぎないとしている。そして可能なことは見て刺激を受け、見ているうちにはっきりすることから、過去の経験を繋ぎ合せて新しいものを統合することができるとしている。多くの経験を積んだ者は、少ない人に比べて自分の経験について深く考え、知識と融合した創造的なイノベーションに結びつけている結果であるとしている。

(2) 日本企業がアップルから学ぶもの

また前述のデビッド・ヨフィー（David B. Yoffie）[2011] は、日本企業がアップルから学ぶべき教訓として五つの項目を指摘している。まず第一に、事業を絞り込み選択と集中をする。今日のグローバル競争では、さまざまな事業を多角的に展開するよりも少数の事業を極める方が成功する。第二に、ハードとソフトの融合化をすすめる。商品企画は、ユーザーの視線から利便性や使い勝手の良いサービス機能についてハードとソフトの両面から融合化と技術の創発を進めていく。第三に、プラットフォーム戦略をとる。自社のプラットフォーム上でさまざまな企業が、収益を上げるビジネスモデルを実現することによって、その価値を高める仕組みを構築する。その基盤的な仕

組みは、情報技術の活用である。第四に、ブランド価値を再生する。高品質を追求する従来のやり方とは異なり、ハード、ソフトの単機能的な高品質を求めるのではなく、ユーザーの試用的な経験や体験を通した経験経済によるブランド価値に結びつけることである。第５番目に、経営資源として迅速で即戦力的なアウトソーシングの手段を積極的に活用することである。と指摘している。

　日本の企業がアップル社の成功から学ぶ一番印象的なことは、スティーブ・ジョブズのリーダーシップと限りない執念ともいえる商品化意欲であり、その証左は、消費者が掌の機能端末からエンターテインメント、聴きたい音楽を即座に楽しむことであった。多機能端末が、いつでもどこでもの生活スタイルの一部と化して感動を与えたのである。次いでイノベーションの創発が、技術的な製品開発と消費者の音楽コンテンツを楽しむことのことづくりイノベーションの成果を生んだことである。この二つの教訓は、マーケティングの視点から標的市場を絞り、複数企業にまたがる業務プロセスの統合化を設計し、人や組織の商品化の志を煽り、経営資源やその進捗状況から、戦略の修正や追加の行動を続ける創発戦略をすすめることである。戦略は、標的市場を絞り込み、企業ブランドの高い評価を獲得することであり、複数企業にまたがる業務プロセスの統合化は、効率化と利便性を高めるために情報技術の活用をすることである。企業内の見えない経営資源の人と組織の志を中核に据えて、消費者のニーズと商品化の適合化のための創発戦略を進めることである。スティーブ・ジョブズのイノベーションは、模倣による繋ぐ技術であると主張しているが、創発的な継続こそまさにイノベーションそのものといえる。戦略、人・組織などのマネジメントは、戦略や経営資源の創造・修正・追加による創発的な行動を継続していくことといえる。当成功事例は、企業変革の牽引機能としてスティーブ・ジョブズのカリスマ的なリーダーシップと情報技術の活用に対する卓越した選択眼とビジネス・アーキテクチャーとシステム・アーキテクチャーの摺り合わせの結果に尽きると言える。

【注】

1. リーチとは、コミュニケーションにおいて、情報を交換しあう人数など、インターネット上のWebページの視聴率を計測する単位の一つのことであり、リッチネスとはコミュニケーションの質、密度であり、コンピュータとインターネットによって双方向性と顧客の固有要件を維持し、大量の情報を多くの人間と交換すること。
2. ロングテール・マーケティングとは、ネット販売などにおいて、膨大な商品を低コストで取り扱うことによって、ヒット商品の大量販売ではなく、ニッチ商品の多品種少量販売によって売り上げと利益を得るマーケティング手法。
3. Etienne Wenger、Richard McDermott、William M. Snyder著、野村恭彦監修、櫻井祐子訳『コミュニティ・オブ・プラクティス』翔泳社。コミュニティ・オブ・プラクティス（実践コミュニティ）の要旨は、あるテーマに関する関心や問題、熱意などを共有し、その分野の知識や技能を、持続的な相互交流を通じて深めていく人々の集団による組織学習や実践活動のことである。
4. 収穫逓減とは、工業生産高は経営資源のうちの一経営資源のみを増加するとき、その単位あたりの生産が漸減していくという法則であり、デジタル産業や知識主導型の新しい産業分野では単位当たりの生産が漸増していく収穫現象を収穫逓増という（参考：http://plaza.rakuten.co.jp/extraordinary/diary/200710280000/）。
5. クリックアンドモルタルとは、インターネット上のバーチャル店舗と現実に存在する店舗・物流システムを組み合わせ、相乗効果を図るビジネス手法で、そうした手法を取り入れた企業のこと。
6. サービス・サイエンスとは、経営工学、社会工学、システム科学、生産管理、マーケティング・サイエンス、法律学、経営戦略などをはじめとする様々な学術分野を融合し、サービスについての研究を行う新しい領域の学問である、としている。（出典：フリー百科事典『ウィキペディア（Wikipedia）』(2011/02/25 15:53 UTC 版)）。
7. マーケット・プレースとは、インターネット上に設けられた企業間取引所であり、Webサイトを通じて売買を結び付ける電子市場のこと。マーケットスペースとは営業活動や取引業務の活動をするWeb上の時空間を指す（参考文献やWeb上に定義がなく筆者の記述）。

参考文献

ウィリアム・アバナシー（William J. Abernathy）著、望月嘉幸訳［1984］『インダストリアルルネサンス——脱成熟化時代へ』ティビーエス・ブリタニカ（1984/04）。

ジェームズ・M・アッターバック（James M. Utterback）著、大津正和・小川進訳［1998］

　　　　『イノベーション・ダイナミクス——事例から学ぶ技術戦略』有斐閣。
経済産業省商務情報政策局［2009］『組込みソフトウェア産業活性化プラン』。
経済産業省商務情報政策局［2009］『2009 年版組込みソフトウェア産業実態調査報告書』。
ゲイリー・ハメル（Gary Hamel）、ビル・ブリーン（Bill Breen）著、藤井清美訳［2008］
　　　　『経営の未来——マネジメントをイノベーションせよ』日本経済新聞出版社。
ゲイリー・ハメル（Gary Hamel）著、有賀裕子訳［2009］「マネジメント 2.0——新時
　　　　代へ向けた 25 の課題」DIAMOND　ハーバード・ビジネス・レビュー 2009
　　　　年 4 月号、ダイヤモンド社。
フィリップ・エバンス（Philip Evans）、トーマス・S・ウースター（Thomas S. Wurster）著、
　　　　ボストン・コンサルティング・グループ訳［2001］『ネット資本主義の企業戦略——
　　　　ついに始まったビジネス・デコンストラクション』ダイヤモンド社。
(社)日本能率協会「2009 年度（第 31 回）当面する企業経営課題に関する調査結果」(http://
　　　　www.jma.or.jp/news_cms/upload/release/release20091013_f00067.pdf)。
(社)日本能率協会［2009］『日本企業の経営課題 2009——過去に克ち、未来を創る経営』
　　　　2009 年 11 月（http://www.jma.or.jp/keikakusin/survey/pdf/management_2009.
　　　　pdf)。
シャープのホームページ URL：シャープ「経営理念や概要のご案内」
　　　　(http://www.sharp.co.jp/corporate/info/guide.html)。
浦野充洋・松嶋登・金井壽宏［2010］「イノベーションを生み出す制度——シャー
　　　　プ株式会社の緊急プロジェクト」神戸大学（http://www.b.kobe-u.ac.jp/
　　　　paper/2010_45.pdf)。
日本経済新聞［2011］「全事業の海外売上高比率」日本経済新聞社、2011 年 7 月 21 日。
(社) 経済同友会［2009］『第 16 回企業白書』「新・日本流経営の創造」
　　　　(http://www.doyukai.or.jp/whitepaper/articles/no16.html)。
飯田史彦［1998］『日本的経営の論点——名著から探る成功原則』PHP 研究所。
日本経済新聞［2010］「小売大手企業のネット販売の取り込み」日本経済新聞社、2010
　　　　年 2 月 14 日。
トニー・ダビラ（Tony Davila）、マーク・J・エプスタイン（Marc J. Epstein）、ロバート・
　　　　シェルトン（Robert Shelton）著、スカライトコンサルティング訳［2007］『イ
　　　　ノベーション・マネジメント——成功を持続させる組織の構築』英治出版。
湯浅忠［2004］「インターネットマーケティングと IT マネジメント」工業経営研究第 18 巻。
嶋口充輝・石井淳蔵［1999］『現代マーケティング（新版)』有斐閣。
石井淳蔵・渥美尚武編［2002］『ネットコミュニティのデザイン——インターネット社
　　　　会のマーケティング』有斐閣。
ジョン・ロバーツ（John Roberts）著、谷口和弘訳［2005］『現代企業の組織デザイン—
　　　　戦略経営の経済学』NTT 出版。
小川進［2006］「イノベーションと情報の粘着性」伊丹敬之・藤本隆宏・岡崎哲二・伊
　　　　藤秀史・沼上幹編『日本の企業システム〈第Ⅱ期第 3 巻〉——戦略とイノベー

ション』有斐閣.
エリック・フォン・ヒッペル（Eric von Hippel）著、サイコム・インターナショナル訳［2005］『民主化するイノベーションの時代──メーカー主導からの脱皮』ファーストプレス.
元橋一之［2006］「経済教室──IT戦略活用不十分」日本経済新聞、2006年11月24日.
内閣府［2007］「平成19年度　年次経済財政報告──生産性向上に向けた挑戦」(http://www5.cao.go.jp/j-j/wp/wp-je07/07b00000.html)．
総務省編［2007］『平成19年版　情報通信白書』「企業のICT利用と業務・組織改革の効果に関する日米比較」．
アスクルのホームページ［2012］(http://www.askul.co.jp/kaisya/company/index.html)．
クレイトン・M・クリステンセン（Clayton M.Christensen）、スコット・D・アンソニー（Scott D. Anthony、エリック・A・ロス（Erik A. Roth）著、宮本喜一訳［2005］『明日は誰のものか──イノベーションの最終解』ランダムハウス講談社．
IBM創立100周年記念サイトへようこそ［2012］
(http://www-03.ibm.com/ibm/history/ibm100/jp/ja/)．
日本経済新聞［2011］日本経済新聞記事、2011年1月11日．
(社)経済同友会［2009］『第16回企業白書』「新・日本流経営の創造」．
ゲイリー・ハメル（Gary Hamel）、ビル・ブリーン（Bill Breen）著、藤井清美訳［2008］『経営の未来──マネジメントをイノベーションせよ』日本経済新聞出版社．
加護野忠男［2006］「新しい事業システムの設計思想と情報資源」伊丹敬之・藤本隆宏・岡崎哲二・伊藤秀史・沼上幹編『日本の企業システム〈第Ⅱ期第3巻〉──戦略とイノベーション』有斐閣．
浦野充洋・松嶋登・金井壽宏［2010］「イノベーションを生み出す制度──シャープ株式会社の緊急プロジェクト」神戸大学 http://www.b.kobe-u.ac.jp/paper/2010_45.pdf)．
ゲイリー・L・ネルソン（Gary L. Neilson）、カーラ・L・マーティン（Karla L. Martin）、エリザベス・パワーズ（Elizabeth Powers）著、編集部訳［2008］『戦略実行力の本質──報酬制度や組織構造を変えても効果は薄い』DAIMOND ハーバード・ビジネス・レビュー2008年9月号、ダイヤモンド社．
明石芳彦［2002］『斬新的改良型イノベーションの背景』有斐閣．
有信睦弘［2008］「論説　モノづくりからことづくりへ──新たなイノベーション創出に向けて」「化学と工業」Vol. 61-11 November 2008、日本化学会（参照：http://www.chemistry.or.jp/kaimu/ronsetsu/ronsetsu0811.pdf)．
安部忠彦［2005］No. 246「サービスサイエンスとは何か」富士通総研（参照：http://jp.fujitsu.com/group/fri/report/research/2005/report-246.html)．
文部科学省［2008］『平成20年版　科学技術白書　第1部、第2章諸外国における研究開発システム改革の進展等』イノベート・アメリカ：競争力評議会提起書（通称パルミサーノ・レポート）(http://www.mext.go.jp/b_menu/hakusho/html/

hpaa200801/index.htm)。

パート・ヴァン・ローイ（Bart Van Looy）、ポール・ゲンメル（Paul Gemmel）、ローランド・ヴァン・ディードンク（Roland Van Dierdnock）著、白井義男監修、平林祥訳［2004］『サービス・マネジメント――総合的アプローチ』ピアソン・エデュケーション。

文部科学省科学技術政策研究所第1研究グループ［2010］「第2回全国イノベーション調査報告」（http://www.nistep.go.jp/achiev/ftx/jpn/rep144j/pdf/rep144j.pdf）。

日本経済新聞、日本経済新聞夕刊記事、2010年12月16日。

アップル社の会社概要と業績推移

　　　　URL：http://investor.apple.com/results.cfm

　　　　URL：http://investor.apple.com/financials.cfm

内田和成［2009］「経済教室」日本経済新聞、2009年12月10日。

デビッド・ヨフィー（David B. Yoffie）「アップルの真実」日経ビジネス2010年11月22日号、日経BP社。

B・J・パイン（B. Joseph Pine II）、J・H・ギルモア（James H. Gilmore）著、電通「経験経済」研究会訳［2000］『経験経済――エクスペリエンス・エコノミー』流通科学大学出版。

リーアンダー・ケイニー（Leander Kahney）著、三木俊哉訳［2008］『スティーブ・ジョブズの流儀――ビジネスとは生き様の照明』武田ランダムハウスジャパン。

デビッド・ヨフィー（David B. Yoffie）「独裁者が築いた独創企業」日経ビジネス2011年9月12日号、日経BP社。

第 **6** 章

企業変革と「組織能力」の強化・拡大

1　企業変革と組織能力の現状

1.1　企業変革と人と組織の企業能力

(1) 人的資産と経営組織の関係性

　企業能力とは、市場が決める有形・無形資産の評価であり、その無形資産は人的資産、組織資産、情報資産から構成され、組織能力は三つの資産を融合したものであり、企業の維持・成長のために市場とコア・コンピタンスの適合をさせる概念と考える。組織能力は、経営理念や経営目標のもとで、人と組織が経営戦略の策定と実行をする能力であり、その策定とは経営資源を合理的・効率的に調達と運用をするために創造、修正、追加を行い、実行では、人や組織を動かして経営資源を活用する能力ともいえる。また組織能力は、組織と人が価値創造を生み、業績目標の達成と社会・市場から評価と信頼を獲得する能力ともいえる。さらに価値創造や業績目標の成果は、持続的な成長のために戦略に関して市場と経営資源の適合状況の評価を行い、その創造、追加、修正によって次の計画・実行のサイクルに入っていく。

　人的資産の目的は、経営者が企業の短期的及び長期的な持続的な成長をす

るために、個々人や集団の能力を高め、人や組織の活性化をすることにある。それは、第一に、職務遂行に必要な人材を採用して教育を行い、人事制度によって人と組織を動かしていく、第二に、人のもつ潜在能力を掘り起こし、動機づけや自己実現のために自律的に行動する、第三に、組織はさまざまな利害関係者とバランスをとり、組織の内外においてチームワークを維持して業務活動をすることである。また背後のその管理機能は、戦略や実行計画の策定、人材の確保や人材開発のための教育・人材育成、昇給や昇格などの報酬と評価の人事制度策定、さらに企業文化や組織風土、社員間の関係性について、醸成と組織の設計や編成などがある。重要な機能は人や組織の行動を喚起させるリーダーシップであり、動機づけによって業績や経営品質の結果に結びつけることである。

人事管理は、従業員の価値観の多様化や組織構造のフラット化から新しい人事制度や管理方法の要件があり、その要件に基づいて就業・就労及び報酬に関する制度設計や情報システムの対応をしなければならない。全社的な人事制度は、評価の視点から業績評価、潜在的能力、スキルや技能、人間性など一元的に整備をする一方、従来の指示命令型からリーダーが人や組織を牽引し、他部門とコミュニケーション、自律化・自主的な思考・判断・行動に仕向けていく方向にある。組織能力は、長期的な戦略や組織風土が根底にあり、経営者の意図が組織や人に働き、意識改革や組織学習の姿勢が定着し、直接的なスキルや技能の形で醸成されていく。人と組織に関する設計は、共通した価値基準によって人事制度や組織設計に反映される。また管理やオペレーション部門は策定と実行の両面から権限移譲や自律化・自主化によって人的資産や組織資産を強化・拡大させていく。さらに人と組織は、業務活動を通してより緊密なコミュニケーションと組織学習を行い、ビジネスシステムを情報資産化する方向にもっていかなければならない。

次に企業の経営組織は、マクロ的とミクロ的な視点から経営組織論の議論を重ねられてきた。いずれの先行研究が明確な優位性を示唆するというものではなく、マクロな潮流に重畳された形で産業組織から業容と業歴によるミクロな企業固有の組織に至り、その経営組織は対極的な論理性と感覚性を持ち、様々な次元と色々な特性によって影響を受けている。マクロ的な経営

組織は、政治、経済、社会、技術システムによって影響を大きく受けているが、ミクロ的には、むしろ、市場や業界の産業構造や企業固有の組織文化や組織体質など見えない影響力によって設計と編成がなされている。見えない影響力は、外部からの色々な圧力があり、経営者自身のビジネス観や姿勢であり、それは、感覚的な社会心理学などの影響を受けていると言える。

従って組織は、潜在的及び顕在的な能力を最大化させるために、リーダーシップとモチベーションの概念があり、リーダーシップは、集団の持てる能力を最大限に発揮し、個々の潜在能力を励起させてリードすることとフォロアーすることを同時並行的にしなければならない。モチベーションは、個人レベルの行動を動機づける要因や環境要因を準備するものであり、行動過程に組織有効性を高めようとするものである。リーダーシップとモチベーションは、表裏一体のものであり、組織やリーダーの牽引力とそのベクトルに対する同調的な力であるといえる。両者の力が、共鳴してこそ組織の有効性や活動力となるものであり、それは量子論的な個人のもつ固有値の集合体といえる。固有値から集合体に変換される時、一元的な手法だけでなく、意図的なリーダーシップと感覚的なモチベーションの媒介が、組織有効性に大きく影響してくる。

(2) 組織能力と日本的ビジネスシステムの特徴

日本の企業は、グローバル化の潮流と厳しい環境変化に置かれ、従来の「人材立国日本」や「企業は人なり」という歴史と人間尊重による人的資産本位の日本型経営システムの再構築を考える局面にある。労働市場では、少子高齢化による労働力の減少が進み、就業者側は、価値観の「個性化」や「多様化」に伴って、就業や就労の柔軟性を求めている。雇用側は、即戦力の要求と固定費負担の視点から非正規化、多国籍化、若年層の育成、退職者の再雇用などの課題を抱えている。

第一に、人間尊重の視点から新しい日本型経営の再考は、従来の日本型経営の「人間尊重」と「長期的雇用」は、工業化社会から知価社会へ移行を進めるにあたって、堅持すべき基本的な要件といえる。第二に、人や組織の能力開発の重視であり、企業の持続的成長は、個々人の「自己啓発」の意欲と

その意欲を喚起して組織学習や自己啓発を支援する環境を提供することである。特に統制層の能力開発は、企業の責任として職場風土作りと人材育成の醸成に力を注ぐべきである。第三に、ワーク・ライフ・バランスの尊重であり、人の働く価値観は、「やる気」「やる力」「態度」の違いがあり、長期的に見ればワーク・ライフ・バランスを尊重することである。今後企業は、人の価値観に対応して雇用形態や仕事の与え方、職場の雰囲気を作っていくことである。第四に、能力主義と成果主義の課題は、グローバル化や人材の多様化から能力と実績の評価制度について企業の独自性に基づいて設計していかなければならない。例えば一般社員は、「態度評価」を重視し、中堅は「能力評価」を、上級幹部は「能力評価と実績評価」を重視すると言った評価制度を導入していくことを検討する。また、能力主義と成果主義のバランスが必要であり、成果の評価は処遇面だけではなく、能力開発に対する自己啓発の支援をしていくことである。第五に、正規社員と非正規者員は、労働条件や待遇の点で大きな差異があるが、職場全体のやる気を高めて組織やチームの組織力を向上させるために、非正規社員の処遇の改善を進める。その対策は、対象者の希望に応じて同じ人事制度や研修機会と会議参加など公平に扱うことである。第六に、企業と社員の関係は、相互理解と信頼関係を深めて雇用を確保する経営に立ち戻ることである。かつて企業と社員の関係は、「運命共同体」といわれていたが、その後「自律と連帯」や「エンプロイアビリティ」の概念に変わり、特にバブル経済崩壊後の「リストラ」の経験は、働く帰属意識を著しく損なってしまっている。企業は、競争力と組織能力を高めていくために、組織全体の信頼感を築き、雇用を最優先にした組織能力重視の経営に立ち戻ることであるといえる。

(3) アンケート調査にみる人的資産の変化

(社)日本能率協会が行った図表6-1の「新任役員に対する利益対象者の意識調査」では、「企業の利益対象者の誰の利益を最重視するか」という問いを新任役員にしている。調査結果では、大きな経年変化があり、一番顕著な点は株主重視の回答が減少し、従業員とする回答が増加傾向にある。「株主重視」偏重から「従業員」など"広義の利害関係者"重視の傾向にあり、

図表 6-1 新任役員に対する利益対象者の意識調査

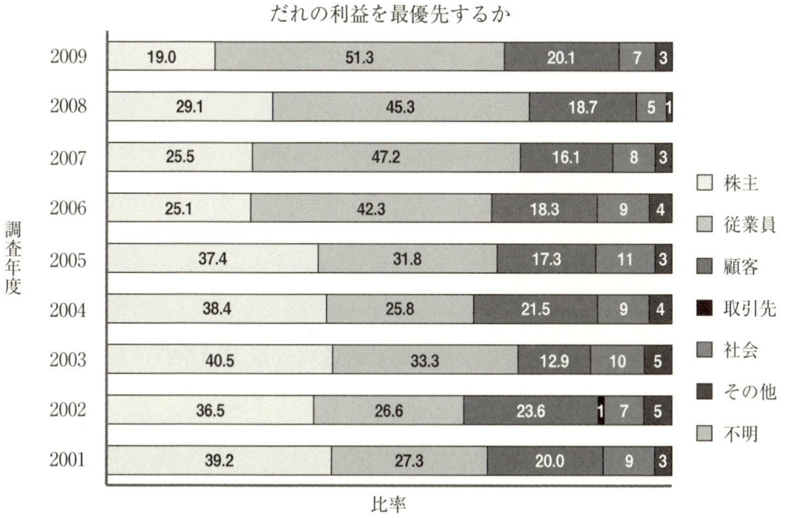

だれの利益を最優先するか

調査年度	株主	従業員	顧客	取引先	社会	その他	不明
2009	19.0	51.3	20.1		7	3	
2008	29.1	45.3	18.7		5	1	
2007	25.5	47.2	16.1		8	3	
2006	25.1	42.3	18.3		9	4	
2005	37.4	31.8	17.3		11	3	
2004	38.4	25.8	21.5		9	4	
2003	40.5	33.3	12.9		10	5	
2002	36.5	26.6	23.6	1	7	5	
2001	39.2	27.3	20.0		9	3	

比率

出所）　（社）日本能率協会「新任役員の素顔に関する調査」

また米国流の利益追求主義から公益資本主義の考え方に「共感できる」という人が8割と多数を占めている。

2001年、05年、09年時点では、株主重視が39.2％、37.4％、19.0％と減少し、一方従業員重視は27.3％、31.8％、51.3％と増加の推移をしており、この10年間で株主は20％の減少、従業員は24％増大している。さらに基本的な企業活動に、社会との共存・共生の関心度を挙げ、また久しく言われている顧客・市場の目線について若干の変動が見られるもののほぼ横ばいの状況を示している。

これらの調査結果は、新しい経営者層の関心事が、株主中心から企業内の従業員や消費者・市場・社会に移っていることを示している。株主中心とは、財務指標である利益優先や株主配当に関する株主至上主義であり、総資産利益率や株主資本利益率を重要視した財務目標を偏重してきた。しかし今後の経営者は、広義の利害関係者を意識して、特に組織や人をはじめ、市場・社会との共生、また企業内の無形資産を重視し、長期的な視点から人づくりや組織作りをしていこうとする姿勢への変化が伺える。

人づくりとは、人のもつ潜在的能力の上に、業務スキル、マネジメントスキルやコミュニケーションスキルを強化・拡大することであり、結果的に無形資産の人的資産、組織資産、情報資産を充実させ、企業の持続的な成長に貢献していくものである。

　また企業が新卒者に求める人材能力に関して、（社）日本経済団体連合会が2010年4月に調査した結果では、上位順の5項目は、コミュニケーション能力、主体性、協調性、チャレンジ精神、誠実性である。これらの特性は専門性や特殊性のスキルはなく、企業活動をチームでやっていくコミュニケーションや主体性、協調性を基本的な要件としている。情報化社会の特徴である市場主権と多様化が進む中で潜在的な可能性の能力を重視しており、自主的・自律的な業務活動を行う能力や姿勢と行動を要求している点である。そして実践的なスキルや技能は、入社後の社内研修や育成プログラムで行う計画を持っている。

　人材には能力・姿勢が重要であり、人や組織がその育成と活性化するために、意欲や誠実性・責任感の潜在的能力を練磨することである。今問われている課題は、職場への愛着や誇り、ベテランと若手の協調的な仕事の取り組みや学習姿勢であり、トップ経営者が社員全体と笑顔で会話することである。もう一つ、特にグローバル企業では、異文化経営が現地化推進のキーであり、意識的なオープン化と現地の幹部候補生を積極的に採用することである。例えばパナソニックでは採用後、日本で2年間の長期研修を受けさせ、三菱重工業は、アジアを中心に設計などに携わる人材を年間約800人のペースで増やす計画をもっている。内需型といわれた流通・サービス企業のファーストリテーリングは、新卒採用の約5割に当たる300人を、また楽天は、新卒採用の1～2割相当の100人の外国人採用を発表している。異文化経営では民族、宗教、言語など異文化と双方の基本的な政治、経済、社会、技術システムを理解し、本社の統治機能と現地側の運用機能の有効的なコミュニケーションを進めていかなければならない。このような企業では、国内の採用を抑制し、成長が期待される新興国の人材のグローバル化を急ぐ方向にある。（日本経済新聞、2010年6月15日の記事を参考）。

1.2 経営課題の認識と組織能力の強化・拡大

(1) 組織能力の強化・拡大の意義

　企業変革は、経営要素である戦略、人、組織、オペレーション領域の変革であり、まずその変革を進める人の組織能力の強化・拡大に取り組んでいかなければならない。加護野［2002］の変革実践に対する指摘では、企業変革は単純に戦略を変え、組織を変えるだけでは不十分であり、戦略や実行を支えている組織文化や組織体質など社員の意識や能力の変革を不可欠としている。企業変革の進め方には、経営組織の構造、オペレーションの業務プロセス、組織文化や意識改革について現状を見直して進める方式があり、次のような類型とそれぞれの特徴と長短がある。

(1) トップ主導の類型である。トップが変革のリーダーとなり、戦略スタッフあるいは外部の戦略コンサルタントなどの助力を得て、新しい経営ビジョンの明示と戦略策定を行い、組織やマネジメントシステムの再設計と社員の意識改革を行うことによって企業変革を行う方式である。特徴は、トップの強力なリーダーシップで非連続な変革を行うのに適しているが、社員の共感や理解を得られない時は、挫折することが多い。

(2) 企業内の多数の人々を巻き込む運動型の企業変革である。従来のTQC、CIなどは、全社的な全員参加によって組織内部から変革の気運や運動を起こし緩やかに企業変革を行う方式である。日常的な業務活動を通して意識改革を行う強い動機づけを必要とする。

(3) ミドル層が主導する方式である。変革の主導権は、ミドル層に自由度と権限を移譲することによって、ミドル層が中心となって担当する組織を対象にして変革の創造と実行を経験して、その経験の集積から企業変革を横展開していく方法である。

(4) トップ主導とミドル主導の方法を組み合わせたものであり、ミドルのリーダーと先駆的な集団や部門を選択し、新しい発想や行動様式の変革計画を実践し、その成功事例を梃子にして企業全体の変革に拡大していく方法である。

　一方、企業変革には、多くの障壁や抵抗が生ずる。その要因の第一は、事

業縮小や犠牲を被る集団や個人、特に変革対象部門の上位層は保身ともいえる抵抗を示す。第二に、一般の管理職や社員から企業変革の緊急性や重要性の理解を得ることは難しく、他人事として捉えて自分の仕事として取り組もうとしない。第三に、慣れ親しんだ行動様式や考え方を捨て、新しい方法を採用することに対する不安と抵抗感がある。第四に、企業変革は、新しいスキルや技能の習得を伴い、社員にその能力習得に余計な時間や負荷をかけ、また職種の変更や転勤を不安視することもある。

企業変革の方法は、企業特有の業容、業歴、企業文化などの要素が影響し、また業界、企業の地位、経営課題によって異なってくる。経営課題は、財務目標の業績結果だけでなく、経営者の危機感やその熱意によっても異なり、多くの社員は論理的に理解を示すものの、日常的な活動を通して計画・実行・評価の管理システムに戸惑いを表す。経営者は、全社員の意識改革のためにあらゆる「場」と機会、さまざまな形のコミュニケーションを通して危機感を煽り、明示的な経営ビジョンの共有や取り組みを働きかけ、特にミドル層に対して、組織の環境作りと活動の支援をすることである。企業変革は、変えてはいけない普遍的な経営理念を一人ひとりに徹底させ、企業変革の背景や思考方法の意識改革を進めていかなければならない。さらにコミュニケーションによって、利害を伴う人たちへの配慮と直接的に相手の主張をよく聞くことによって、相手の存在感の尊重と議論による納得と譲歩を進めていかなければならない。

(2) 組織能力の現場力

企業変革は組織能力の大半を占める現場力によって行われ、第一線で消費者と接触する販売現場やモノづくりの現場では、論理的な思考と感覚的な刺激による創発から行動に移すものである。岩井［2006］は、先進諸国の資本主義が、産業資本主義からポスト産業資本主義へと転換していく大きな歴史の局面にあるという。ポスト産業資本主義の企業のあり方は、株主主権やコーポレート・ガバナンズナンスと基本的な仕組みや企業制度の視点から議論をしないといけないと指摘する。企業が有する資産は、一般的に有形資産と無形資産であり、無形資産の内訳は、知識資産のブランド名、特許権、

データベース、ソフトウェアがあり、これらは人から切り離すことが可能で近似的に物的資産とみなすことができる。これに対して経営者の戦略策定や企画構想力、技術者の技術開発力、現場のノウハウや熟練技能などは、人から切り離せない形で頭脳の中に蓄積されている知識や組織能力といえる。

　人がもつ知識や組織能力をカネで直接買うことができず、またこのような人が知識や能力をどのように使い、蓄積していくかは外部から完全にコントロールすることも不可能なのである。従って企業は、人に知識や能力を自主的に発揮させ、蓄積をしてもらうために、日常の企業活動について制度的な評価システムを制定して報酬や昇給・昇格だけでなく、配慮・気配りなど様々なインセンティブを提供していかなければいけない。一方人は、経営者の戦略的意図である、「自律・プロフェッショナル」化のもとで業務活動に取り組んでいかなければならない。プロフェッショナルとは、自らの果たすべき役割を全うできる能力を備えた要員であり、特定分野において社内はもちろん、広く社外でも通用する専門知識や実務能力を持ち、自らその分野で価値を生み出す仕組みの策定と実行のできる人材をいう。さらにその人材は、特定分野における深い知識、豊富な経験、業務上の秀でたスキルだけでなく、関連する組織部門や企業外とコミュニケーション能力と強い責任感の持ち主を指している。

　藤本［2006］は、組織能力は企業が競争に勝ち、他に勝る収益を安定的に得る力のことであるとしている。その組織能力の五つの特徴は、①個々の企業に特有の属性、②組織全体が持つ行動力や知識の体系、③個々の企業の競争力や収益に影響を与え、長期的に企業間の差を生みだす、④競合他社が真似のしにくいもの、⑤時間をかけて地道に構築する必要があり、外から手軽に買ってくることが難しいなどの点をあげている。また遠藤「2005」は、組織能力として現場力を重要視して第一線の企業現場の自律的問題解決能力を指摘している。業務活動や意図的な管理指標の「見える化」の意味は「問題を見えるようにする」ことであり、「現場力」を鍛え、自律的な問題解決能力を高めるために、まず問題が「見える」ことが前提であるとしている。そして問題を顕在化させて共有化をすすめるために、標準や基準を明示化して乖離状況の尺度から問題点の大きさを知ることとしている。

真の「問題解決型企業」や「創造型企業」は、現場が能動的に高次元の課題を設定し、そのソリューションを創発する能力をもつことである。真の現場力をもつ企業は、現状に満足せず、競争に打ち勝つための「あるべき理想像」を定義してその理想像の目標値と現状の乖離を自らの「課題」とし認識することである。企業変革をすすめる現場力には、上位層と現場層にとって次の三つの要件を共有することである。

(1) 問題解決に臨む姿勢は、「当事者意識」として自分の仕事である認識が重要である。現場で発生する様々な問題を解決しようとする「当事者」は、強い姿勢と意思、柔軟な発想と思考方法、関連部署との粘り強いコミュニケーションを発揮することである。

(2) 現場の関係者は、関連部門の共通理解を得て参加型による協働や組織学習から「組織能力」の精度と品質を高めることである。現場層は、現場の実状とその結果から組織全体に「組織能力」を浸透させ、広範囲に展開させていくことである。

(3) 高い志による「競争優位性構築」は、単に改善活動を行うのではなく、現場力を高め、「あるべき理想像」を求めて、競合他社との比較や高い次元にまで高めようとする目標設定をすることである。

　繰り返しになるが、経営者や上位層は、現場の自律的な問題解決や創造に向けた活動を見守り、個人や組織の組織学習を支援するだけでなく、他部門との利害対立に関心を払い、調整やコミュニケーションなど自ら直接的な参画をしていくことである。また上位層は問題解決に当たって迅速性と全体最適化の視点から課題を共有して、考え方や助言を与え、現場層の「自律化・プロフェッショナル化」の主体性を涵養して、その成功例を全組織へ広め、益々現場力重視の組織風土を醸成していくことである。

2　組織能力と牽引機能のリーダーシップと情報技術の活用に関する先行研究

2.1　牽引機能とリーダーシップ

(1) 企業変革の組織能力とリーダーシップの関係

　企業変革は組織能力の強化・拡大とリーダーシップに強い関係性を持っている。本節ではその先行研究と企業変革事例からその経営資源的意義と牽引機能の関係性について明らかにする。経営学は、単純に「生産」から始まり、需要の旺盛な市場にモノを産出するために異国から集まった多彩な属性を持つ作業者をいかに管理するかという大きな課題があり、その人事や報酬と作業管理を目的としたものであった。組織や運営はトップダウン型の方式が取られ生産が軌道に乗り、やがて生産指向から製品指向に移り、生産管理や生産技術によって大量生産システムとなり、市場からの獲得を競争する販売の競争指向に入った。さらに情報化時代に入り、従来の競争戦略に加えてグローバル化や飽和化によって、消費者主導や社会指向に移り、抜本的な企業変革を迫られるようになっている。

　企業変革は、色々な概念や要素・要因から構成されており、経済、政治、社会、技術などのシステムの進化に伴う業界構造や企業独自の業容・業歴と経営理念、創業者や経営者の影響を受けている。その取り組みには、論者相応の多くの方法論があり、領域は戦略、組織、人の領域とオペレーション領域の機能要因とそのマネジメント手法があり、取り組み方法は、トップダウン型と現場側の主導や発信によるボトムアップ型やそれらの折衷型に分類できる。前者は戦略指向の強い欧米で浸透し、後者は日本企業の伝統的なビジネスシステムといえる。近年ではさらに経営課題の多様化に伴って、企業評価は有形資産だけでなく、人的資産・組織資産・情報・知識資産の複合化に関心と認識を集めている。

　もともとリーダーシップ論の研究者であったジョン・コッター（John Paul Kotter）［2008］は、企業変革の展開について戦略的な変革力やリーダーシップと人と組織の複合領域からすすめることを強調している。彼は日本型経営

システムにも精通しており、特に松下幸之助の経営思想の影響を受け、ハーバード大のビジネススクールで冠講座を開講していたくらいである。また米国の企業における長年の研究調査から70％の組織で大胆な変革が、失敗に終わっている実態を報告している。ジョン・コッター（John P. Kotter）[2007] が、統合的な四つの段階と8ステップの変革プロセスを提起したことは、すでに第1章と第3章で述べたとおりであり、企業変革が人や組織に定着するためには、意識改革の浸透が必要であり、論理的に考えられた改革と改善の設計が、すべての利害関係者に理解を得、その人と組織が心底動くには相応の時間を要するのである。

　一方日本のビジネスシステムは、独特の特徴があり、横並びや慣行に従うことをはじめ、市場、業界、企業、組織のバランスを重視してマネジメントをしている。企業経営は、その要素と運用について、経営資源を合理的・効率的に調達と運用をすることであり、その繋ぐ機能がコミュニケーション（情報活用）である。運営の基本要件は、現場部門の組織能力、知識と経験、人材を重視することであり、上位層はそれらを推進していく環境づくりや支援をしていかなければならない。このようなビジネスシステムの形成は、野中 [2006] が唱える組織能力、知識やコミュニケーションなどは、人材中心の行動力であり、経営戦略とイノベーションは組織能力によるものであり、知識創造や知識経営への転換は、中核的な大きな役割をもつ知識とコミュニケーションによるものである。

　先行研究における日米の比較は、米国では分析型でトップダウンとリーダーシップに基づく取り組みが主流であり、日本の現場中心のボトムアップ型は、製造現場のサークル活動に端を発するカイゼン活動から始まり、拡張・拡大されて統制層を巻き込んだJQA[2]、TQC、TQMなどに発展している。経営層と現場層は、一体となって全社的な経営品質や業務プロセスの業務改革を掲げ、改善目標を設定して改善の活動を行っている。現場側の作業は、多様な属性を持つ雇用者で構成される組織で行われ、その運用は日本的経営システムと欧米型のトップダウン型システムのそれぞれの特徴や利点を生かし、企業固有の経営資源や状況に応じて現場側の自律性を高めるように仕向けていくことである。

(2) 組織能力とリーダーシップの意義

　リーダーシップは、組織の目的や方向性に対して、組織や人を動機付けてそれを動かすことであり、単なる情報・知識の徹底だけではなく、日常の自らの行動に影響をしていくものでなくてはならない。そのためには物事や業務プロセスを具体的に理解して、行動をシステムとして定着化・習慣化させることである。企業変革には、組織能力によるその策定力とリーダーシップの実行要素が原動力となり、まさにコインの裏表となって、「場」の状況対応力としていろいろな行動パターンを取る。人や組織が持つ変革力を一つの軸と考えれば、組織能力は思考力であり、リーダーシップは行動力と考えられる。その特徴として二つの力の効果発現に要する時間と効果の持続する時間の比較について、組織能力は、長い時間をかけて思考力を堆積していく傾向にあり、その効果発現は長い時間にわたって有効的で持続する。他方、リーダーシップは、行動力として対象範囲や浸透に強弱の違いはあるが、効果発現までに要する時間とその持続時間とも短いことが特徴的といえる。

　企業の競争力には、「表の競争力」と「裏の競争力」が考えられ、表の競争力は、有形資産の財務指標を意味し、裏の競争力は、組織能力から形成される無形資産を指しているといえる。企業の組織能力は、人や組織が経営理念や経営ビジョンを共有し、経営者の戦略的意図を含意として受け、価値観の整列化や知識・経験を創造することが基本の始点である。組織能力は、外部環境と企業内部の経営資源の適合を進めていくために、戦略やビジネスシステムについて創造・修正・追加する策定とそれを実行する力の探索であり、その実践を進めるマネジメント力である。変革力とは、市場の目線や流通チャネルの要請に応えるために戦略やビジネスシステムの創造・修正・追加をすることであり、それは価値創造や成果に対する追求の意欲である。

　近年、組織能力が、企業の持続的成長や競争優位性の視点から重要な要素として注目され、リーダーシップが中心になって対象分野を成長戦略やビジネスルールや業務ルールの改革戦略にまで拡大している。特に現場の中堅社員は、積極的な意見を述べ、率先して実行を行い、計画・実行・評価をフォローするなど見届け責任を果たしていかなければならない。現場の個人や組織は、積極的に課題を感知して、自律的に修正・追加などの施策を設定し

て、実行と定着化を図っていくことである。

　また新たな価値創造は、リスクを恐れず挑戦を続けることであり、部門の将来方向や目標について組織を超えて共有し、柔軟な発想やアイディアを取り入れる組織風土をつくっていくことである。リーダーシップは、成長や改革に関する情報を流通させることによって、成果に貢献した個人や組織のモチベーションを図り、自己啓発による組織能力を磨いていくことである。経営層は、業務活動が楽しいもの、エキサイティングなものにするためにリーダーに権限委譲を進め、現場特有のモチベーションを高め、仕事の選択と挑戦、適切なインセンティブ、組織学習の環境つくりや支援などの拡充を進めていくことである。

2.2　企業業績、組織能力、情報技術の活用の関係性

(1) 企業業績は組織能力と情報技術の活用に依存

　平野［2007］は、「IT 投資と企業業績との相関性はあるか」という問いに対し、企業業績の成果や評価は、企業内の組織能力の一定の基準を前提にして IT 投資と正の相関性をもつとする仮定に立ち、その調査研究を行った。彼の調査研究は、IT 投資、組織 IQ、企業業績の三つの尺度の関係を分析している。ここでその尺度を次のように読み替える。まず IT 投資は、情報技術の導入と活用機会、また組織 IQ は、組織メンバーの資質と個々の組織がもつ組織能力の積、さらに企業業績は、一般的な財務指標や非財務指標であると読み替えた。読み替えに関して異論はあろうが、経営手法の多義性と曖昧性の点から許していただく。調査結果は、企業業績と情報技術の活用との関係性は、組織能力の尺度次第であり、要約の第一は、企業業績は情報技術の活用に関連があり、第二に、それは情報技術の活用に比例して組織能力に与える影響は大きい、第三に、組織能力の高い企業は、業績に強い影響を与える、第四に、組織能力の低い企業は、単純に情報技術の投資を増やしても効果は薄いと結論付けている。

　この企業業績、IT 投資、組織能力の三つの尺度の相関関係はスタンフォードビジネススクールのヘイム・メンデルソン（Haim Mendelson）と

マッキンゼーのヨハネス・ジーグラー（Johannes Ziegler）が提唱した「組織IQ」の概念によって説明されている。二人はその共著『スマート・カンパニー』[2000]の中で組織IQの五つの要件をあげ、それぞれ補完的な相互関係にあると主張している。そして企業の組織能力を次のように定義している。

$$\text{企業の組織能力} = \Sigma \text{組織構成員の能力（個人IQ）} \times \text{組織の能力（組織IQ）}$$

　企業の組織能力は、個人IQと組織IQの積の総和と定義して戦略の策定、スピーディな意思決定、円滑なコミュニケーション、価値共有・ナレッジ・自律化、業務活動の実行など、組織の性能と能力であるとしている。また個人IQは、個人の情報処理能力を表す指標であり、組織IQは、組織の情報処理能力を表しており、それぞれの積分の総和が、企業の組織能力として相対的な比較を可能にするとしている。個人の能力（個人IQ）は、資質面の知力、体力・持久力、徳力・倫理観、意欲、リーダーシップ、スキルであり、個人の論理的な思考力や解決能力と人間固有の感覚的な要素を指している。組織IQは、個々人の能力の如何に関わらず、高い業績を実現できるような組織の仕組みといえる。

　また組織IQの機能は、五つ、①外部情報感度、②効果的な意思決定機構、③内部知識流通、④組織フォーカス、⑤継続的革新をあげている。外部情報感度と意思決定機構は、自社に影響を及ぼす情報を収集して市場動向や競合他社などの状況を刮目し、効果的な意思決定やその迅速な行動によって有利なポジションを獲り、先行者利得を獲得することである。内部知識流通は、社内の組織のメンバーの業務活動を通じてアナログ・デジタル両方の多様な情報の流通を指しており、情報の一元化と精度を確保するために、データの定義や情報の規程を明確にしていかなければならない。組織フォーカスは、戦略の選択と集中に相等し、経営ビジョンに基づいた経営資源の優先順位に従って組織に焦点を当てており、組織の再編成や人の再配置を指摘している。さらに組織のルールや重点課題のみえる化を開示して共有化することである。最後の継続的革新は、イノベーションの仕組みを絶えず進化させる

ために評価や実行を継続することである。

　企業業績は、企業の組織能力の評価尺度を前提として情報技術の活用に正の相関を示すことが明らかになり、その組織能力は触媒的な役割を果たす介在変数だと言える。競争優位の維持・確保は、外部環境の変化や競合他社の動きに適応することであり、他社が容易に真似のできない画期的な商品・サービスの創造とたゆみない業務プロセスの創造や改善・修正を行うことである。これらの価値創造は、市場消費者の視点から、消費者の行動や感動を創造するコトであり、それは画期的なイノベーションとしてモノの要素技術を繋ぎ、擦り合わせ、結合をさせていくことである。これらの源泉が、組織能力やイノベーションであり、インターネットやコンピュータを組み合わせた情報技術を積極的に活用することである。

　情報資源の積極的活用は、戦略に従って業務プロセスを見直して新規のシステム開発や既存の開発・保守を進めていくことである。IT部門は、経営者や利用側の目的や要求要件を把握し、利用側の要求に対して迅速な対応と開発をするために情報技術の動向や活用に関して業務スキルやITスキルを磨き、積極的なコミュニケーションを図る。特にIT部門に要求される機能強化は、利用部門とのコミュニケーションや業務プロセスの再構築に対するリーダーシップであり、プロジェクト管理、ITスキルやリテラシーの支援をするなど、情報資源の企画・調達・運用について重要な役割を担っていく。

(2) 組織能力の強化・拡大と情報技術の活用

　組織能力の強化・拡大は情報技術の活用に依存している。組織能力の知識の源泉は経済社会の潮流や企業経営と経営資源のありかたに関心をもち、企業内外のさまざまな情報をタイムリーに活用することである。すなわち情報技術の活用や情報活用は、組織能力にとって必須の要件であり、また大きな影響を及ぼす可逆的な関係と言える。情報化投資の効果は、企業の業務目標の成果として評価され、国領 [2004] による投資効果の尺度は、ITケイパビリティ（情報技術活用力）とIT導入度の積であると提起している。ビジネスシステムは、市場と企業内部の経営資源の適合の視点から戦略策定とその戦略を実現する経営課題を定義してその因果関係や整合性を明確にする

ことである。この業務プロセスを包摂する情報処理変換機能の情報システムは、経営戦略から業務プロセスの整合性と同期性について利用部門のビジネス・アーキテクチャーとシステム・アーキテクチャーの要求定義を擦り合わせる。業務プロセスの改善・革新は、合理性や効率性の視点からビジネスルールや業務ルールを見直し、オペレーションの改善・改革を行い、マネジメントの品質向上を進める情報システムのシステム企画から再構築を行う。

岸ら［2004］は、IT ケイパビリティが、情報技術の活用能力であるとし、その構成要素は、処理、保存、繋ぐ機能を活用した情報システムの構築であり、情報技術の活用は、組織コンテクストを調整して結合することと目に見えない資源に注目することであるとしている。続いて顧客価値の創造は、情報技術の活用と情報活用において業務活動の道具として顧客にサービスを提供するという発想を指摘している。また競争優位性と IT ケイパビリティの関連性は、情報技術は独立した変数ではないことを強調し、それ自体のパフォマンスは意味を持たないとしている。情報技術は、直接的で自己完結的に労働や資本の伝統的な生産性を向上させる独立変数とみるのではなく、戦略やオペレーション、あるいは関連する人的や組織的な要因に連動をとることによって、業務活動の機能化を支援する介在的変数として発揮させるべきであるとしている。

ジェイ・B・バーニー（Jay B. Barney）［2001］は、戦略論と情報技術の関連性について経営資源と IT ケイパビリティを互換的な概念としてとらえており、その模倣困難性は統合化や応用性の視点から、ソフトウェアやデータ・情報などの情報資源と人的・組織資源の強い関係性によって高い次元でその特徴を発揮すると指摘している。模倣困難性とは、構成単位のコスト、かける時間や工数を度外視すれば模倣を可能にするが、組織と人的資源の複合領域の相互依存性による従業員の能力、経験、関係性、人的ネットワーク、予知能力や洞察力などは、簡単に模倣することが不可能であり、統合化と応用度の高いレベルで競争優位性を構築していく要因と考えられる。ロバート・M・グラント（Robert M. Grant）［2008］は、組織能力とは、資源形態の有形資源、属人的資源、無形資源からみて、属人的資源のノウハウをはじめ組織文化や社員のロイヤリティであり、無形資源は、製品のブランド

や品質、社会や市場の企業評価に該当すると指摘している。組織能力は、この資源を創造・調整・修正行い、業績指標に関連する活動を遂行する能力としている。

戦略・人・組織の領域を組み合わせた戦略策定や実行を行うPDCAサイクルは、コミュニケーションを肝的機能としており、その品質は企業の組織能力の評価であるということができる。さらにそれは、PDCAサイクルを支援する情報技術の活用やコミュニケーション（情報活用）による業務活動を通じて可逆的に醸成している。従って組織能力は、多くの要素と情報技術の活用を両輪として業務活動を駆動し、その可逆作用の結果、組織能力の強化・拡大に繋がり、企業の業績目標に大きく影響を及ぼしていく、属人的資産で見えない資産として人や組織に宿っているといえる。

2.3 組織能力とコミュニケーション（情報活用）、組織学習、情報文化

(1) 組織能力とコミュニケーション（情報活用）

組織能力は、戦略、人、組織、マネジメントの関係にコミュニケーションと情報活用を肝的機能として企業業績や企業変革に貢献している。森川[2006]は、コミュニケーションの語義が、コミュニケーション、通信、伝達、情報、交通、連絡、命令であり、その具体的な中身は、すべての「モノ」の移動過程とその結果の「共有」という現象を意味するとしている。そして「共有」の概念は、「異なる主体が同一対象物を同時に異なる空間において、ともに共有することである」ことを指摘している。物質、エネルギー、情報というモノは、移動することは可能であるが、異なる主体が、同一対象物を同時に異なる空間において共有することができるのは情報だけである。またコミュニケーションの意味は、メッセージを伝達する過程のことであり、情報はコミュニケーションの過程を経て伝達される。コミュニケーションと情報という二つの概念は、表裏一体となって実際に意味をなす、不即不離の関係にあると言える。

組織能力は、戦略、人、組織、マネジメントの基本的な要素であり、その創造物は、戦略やビジネスの仕組みやモデル、経営資源の有効活用などの成

果に繋がる。創造物は、情報資源、組織資源、人的資源が絡む、「場」において作られ、それは、ビジネスシステムの構築と運用によって経営資源の有効活用を図ることである。国領と野中［2003］らは、これらを四つの「場」として次のように定義している。四つの場とは、①共同化の文脈となる「創発場」、②表出化の文脈となる「対話場」、③既存の形式知と連結する際の文脈となる「システム場」であり、サイバースペースでは、場所、距離、時間などに関係なく、必要な情報の受発信をするなど、知識や情報の効果的な収集と活用を可能にしている。④内面化の文脈として「実戦場」があり、感知、創発、概念化を行う。組織能力は、この四つの「場」においてコミュニケーションからイノベーションの創発を誘導し、ビジネスシステムの進化やビジネスモデルの創造に貢献している。

　根来［2005］らは、知識ベース企業の知識創造にとって欠かせないのが「場」であると指摘している。その背景は第一に、知識をベースにして企業を捉えることは、産業や企業の構造ではなく、人間の主体的な知識創造の行為であると指摘している。それは「場」の組織能力とプロセスであり、情報資産と組織資産の組み合わせが、消費者や顧客の創造価値や成果にいかに結び付けられるかが重要であるとしている。第二に、知識の「暗黙知」と「形式知」の両側面から創造と活用を行う「場」、すなわち人と人が文脈を共有することの重要性である。それは知の根底にある暗黙知が、情動的・身体的で、「場」に根ざした仮想的、物理的、心理的、実践的な特性を持っており、知識ベース企業では、これらが重層的且つダイナミックに関係して相互作用を働かせている特徴がある。

　既に紹介したようにゲイリー・L・ネルソン（Gary L. Neilson）［2008］らは、戦略実行力の源泉は、タイムリーな情報活用と意思決定権の権限移譲であることを指摘している。情報活用とは現場側の社員が、日常の業務判断や業務活動に必要な情報が与えられ、リーダーは、統制判断や業績指標に関する情報をタイムリーに入手可能なことである。そうしたマネジメントの結果経営者は、戦略の意思決定や経営資源の再投入に際して適格な判断に迅速性と精度を維持・確保することが可能になってくる。

　組織能力は、コミュニケーション（情報活用）に密接な関係があり、それ

は、根拠を伴った情報の迅速な伝達であり、情報共有は双方が情報に触れることによって共通認識に立ち、次の新たな情報や知識の創造に繋がっていく。組織能力とコミュニケーションは情報に触れる感知能力と「なんで、どうしよう」という内省化能力であり、新しいアイディアや知識創造に繋がり、新たな知識創造を生んでいくものである。

(2) 組織能力と組織学習

　組織能力と組織学習に関する先行研究は非常に多く、組織能力には、コミュニケーション（情報活用）と組織学習が重要であることが指摘されている。組織学習とコミュニケーションは、高度で複雑な感覚器官も有する情報装置としての位置付けであり、ビジネスシステムの機能間の繋がりや高度で複雑な感覚器官による確認の方法であり、論理的な手法の限界を相補する面もある。情報処理システムは、次工程の業務処理に繋がり、あるいは蓄積されたデータから加工・編集がなされ情報サービスとして流通する。組織能力は、論理的構造部分と感覚性の感情的構造部から成り立っており、共通的な機能はコミュニケーション（情報活用）である。本書の論点は、企業変革の有効的な取り組みは、論理的な手法を補完するために人間の感覚性にもとづく感情的な作法であるコミュニケーション（情報活用）を重要視している点である。伊藤・沼上ら［2008］は、「見えざる資産のダイナミックス」の戦略論から情報の独自性をあげている。それは、情報を介在にして「場」のマネジメントとコミュニケーションによってビジネスシステムの擦り合わせを行うことであり、人間が集う「場」の空間に存在する、色々な情報を活用することである。組織能力とは多様な情報処理能力と高度な感覚器官をもつ情報装置を有効的に活用していくことである。

　人や組織は、眼前の目標だけでなく将来の動向の洞察や不確定な変化に備えて、戦略、経営資源、組織、業務プロセスの在り方に取り組まなければならない。そのためには、組織能力が必要であり、その原動力は組織学習を進めてくことである。ジョセフ・ポイエット（Joseph Boyett）［2003］らは、組織学習の取り組みについて次の三人の研究者の論点をあげている。その第一は、クリス・アージリス（Christopher Argyris）の主張に強い同調を示し、

それは、彼の内省化の過程にコミュニケーションを重要視する点であり、個人がいかに組織の状況に適応し、又はいかにして組織を変えていくか、人間の理解と行動のために個人や組織学習に焦点を置くことを指摘している。取り組みの第二は、システム思考を重視して学ぶことだとし、ピーター・センゲ（Peter M. Senge）の主張である、組織学習の根拠とその方法に関する指摘である。第三は、学習する文化を作ることだとして、「学習する文化」の提唱者エドガー・H・シャイン（Edgar H. Schein）[2003] の定義である、「過去の成功に基づいたそれまでの学習の蓄積は、組織集団が問題への対処法を学ぶ過程で発明、発見から開発した多くの過程のパターンとして効果的な機能とみなされ、組織内の問題を認識・考察・感知する際の正しい方法として伝授されるもの」に従うとしている。組織能力の醸成は、コミュニケーションからシステム思考を中心にして組織学習を行い、対処方法を学ぶ過程から自然な形で学習文化を形成することであるとしている。

　組織能力と組織学習は、さらに組織文化にまで発展していく過程では、従業員のエンパワーメント[3]によってビジネスシステムや業務プロセスの進化を進め、さらに制度設計や組織設計に結び付けていく。組織文化は、組織学習だけでなく、利害関係者の利益配分について公平とバランスを考える課題についても、論理的な対処と人や組織の利害の視点から、自主的に自律的な力で既存の制約に挑戦をしていくことである。組織学習は時間と負荷をかけ、眼前の局部的な課題から将来の本質的な議論のためにコミュニケーションを行うことであり、さらに親しみやすいリーダーのもとで現場のチームワークとリーダーの信頼関係によって権限や運用の委譲を進めていくことである。

　具体的な組織学習の一つは、現場・現物の見える職場で行い、内省化と連結させて学習することである。それは、従来のビジネスルールや業務ルール、業務処理の手順や手続き、職場の慣習に制約されることではなく、日常活動に内在する暗黙的なもの、直感、判断、専門、常識を重視して実行することである。もう一つは業務活動の因果関係から経験、問いかけ、思考、行為・結果の過程にシステム思考や情報活用を重視した組織学習を取り入れていくことである。デイビッド・A・ガービン（David A. Garvin）[2008] らは、学習プロセスと学習行動は、①思考、②情報収集、③分析、④教育と訓練、

⑤情報の移転として五つの段階を提示して、そのプロセスには情報の生成、収集、解釈、普及の工程があるとしている。知識共有の目的は、改善策の実施の事前事後の結果報告が、自部門だけでなく外部に対しても行い、経験や知識の共有化と開示をすすめていくことにある。特に外部向けの報告は、標準化や汎用化の視点から、外部の取引先関係者や専門家の意見を取り入れる内容にして情報発信をすすめ、全体の組織能力に反映させていくことである。

(3) 組織能力と情報文化

　企業の情報文化とは、事業戦略や経営資源に関する意思決定や業務活動に関して、組織の内外とのコミュニケーション（情報活用）を自由にすすめていくことである。業務処理の情報処理転換が正しいデータを保存し、その情報はリーダーたちの意思決定や業務判断に活用され、さらに現場層では色々な課題の組織学習に情報活用されることが基本である。情報文化の原点は、情報活用あるいは情報の有効性について正しい情報の信頼性のもとで活用を進めることである。

　情報文化についてドナルド・A・マーチャンド[2003]は、情報の収集・編集・加工など取り扱う方法論を次のように定義している。情報は、知覚、収集、組織化、処理、伝達、利用方法などと密接に関係しており、人や組織の価値観、態度、行動を制約するものである。彼は、情報文化を四つのタイプ、①機能型文化と称して上位者は情報を影響力や権力を行使するための手段として活用する、②組織・人が信頼をもとにして共有し合い、それぞれの業務を行う上で活用する、③仮説や将来の予測など不確実な事象をより確かなものに近づけるために情報を活用する、④変化や異変を感知し、オープンに競争優位な戦略や方法を探索するために活用する発見型を挙げている。そして彼の何より印象的な指摘は、「企業のリーダーが業績を水増しするのは簡単だが、情報操作の文化に浸かった企業が、情報を有効活用する企業に比べて高業績であることはまずない」という一節である。情報文化のもとで情報活用は、市場や競争に関する情報が一部の経営者や特別な部門に独占されることではなく、認識や洞察のために等しく情報を共有することであり、さらに情報の共有化によって経営資源の実態を知り、顧客の価値創造の視点から、将

来の新しい市場や成長を続けていく戦略の設計を考えることである。

　組織能力と情報文化の関連は、一つに、組織能力は人間固有の属性を強く持ち、情報文化は、人間的な連帯感や感動の共有によって、人や組織のエンパワーメントに強い影響を与え、実行や業績に関係すると考えられる。もう一つは、組織能力は、組織や人の間で思考をベースに策定や実行の能力として宿っており、そこから生まれた無形資産は、ソフトウェアやデータ・情報など人的資産から分離可能なものをストックし、分離不可能で人的資産や組織資産に融合されている戦略策定や技術開発能力、スキル、ノウハウなどの二つに分けられる。さらに組織能力は、論理的な構造部分と感覚的な部分があり、前者はシステム思考や論理的な手法によるものであり、後者は、人間固有の配慮や心配りの感情的な作法といえる。情報文化は、情報の流通と活用の点から業務活動を裏面から支援していく触媒的な機能を持っており、人間系の特徴である感覚性の側面に強い影響を与えている。組織能力と情報文化は、その強い関係性によって相互作用をしており、長期的な企業能力として醸成していくものである。

2.4　組織能力に関する先行研究の補完的論点

(1) 組織能力と日本的経営システムのこだわり

　組織能力の先行研究に補完すべき論点は、日本的経営システムの特徴へのこだわりと経営者自身の組織能力の強化・拡大をすることである。多くの先行研究は、経営者が経営ビジョンや経営目標に基づくリーダーシップを発揮してリーダーや現場層に対して指揮命令的な運用の指示型の方式が多い。欧米型の経営システムは、工業化社会の当初から管理型の方式が定着しており、今なお、トップダウン型が根強くその延長線上にあるといえる。本章の補完すべき論点は、欧米の論理的な方法や手法と伝統的な日本的経営システムの特徴を取り入れ、経営者自身が自企業の環境や経営資源を正しく認識して独自の戦略や方向性を明示し、従業員と一体となって企業変革を続けていくことを強調している。まずその折衷的な企業変革の実践として経営課題に挑戦する人材育成や組織能力の強化・拡大を図り、人間本位の考え方の比重

を増し、自己実現の支援を進めるシステムと組織風土を構築すべきである。続いて経営者自身の組織能力の強化は、経営者自身の意識改革と欧米方式の論理的な戦略的思考を採り入れ日本的な感覚器官の要素と混在して、自律性と主体性の行動を支援するビジネスシステムの構築をすすめることである。

　そのビジネスシステムは、第一に、欧米型の戦略的な思考に基づく論理的な手法と日本的な感覚性や調和に基づくシステムの融合である。日本企業が誇るもの造り領域では、世界の工業国にその優位性と差別化を標榜するところであり、生産システムは、現場の高い組織能力に支えられて開発から生産システムまで、期間短縮、コスト削減、納期遵守、品質の確保などに驚異的な評価能力を見せている。この背景には、標準化や汎用化手法の横展開と海外の現地化の課題があり、生産、資材購買、人材雇用について長期的な視点からパートナーを育て、開発時点から協働化や擦り合わせの連携、優れた技術や知恵を共有することである。海外市場のマーケティング戦略は、市場や顧客の潜在的ニーズにきめ細かく対応して企業側の経営資源や販売方法の適合化をすすめていく。日本的経営システムは、優れた擦り合わせ技術、現場のネットワーク化、品質のこだわりなどの特徴を持っており、それは競争優位性を維持・確保し、さらにその進化に寄与している。競争力は、製品や価格の差別化だけでなく、現場力のチームワーク、現場の創意工夫、擦り合わせ、そして品質のこだわりである。そのようなイノベーションは技術革新や生産管理の効率化だけでなく、利害関係者との商流や物流のビジネスプロセスイノベーションである。

　第二に、組織能力の感覚器官や感情的な視点から、最も強い影響力を持つ市場と人的資源の価値観やモチベーションを適応させていくことである。市場への対応は、顧客訪問や顧客の声を直接聞く仕組みによって、市場動向や競合他社の活動などを出来るだけ肌で感じ取ることである。経営層は、様々な直接的なコミュニケーションを通して情報の収集と分析を行い、経営戦略、商品企画、ビジネスプロセスの改革・改善に反映させていく。流通チャネルの反応や率直な要望は、社内にフィードバックさせる一方、日本的なホスピタリティやおもてなしの接客姿勢による対応をすすめる。海外進出に伴って人と組織の運用は、異文化経営が大きな壁といわれるが、就業観や就

労観に関して日本企業の組織連帯感の「思い」を粘り強く示し、現地社員に幹部登用の機会や日本の本社での研修を義務付けるなど理念や価値観の共有を図っていく。そのような一連の動きが、企業理念を基盤とした「社会的存在意義」を追い求める組織能力の企業文化に繋がっていく。

(2) 組織能力の強化・拡大は経営層と現場層の一体化活動と見届け責任

　組織能力の強化・拡大には、経営者やリーダー自身が変革の局面や状況に応じて現場に出向き、課題を共有してそのソリューションの進捗や結果について見届けをすることである。リーダーは、多様な経営課題やそのソリューションの実行について、「場」の状況に対応して「論理的な手法」と「感情的な作法」の配慮や気配りを取り入れ、その見える化をすすめていかなければならない。また活動指針に則った組織学習に関心を払い、時には直接的な参加やアドバイスを行うことである。橋本［2008］は、組織能力には組織学習から生まれる知識の三つのタイプとして技術的、職能的、マネジメント的知識を指摘している。経営者は、状況に応じて適切な関わりと支援を行い、組織学習を通して生まれるソリューションから市場への適応の擦り合わせを重ね、その進捗状況や成果を見届けていなければならない。

　一方、先行研究の補完的論点は、多くの研究では、本社主導による戦略の分析型による策定や指示型であるが、そのトップダウン方式を改め、市場に一番近い現場側で自律的で自主的な取り組みを目指すことを論点としている。欧米流の運用方式は、使命や責任の業務内容が明確に記述されており、現場層は使命以外の業務負荷を課すことに拒否反応や抵抗を示す。本書の企業変革の実践方法は二つあり一つは、日常の業務活動に密接に関連した仕事として課題を課すことであり、もう一つは上位や下位の階層的な関係ではなく、対等な立場で変革課題を共有し、組織学習によってすすめることである。また既に指摘しているが、本社部門の担当が、部屋に閉じこもって作った企画や計画書やその独り歩きする横行を止め、通常の業務活動をすべきである。

　企業変革の策定は、経営理念など普遍的な部分と市場環境の変化に積極的に適応していく部分を分けて策定と展開をすることである。前者は経営者

による主導とし、後者は、企業環境と企業内の経営資源の状況把握によるSWOT分析から戦略を立て、オペレーション上の課題について整理と分析によって策定と実行計画を立てる。そうした策定作業は、本社部門と現場部門から選抜されたメンバーが、現場に集合して現場の第一線と膝を突き合わせて課題の実情や因果関係を確認することである。チームは、現場をより深く理解し、消費者など直接的な利害関係者の評価や満足度などの課題の状況について直接的に肌で確認して企画・計画書を作成することである。

実行段階では、経営者と現場層が実行計画書を共有して、それぞれの立場から評価と修正の役割を果たす。経営者・リーダーシップ、策定チームそして現場の代表は、実行状況やその進捗を確認し、評価を行うことである。その会議体は、計画通りに進まない背景や理由、因果関係を明らかにして、実行計画書の修正・追加や経営層への支援を要請する。また部門間や企業間の利害の対立に起因する課題は、調整や譲歩の利得を明示し、合意形成の方法に従って粘り強い活動を継続する。この合意形成の過程こそがチーム全員の見届け責任の遂行であり、企業内の組織能力の醸成を進め、企業変革の方向性と組織体質の定着化をしていくものとなる。

3　組織能力の強化・拡大と推進機能

3.1　組織能力と推進要因

（1）組織能力の強化・拡大とコミュニケーション（情報活用）

　企業変革の方向性は、イノベーションの創発と並列的な位置づけとして組織能力の強化・拡大である。組織能力の強化・拡大は、その牽引機能としてリーダーシップが人と組織を動かし、ビジネスシステムを繋ぎ、コミュニケーションをすすめる情報技術の活用がある。またその推進機能として、共通的機能の戦略的企業情報システムの構築があり、推進要因は四つ、①戦略的意図、②活動指針による業務活動、③人と業務活動を繋ぐコミュニケーション（情報活用）、④「場」において補完し合う論理と感性がある。本稿

では組織能力の強化・拡大とコミュニケーション（情報活用）の関係を明らかにするものである。コミュニケーションの基盤となる情報技術の活用は、単なる自動化やスピード化だけでなく、経営資源の静的な状態と動的な動きからその機能や情報を活用して合理性と効率性を追及することである。

本書で主張する情報活用は、組織能力の強化・拡大にとって、二つの意義があり一つは、経営層や利用部門が情報サービスやデータ・情報の自在な編集加工によって意思決定や業務判断の支援を受けられることであり、もう一つはあらゆる利害関係者と直接的にデータ・情報を交信し、電子空間を通して自在にコミュニケーションを可能にすることである。前者は比較的短期的な業績指標や管理指標のための可視化情報であり、後者は、企業が社会の一員として、CSR 的な情報公開であり、市場や消費者と企業活動の見える化のための、データ・情報のやり取りである。両者とも情報活用は、タイムリーで精度の高い判断をすることができ、またコミュニケーションによって潜在している付帯的なアナログ情報と関係づけて、見える化と因果関係の解明によって適格な行動に結び付けることが可能になる。

現場側では、情報活用とその共有化、自律性と自主性の姿勢が、自発的な組織学習の引き金になり、その積み重ねから組織能力が強化され、業務改革や改善の発現となり、さらにイノベーション創発の原動力ともなる。またそのような成果と組織能力は、自己実現の喜びを体験させて他部門に伝搬してますます企業変革を増幅していく。組織能力は、現場の組織学習を通して強化され、それは眼前の事象に対する感知や刺激から始まり、問題の因果関係について内省化や概念化を行い、仮説や試行的な行動とその評価の過程から醸成される。このプロセスの根底にはコミュニケーションがあり、小さな業務改善やイノベーション創発の種は、人と組織の中で培養されて、やがて業務プロセスに反映されて次第に全プロセスの業務改善や品質改善に向かい、さらに全社的な革新として拡大されていく。このような業務活動は、組織能力とコミュニケーションを源泉としており、人や組織に宿ることによって他社が簡単に模倣することの出来ない競争力を生むことになる。

情報活用の効果の第一は、経営者の意思決定にとって、情報サービスとコミュニケーションによる多面的な情報が迅速に支援してくれることである。

第二は、地理的に分散している拠点や取引先などの状況についてタイムリーな情報提供とコミュニケーションを可能にすることである。その状況情報とは、経営資源だけでなく、市場・消費者の評価や満足度や協力会社や販売チャネルの商談状況であり、課題解決や迅速対応に有効である。第三は、タイムリーな正確で迅速な経営資源の把握は、市場動向や競合他社の動きに適合させる戦略や施策として反映させることを可能にする。

情報活用は、知識の変換を進めて競争優位性やオペレーションの品質に寄与し、知識、経験、学習を通して組織能力を醸成していく。目に見えない組織能力は、業務活動の品質やスピードを向上させ、現場層のオペレーションの特性である、曖昧で暗黙知的な情報を大切に扱うことによって新たな知識を生み、現場力を増殖させる。このような組織能力とコミュニケーションの一体化した情報活用は、感覚的な誠実対応やホスピタリティの精神を人と組織に浸透させて利害関係者との良好な関係性を強化することに繋がる。経営層と現場層は、商品・サービスへのこだわりだけでなく、業務プロセスや経営の品質、新しい事業創造への挑戦の意欲を高揚させることである。その源泉は組織能力の強化・拡大とすべての経済体とコミュニケーションを進めていくことである。第4節の三菱商事やリクルートの企業事例は、組織能力とコミュニケーションを基盤にしたプロフェッショナルの自己実現の意欲と環境づくりを支援した結果である。

(2) 組織能力と競争優位性

組織能力は、競合他社が簡単に模倣できない戦略策定や開発の創造力とその実行力であり、特殊なノウハウ、スキル、技能など無形の資産のコア・コンピタンスが企業の競争優位性に繋がるといわれている。競争優位性は、多様化する経営課題について複数の経営組織や階層次元で一元的に取り組んでいくことは難しい状況にあり、経営ビジョンや戦略的な意図と方向性のもとで、個々の組織セグメントによって個別の施策を進めていくことである。それが組織能力の現場力である。対象範囲は、直接的に収益を稼ぐマーケティングをはじめとする、オペレーションの機能領域と全社的な戦略・企画・管理の視点から現場部門の支援機能である。特に重要な機能は、これらの組織

を有機的に繋いでガバナンス機能を発揮し、合理的で効率的な活動を行っていくための情報システムやコミュニケーションの共通機能である。このビジネスシステムは、企業の生い立ち、業界特性、成長段階と成熟度の程度、創業者や経営者の意図によって培われた特色や独自性を持っており、組織能力はこれらの特性を生かして独自の戦略の創造や修正・追加策定能力と実行力によって競争優位性に誘引していくことである。

　日本のビジネスシステムの特徴は、長期的な雇用と取引関係が、互助精神と調整機能によって維持・確保されてきた経緯を持っている。例えば自動車産業の開発と生産現場では、微妙な調整が求められ、それは長きに亘って培われた設計・生産部門に宿るスキルや技能が生産工程の擦り合わせ過程こそが競争優位性を持っている。製造業では、この擦り合わせ技術をインテグラル型として購買・技術・生産領域の協調によって競争優位性を維持確保しており、特に自動車・機械産業の業界ではそれが顕著であるが、家電の業界ではモジュール型が多く、新興国の台頭によって苦戦を強いられている。また組み込みソフトウエア化の比重が増加しており、機能間の擦り合わせ要件として新たな組織能力を要し、競争優位性に繋がることが期待される。一方生産性の点から遅れている流通・サービス産業では、市場セグメントの細分化をすすめ、消費者視点からの市場ニーズと業務プロセスの適合によるビジネスシステム構築を行い、特に消費者への接客方法や独自の日本的な作法を取り入れて競争優位性を発揮すべきである。

　図表6-2に示す、競争力の視点とその源泉の差別化や組織能力・現場力、そして競争力の要素と組織能力の関連性を図示している。競争力の視点は二つ、一つは目に見える競争であり、もう一つは目に見えない競争である。目に見える競争力は、競合他社との差別化であり、その差別化は製品・サービス、市場セグメント、コスト競争力、事業構造などである。さらに競争力要因とは、第一に実質的付加価値の価格、性能、品質、技術などであり、第二に感覚的付加価値の市場や消費者の流行やデザイン、第三に意味的付加価値としてブランドや信頼度といえる。一方目に見えない競争力は、源泉として組織能力の現場力であり、それは変化対応力である技術開発力、技能や生産の擦り合わせ技術や調整能力である。また製品・サービスの品質・ブランド

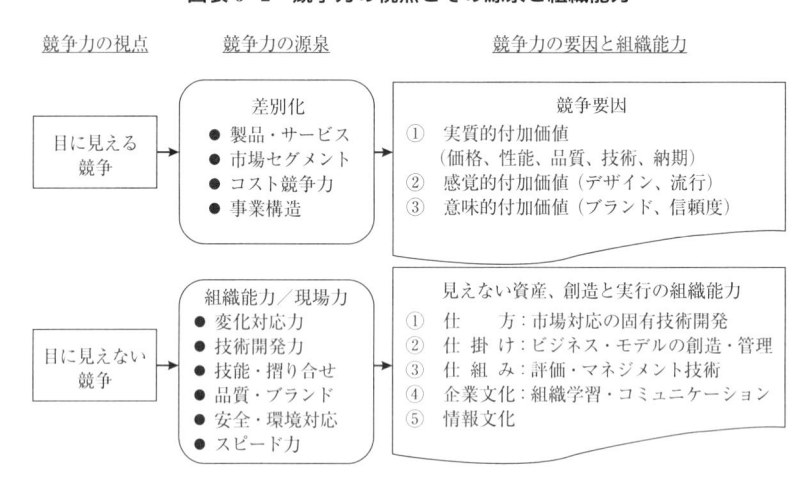

図表 6-2　競争力の視点とその源泉と組織能力

競争力の視点	競争力の源泉	競争力の要因と組織能力
目に見える競争	差別化 ● 製品・サービス ● 市場セグメント ● コスト競争力 ● 事業構造	競争要因 ① 実質的付加価値 　（価格、性能、品質、技術、納期） ② 感覚的付加価値（デザイン、流行） ③ 意味的付加価値（ブランド、信頼度）
目に見えない競争	組織能力／現場力 ● 変化対応力 ● 技術開発力 ● 技能・摺り合せ ● 品質・ブランド ● 安全・環境対応 ● スピード力	見えない資産、創造と実行の組織能力 ① 仕　方：市場対応の固有技術開発 ② 仕　掛：ビジネス・モデルの創造・管理 ③ 仕　組　み：評価・マネジメント技術 ④ 企業文化：組織学習・コミュニケーション ⑤ 情報文化

出所）　池田辰雄「製造業の現場力」の資料に筆者加筆

だけでなく、企業の社会共生や安全や環境その共生であり、継続的な課題と実行である。見えない資産や実行力は、経営資源の調達と運用を行うために企業独自の戦略や計画策定とその管理方法や手法などがあり、組織能力は一連の過程を進める原動力といえる。日常活動は、論理的な手法による規範的な行動指針のもとでシステム思考、学習思考、合意思考の実践と協調的な組織学習から生まれるものであり、今後組織能力の強化・拡大は、大きな競争優位性の要素となることと想像される。

3.2　組織能力と自律的な現場力と組織学習

(1) 組織能力と自律的な現場力

　組織能力の強化・拡大は、日常的な業務活動から生まれる現場力であり、それは現場の自律的な組織学習を通して生まれる。企業の持続的成長は、企業変革の継続性が根底的な課題であり、それは外部の市場や競合他社の動向に適合をしていくためにビジネスシステムとインターフェース機能を創造、修正、追加していくこととしている。ビジネスシステムは、ビジネスルール

や業務ルール、そして商流や物流機能の整合性、同期性、一貫性の要件を満たすことである。その要件は、ビジネスシステムや業務プロセス間の経営資源をコントロールするために施策やインターフェース機能の適合や実行・評価をサイクリックに行う組織能力を必要とする。インターフェース機能の適合は、第一に、市場適合と経営資源の適合であり、市場に産出する商品・サービスが消費者の「有効性」基準に従ってビジネスシステムと業務プロセスの設計をする課題である。第二に、設計されたビジネスシステムは、資源の調達と運用について「合理性と効率性」の基準からムリ・ムダを削減するために業務プロセスの全体的な最適化を図る課題を持っている。

現場の業務活動は、図表6-3に示しているように左側部の組織階層では、現場層が手順に従って業務処理を行い、そこから課題を感知して自主的な組織学習を行い、コミュニケーションを通してスタッフや経営者の支援を受ける。右側部の業務活動の流れは、課題の発見から解決と実行であり、その流れは、経営ビジョンの共有とコミュニケーション（情報活用）の共通した活動のもとで、根底的な経営ビジョンや戦略から実行支援や組織学習の支援を受ける。実行支援は、コーチングやティーチングの方法であり、現場層の自

図表6-3 組織階層と業務活動の実行

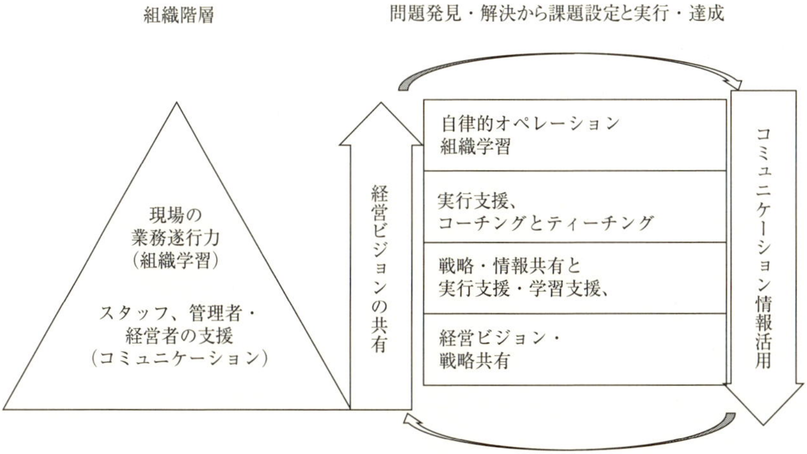

組織階層　　　　　　　問題発見・解決から課題設定と実行・達成

現場の業務遂行力（組織学習）
スタッフ、管理者・経営者の支援（コミュニケーション）

経営ビジョンの共有

自律的オペレーション　組織学習
実行支援、コーチングとティーチング
戦略・情報共有と実行支援・学習支援、
経営ビジョン・戦略共有

コミュニケーション　情報活用

出所）　池田辰雄「製造業の現場力」の資料に筆者加筆

律的なオペレーションや組織学習を通して、ソリューションの創出と実践過程で組織能力の力を付けていく。

　経営層は、現場層の権限移譲とその確実な実行による成果から、両者の信頼関係が生まれ、組織固有のスキルや技能の共有と標準化を進め、組織能力の共有と資産化に持っていく。現場力の多くは、モノの流れにおいて技能・生産・管理分野の開発や技術、熟練層の固有のスキルがあり、商流や情報では販売部門の取引先との関係性、生産部門の調達先や協力会社の長きにわたる協業のノウハウなどの現場対応力である。さらに現場力は、インターフェース機能として、データ・情報の整合性や統合性の課題、生産・物流分野の設備機器や情報機器の接続性、そして人間と業務系の摺合せに関するコミュニケーション力や生産・保守活動に固有なノウハウやスキルも現場力といえる。

(2) 組織能力と組織学習、情報文化

　組織能力は、狭義の視点で戦略・計画の策定や実行に伴う課題解決を組織学習によってソリューションに繋げていく能力でもある。経営課題に関する情報は、例えば知識創造理論のSECIモデルによる方式では、本社側の形式知と現場側の曖昧な暗黙知の解釈に関して感知、認識、分析、解決のプロセスに組織学習を通して共有されていく。その組織学習は、現場側の暗黙的な表現や説明の難しい事象について、色々な形のコミュニケーション（情報活用）によって真実に迫ることである。しかし本社機能の多くの人は、論理的な根拠を求め、現場部門に出向いて現状を観察して究明や対策を立てようとしないばかりか、準備されたデータや情報から教科書的な分析と、策定や修正計画の立て直しをするが、その進捗具合などのフォローをしようとしない。

　ビジネスシステムは、独特の企業文化によって運用されており、人や組織の行動は、多様な価値観に基づいて、論理的・思考性と感覚的・感情性の均衡の中で実行されている。またそれを支える組織能力は、企業の成熟度や学習文化、情報文化の体質によって異なっており、図表6-4では組織能力と学習文化や情報文化の関連性を示している。

　第一の学習文化は、自発的な組織学習をすることであり、問題の本質をシ

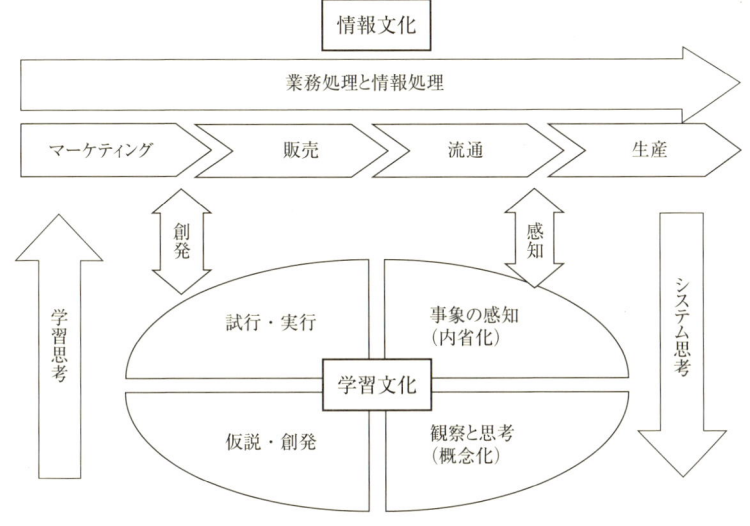

図表6-4　組織能力の強化・拡大と学習文化と情報文化

出所）　色々な書籍から筆者作成

ステム思考によって内省化と概念化を探索し、さらに次の仮説・創発と試行・実行に繋いで行く、感知や思考と創発のサイクルである。組織能力は、業務処理に粘着している情報を知識・経験から読みとる力であり、問題の感知と組織学習、そして仮説や試行から創発・実行に繋いでいく学習文化によるものである。学習文化は、コミュニケーションを肝的機能にしており、自由闊達な発言や意見など、情報の流通を促す情報文化に補完されている。

　第二の情報文化は、人や組織が自由なコミュニケーションと多彩な情報の活用によって、組織学習を深耕し、ソリューションの探索を支援するものである。利害関係者間では、利害の対立に双方の主張と理解から譲歩や調整を行い、合意形成の過程は、コミュニケーション（情報活用）を肝とする業務活動において、透明性と写像性の視点から見える化であり、情報文化の認識を変え、風通しの良い企業体質に変えていくことである。組織能力は、学習文化と情報文化を両輪として相互的な作用と補完機能を持っており、その両輪は、組織全体の行動や知識の体系であり、模倣困難な差別的な資源として、長期的な競争優位性を生みだす資産と言える。さらにこの行動体系と知

識体系は、考え方や経験の積み重ねによる学習文化と情報文化に支えられて新しい組織能力を形成していく。組織能力は、現場層の自律的な行動による自己実現とエンパワーメントによる行動力であり、自発的な学習文化と情報文化から形成される知識力となりビジネスシステムの進化や経営品質の向上に繋げていく能力となる。

3.3 組織能力とイノベーションの創発の共進性

(1) 組織能力とイノベーションの関係性

企業変革の方向性は、組織能力とイノベーションであり、その二つは、互いに励起と刺激の役割を担い、非常に密接な関係性を持っている。組織能力の強化・拡大とイノベーションの創発は、互いに影響と作用を及ぼしており、企業の外部環境や企業内の戦略や経営資源を突合させて、適合を図っていくためにその創造・修正・追加を続け、定着化や実行の段階ではインターフェース機能の摺り合わせを行っている。組織能力は、経営資源の創造・修正・追加に関して現在と未来の要件を見通し、策定する能力であり、ビジネスシステムの進化にとって、現在のインターフェース機能の適合と未来のために準備する力ともいえる。

図表6-5では、組織能力がビジネスシステムとインターフェース機能に働きかけ、その適合要件として、外部環境、内部の経営資源、組織・マネジメントの要素を構造化したものである。適合とは、ビジネスシステムの機能とその要素を制御と調整をするものである。市場への適応と機能設計は、組織能力による分析作業や策定・設計を行う構造部であり、機能の有効性を高めていく原動力と成果がイノベーションである。二つの関係性は、互いに影響と作用を及ぼし合う要素によって運用を行っており、ビジネスシステムは、業務プロセスの設計や経営資源の配分を行い、経営資源の有形資源は、効率的な調達と運用であり、無形資源は組織、人、情報のストックと有効活用である。

ビジネスシステムの基本設計は、市場適合と企業内部の経営資源の適合であり、もう一つは、産出する商品・サービスとプロセスが、顧客や消費者か

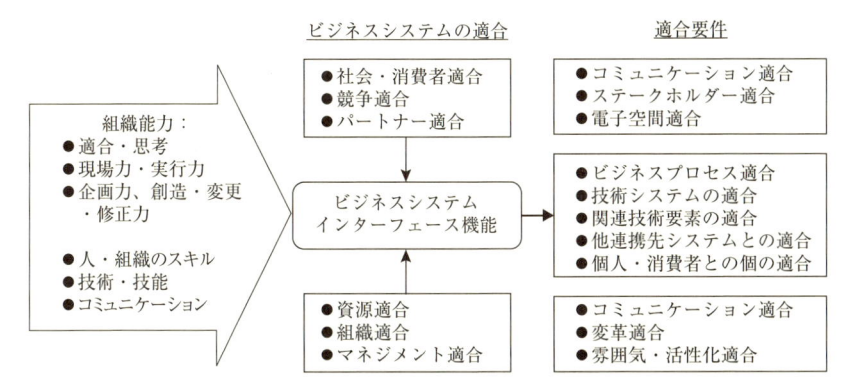

図表6-5　組織能力とイノベーションの相互的な共進関係

```
                        ビジネスシステムの適合           適合要件
                        ●社会・消費者適合            ●コミュニケーション適合
                        ●競争適合                  ●ステークホルダー適合
                        ●パートナー適合             ●電子空間適合
組織能力：
●適合・思考
●現場力・実行力                                    ●ビジネスプロセス適合
●企画力、創造・変更          ビジネスシステム        ●技術システムの適合
 ・修正力                 インターフェース機能      ●関連技術要素の適合
                                                ●他連携先システムとの適合
●人・組織のスキル                                   ●個人・消費者との個の適合
●技術・技能
●コミュニケーション         ●資源適合               ●コミュニケーション適合
                        ●組織適合               ●変革適合
                        ●マネジメント適合          ●雰囲気・活性化適合
```

出所)　伊丹敬之・西野和美［2004］『経営戦略の論理』に筆者加筆

ら支持を得られるかという有効的適合性である。二つの視点の経営課題は、多様化に対する適応力と対応力であり、まさに組織能力とイノベーションでの創発と能力といえる。第二に、ビジネスシステムの機能化は、経営資源の調達と運用が、ムリ・ムダの削減につながり、業務プロセスの整合性や同期性と全体的な最適化を維持しているかということである。また経営課題は多様化しており、ソリューションの優先順位は影響度、重要性、緊急性の基準から取り組み、共通要件は、整合性・一貫性・統合性といえる。

　ビジネスシステムは、業務設計と技術的なシステム設計の適合であり、インターフェース機能は、業務プロセスと他部門、他企業、さらに消費者との適合をするために業務設計と技術的なシステム設計の適合を図っていくことである。また運用の段階ではビジネスシステムの適合に沿って運用システムの適合要件の制定と保守を検討する必要がある。ビジネスシステムの外部適合に対して運用では、利害関係者とのコミュニケーション、不特定な対象者との電子空間の適合があり、インターフェース機能の運用では、業務設計とシステム設計の双方から適合状態を進化させることである。企業内部の運用と保守は、コミュニケーション、企業変革、組織風土の活性化や改革の視点からその適合状態について注視していかなければならない。

　人や組織は、スキルを磨き、他社が真似のできない模倣困難な技能や技術

を埋め込んでいくことである。現場活動や経験から生まれた現場力は、競争力や品質への源泉であり、チームワーク、現場の創意工夫、擦り合わせなどの行動はイノベーションの創発に繋がっている。ビジネスシステムとそれを実現するインターフェース機能は、製品・サービス単体や複合商品の設計開発とその価値生産を支援し、業務設計の適合には、インターフェース機能の技術システムとの嵌合性、連携の整合性、消費者とのコミュニケーションの有効性を考えていくことである。経営課題は多様化しており、そのソリューションは、全体的な最適化とスピード対応に迫られ、組織能力は、業務面の摺り合わせと技術面のインターフェース機能の嵌合性、整合性によって、ビジネスプロセスイノベーションの創発を推進する方向に持っていく。組織能力とイノベーションはお互いの作用によって企業変革の進化と成果となり、持続的な企業成長に貢献していく。

(2) 経営戦略と組織能力の資源

　経営戦略は時代背景とともにダイナミックに変わっており、その策定方法は、①トップダウンによる戦略の策定、②市場と資源適合を創発する創発戦略や構造的な競争戦略、③ポジション・ビューの市場構造の競争戦略から市場主導の経営品質を目指す位置づけに変わり、さらに④経営資源の強みと弱みとプロセス重視のRBV資源ベース（リソース・ベーストビュー）の戦略論に変化している。その流れの中で組織能力の重要性が増しており、図表6-6の経営戦略論の研究スタンスと組織能力の関わりでは、横軸に経営戦略を置き、一方をコア・コンピタンス、その対極を人と組織とし、縦軸は、組織設計と運用方式を対極させて考えている。コア・コンピタンスとは他社が真似のできない技術や技能中心の戦略と実行を競争優位性の源泉として広まった概念であり、背景にはジェイ・B・バーニー（Jay B. Barney）が主張するリソース・ベーストビュー（RBV）があり、コア・コンピタンスと経営資源の強みを融合化する戦略として位置づけられると考えてよい。原田ら[2004]は、成果としてソリューションやコンテンツ創造の実践方法や段階的なステップを指摘している。ここで企業変革の目的はソリューションやコンテンツ創造であるとし、リソースの視点から企業のコア・コンピタンスと

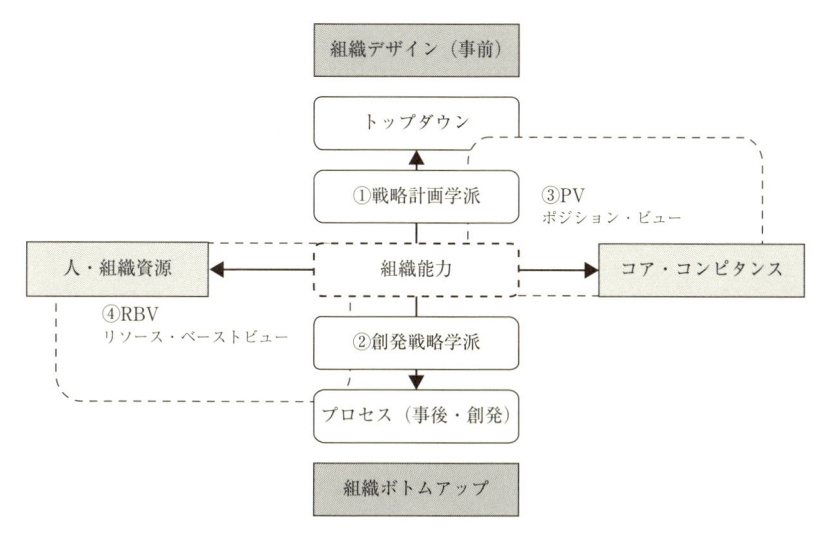

図表 6-6　経営戦略論の研究スタンスと組織能力

```
              組織デザイン（事前）
                    │
                トップダウン
                    │
            ①戦略計画学派      ③PV
                               ポジション・ビュー
  人・組織資源 ←── 組織能力 ──→ コア・コンピタンス
      ④RBV
   リソース・ベースビュー
            ②創発戦略学派
                    │
             プロセス（事後・創発）
                    │
              組織ボトムアップ
```

出所）　伊藤秀史・沼上幹・田中一弘・軽部大［2008］『現代の経営理論』に筆者加筆

人・組織を対極させ、また実効的な実践の視点では組織設計（事前のデザイン）と運用方式を対極して重ね合わせた結果、その中心に位置する機能が組織能力の策定能力と実践的な遂行能力である。これは組織能力が、コンピタンスによって局面に応じたソリューションを創造し、リソースの視点から組織の再設計や現場の権限委譲などによって、戦略や行動を有効化することを強調するものである。

また石川［2008］は、企業経営の源流をリソース・ベースビューの戦略論であるとし、G・ハメル（Gary Hamel）らの提唱する企業行動への展開は、「組織ケイパビリティ」の概念から「コア・コンピタンス」の概念に発展させているとし、競争力の源泉は、組織に内在する「組織学習」や「組織ケイパビリティ（コア・コンピタンス）」の普及や成果であると主張している。G・ハメル（Gary Hamel）らは、企業の競争優位性は長く続くものではなく常に製品・サービスの代替品の出現、競合他社の模倣による産出、コスト競争などの脅威にさらされていると警告しており、短期的な期間で素早く変化へ

の適応をすることを訴えている。彼らは1980年代までの日本企業の成功要因の分析から、企業の競争優位の真の源泉は、企業外部の機会や脅威に迅速に適応するために、スキルの集積化と統合化をしていく現場の「コンピタンス」にあることを指摘している。コンピタンスを支える原動力の部分が、組織の集団的組織学習であり、多様なスキルや技術・技能の断片的な芽や兆しをいかにイノベーションと統合化をすすめていくか学習をすることであるとしている。

(3) 組織能力の強化・拡大

組織能力の醸成は、企業変革の積極的な取り組みから始まり、人や組織が自律性に基づいて自己組織化と自主性や自律性に基づいて自己実現を図る志を持ち、また組織は市場や他社の動きに適応をして経営資源の創造や改善を加えていく継続の結果といえる。デビット・ティース（David Teece）[2010]らは、長期的な視点から企業の競争優位分析の分析単位を「ケイパビリティ」に相当する概念の研究について、その総称を「ダイナミック・ケイパビリティ」と呼んでいる。ダイナミック・ケイパビリティとは、経営組織の領域から現行の慣習・学習パターンを統合化や再配置を行うことによって急速な環境変化に対応する能力であると指摘している。環境の変化が緩やかな場合には、組織の保有する経営資源を最大限に活用する戦略でよかったが、ダイナミック・ケイパビリティでは、スピードと変化に追従していくために組織の資源ベースを創造・拡大・修正していく能力を強化させていかなければならない。

例えば、組織能力は企業内の事業ドメインの再編成、M＆A（買収）、戦略的提携、新規参入、新しい業務プロセスや新しい製品の開発などに関連して発揮される能力ともいえる。組織能力は、企業の成長過程に応じた、外部環境と経営資源の適合と将来の市場の変化を洞察して適応させていく手段を「ダイナミック・ケイパビリティ」として拡大して解釈する必要がある。筆者は [2011]、彼らの定義する資源ベースを創造・拡大・修正する論理的な能力だけでなく、不確実性の高い企業環境の中で、日本的な企業文化や人的属性の強い組織内でいかに機能化させるかという論点を強調してきた。それ

は、論理的で技術的な視点による取り組みは当然であり、障壁となっている企業独特の暗黙のルールや慣行、影響力を及ぼす人的属性への配慮を主張するものである。組織能力は、コミュニケーション（情報活用）と組織全体の戦略的意図やダイナミック・ケイパビリティの活動因子によって培われる産物ともいえる。その推進要因は、ひとつは論理的な情報・知識・経験・行動の断片であり、もう一つは人間が作る「場」の感情・感覚器官の断片であり、活動の雰囲気といえる。

　特に感情・感覚器官は、人間固有の特性であり、人間や組織の高度な感覚器官と多様な情報処理能力を持つ情報装置は、情報の流通機能として空間を飛び交い、実に多様な情報の受発信をしている。企業経営は、こうした人間や組織に宿る見えない能力と空間の特性を取り入れ、そのマネジメントは、戦略・組織・人に依存して発揮される、組織能力、顧客資産、仕掛け・仕組みの断片を集合化し、その体系化によって人や組織を動かし、最適な機能化をする感性と論理によるビジネスシステムを創造することである。

　情報資源の活用は、ビジネスシステムの進化にとって、経営資源の調達と運用、有効的な組織資源、そして戦略・スキル・モチベーションを維持する人的資源の調和と機能化に貢献している。SNS時代において、社会、市場の消費者、多くの利害関係者は、仮想的電子スペースを共有して、経営層は経営ビジョンを語り、社員の自己実現の志を支援し、さらに社会共生や企業の持続的成長を続ける命題をビジネスパートナーと共有することである。企業変革は、多様な経営課題に挑戦することであり、論理的な手法と高度な感覚器官である情報装置を活用して、眼前の財務的な業務目標だけでなく、持続的な成長のために、時代の潮流に関心と洞察を持ち、外部からの知識や情報の移入に努め、自らの学習と組織能力を高めていくことといえる。

4 事例——組織能力重視の三菱商事とリクルート

4.1 「コア・コンピタンスは総合力」で成長を続ける三菱商事

(1) 総合商社の機能と変遷

総合商社のもつ機能は、多岐にわたり複合的であると言われている。商取引機能、金融機能、情報機能が基本機能であり、また複数企業間の強み・弱みを補完するビジネスマッチングやオーガナイザー機能、開発機能、投融資機能、事業経営機能、危険負担機能などが一般的である。その他、派生的な機能として、需給調節機能、市場開拓機能（マーケティング機能）、在庫機能、物流機能、バッファー機能（緩衝機能）、貿易ネットワーク機能、リスクマネジメント機能なども挙げることができる。

いずれの機能もコミュニケーションと情報の活用が、共通的で肝の役割をしている。情報はデジタル、アナログを問わず収集から取捨選択をして企画や目的に応じて情報の加工や精査を行い、複数部門間や企業間のコミュニケーションと意思決定に重要な役割を担っている。また情報は、重要な経営資源の一つとして認識されており、その価値や扱いが非常に慎重で重宝されている。日本の総合商社の歴史は、財閥グループの形成とそのオーガナイザー機能が強く残っており、そのグループ認識と自企業の成長のために互助的に情報の活用を進め、日常の業務活動を強力に支援した経緯をもっている。すなわち業務活動は、情報を基本にして共有化や営業支援の活動に拡がり、標的とする業界や企業に関して情報を収集して戦略や企画を練るために情報を多面的な角度から分析とその真偽性の検証から活用をしている。さらに直接的なコミュニケーションによって内容や事実関係を確かめ、外部情報やコミュニケーションから精度の高い情報に仕上げられ、確度の高い戦略や企画の策定に活用されていく。

総合商社の変遷は、時代別に次のように整理することができる。「斜陽」「冬の時代」とネガティブに形容されてきた総合商社は、この2010年期の決算では上位5社の純利益合計が1兆円を超える業績結果を示している。資源

高の追い風もあるが、各社は復活の主因は「総合力」にあると主張しているが、従来総合商社は、さまざまな商材の流通に関わり、仲介手数料を取るビジネスモデルを中核にしていた。1960年代は「商社斜陽論」、80年代は「商社冬の時代」、90年代は「Middlemen will die」と30年間ネガティブな同じことを言われ続け、その理由としてメーカーが、直接輸出や資材調達を自前で手掛ければ、商社の存在意義が薄れるという背景に基づいていた。60年代から80年代、商社は巨額の資金を投じて世界各地の石油や天然ガス、鉄鉱石、石炭など資源の権益を取得し、地球の資源枯渇や日本のエネルギー資源に関する課題に真剣に取り組んできた経緯をもつ。

商社の強みは、「コア・コンピタンスは総合力」であると考えられ、総合力として戦略、組織、人的チャネルなどの多面的要素から事業を展開するビジネスモデルを時代とともに次々と新しく創造してきた。それは、需要と供給の企業の間に立ち、物流やファイナンス、情報提供といった機能を業種の区別なく提供してきた活動の歴史をもっている。商社機能が活発化する1950年以降から現在に至るまで需要集約型のビジネスモデルは、汎用化学品や農産物などの需要を束ねてボリュームを創出するものであった。取引仲介だけでなく、需要側の信用取引にファイナンス機能や物流機能の在庫や商品管理を肩代わりして手数料を得た。

1960年代の高度成長期に入る前後から需要家、供給側の数が急速に増え取引量が急増し、複数の顧客を束ねるコーディネーターとしての役割に重みを持つようになった。事業分野では重化学工業品の比重が増し、国内外のプラントや発電所の建設に関わったことからその資金調達のために協調融資の組閣にも乗り出した。国内では、電力会社や鉄鋼メーカーなど大口需要家の確保、海外ではLNG（液化天然ガス）や鉄鋼原料、原料炭などの権益に出資し、資源、燃料、原料を国内に持ち込むビジネスを展開した。国内に輸送用の船舶を保有し、物流にも関わるようになり、現在の好業績はこの当時からはじめたビジネスに支えられている。また70年代には、メーカーへ出資して資本関係を築き、その上で原材料や部品を納入し、完成品の販売を手掛けるようになり、その具体例として、いすゞ自動車へ出資案件では、部品納入とインドネシアでの販売を請け負ったビジネスと言える。

1980年代から2000年前後まで三つの大きな波があり、第一に円高、第二にバブル期の財テク問題の処理、第三に、90年代後半のアジア通貨危機や国内の金融危機などが遠因となり、不採算部門や償却費負担を重く抱えたが、こうした経験と教訓から各社は、リスク管理の強化に乗り出した。商社は真のグローバル化への適応とビジネスの無国籍化の潮流に組織や人作りの強化と情報の収集や戦略的活用をしてきた。2000年前後からは、また商社はリテール網を確保して川上分野への交渉力拡大を狙う戦略の展開、その代表例としてコンビニエンスストア大手のローソンへの出資があり、事業の大半がB to B（企業間取引）だった商社に一大転機をもたらした上、さまざまな分野で原材料の開発から輸送・製造・加工機能と中間流通、小売業の各事業に関与する事業モデルを構築する展開を加速させている。（本項目は「商社は世界で勝てるか」日経ビジネス2010年10月25日号を参考）。

(2) 三菱商事の現状

　三菱商事は、新産業金融事業、エネルギー事業、金属、機械、化学品、生活産業の6グループにビジネスサービス、地球環境事業開発の2部門を加えた体制で、幅広い産業分野を事業領域としており、500社を超える連結対象企業と共に世界中の顧客を対象にビジネスを展開している。2010年度から2012年度の経営計画、「中期経営計画2012」では、グループ全社に経営目標を明示化して開示・共有・徹底をしている。

　中期経営計画の第一は、経済情勢の観察から新興国の高い経済成長と先進国の地位の相対的な低下傾向に伴って、技術や生産革新による新興国の台頭等新たな成長市場で需給先の拡がりが続くと予測している。収益構造と収益モデルは、急激な変化と多様化に対応して、市場や事業投資先の移管・変更など内部の責任体制の再編成を行ってきた。戦略は、外部環境の変化に収益基盤の強化・充実と次の収益の柱の育成に向けた取り組みをすすめている。第二に財務目標は、2012年度の連結純利益として5000億円を目標値とし、中経期間中のROEは12〜15％を見込み、有利子負債倍率（ネットDER）は1.0〜1.5倍を目処として財務の健全性の維持を確保する計画である。第三に、投資計画は、中経期間中、毎年7000〜8000億円、3カ年合計で2兆〜2

兆5000億円の投資をする計画を持っており、具体的な投資先は、全社戦略と地域分野に、4000〜5000億円、金属資源・エネルギー資源分野に1兆〜1兆2000億円、その他の分野の投資として6000〜8000億円を計画している。

　経営目標の施策は、第一に「全社戦略の分野と地域の設定」を定め、新興国の高い経済成長や新たな成長市場へ対応するために経営資源を投入し、第二に「多様性を活かす経営」として個々の固有の事業を強化して複数の収益の柱を育成する、第三に「多様性を束ねる経営」の施策は、グループとして多様性を束ねることによって総合力を創出しようとしている。グローバル化対応とビジネスの無国籍化展開は、事業分野と対象市場を絞り、多様性への積極策と内部資源を適合させ、全体最適のために制御機能や調整機能の強化・拡大をするなどの総合力を強調している。収益モデルの多様化に伴い、海外拠点、組織、人材、ITにかかわるマネジメントは、経営基盤の考え方として、抜本的且つ総合的な視点から戦略策定をすることを基本にしている。（URL：http://www.mitsubishicorp.com/jp/ja/about/profile/ 参照）。

(3) 三菱商事の「コア・コンピタンスは総合力」と組織能力

　組織能力重視の経営戦略は、経営目標を実現するために「コア・コンピタンスは総合力」として次のような施策によって実行をしている。主な施策の第一は、前項で述べたとおり、新たな成長市場への経営資源の対応による強化策を考えており、それはインフラや地球環境事業を全社戦略分野に設定し、経営資源を新たな成長市場への対応に振り向け、日本や世界の共通的課題の解決に貢献することとしている。また中国・インド・ブラジルを全社戦略地域として成長著しい内需の取込みを目的としている。第二は、「多様性を活かす経営」の視点から市場や事業の多様化に積極的に取り組み、内部の経営資源の多様な組織能力を活かして個々の事業の強化と複数の収益の柱を育成していく。事業の業績や活力は「みえる化」の仕組みを構築し、事業特性や収益モデルに応じた目標管理を行うこととしている。第三は、経営組織は、全社戦略や地域戦略など、営業グループ部門を跨る取り組みは、社長を委員長とする営業企画委員会を中心に事業戦略や対応方針を取り決める。また収益モデルの変化や多様化の課題は、三菱商事グループの拠点、人材、組

織、情報技術に関する方針とマネジメント体系を検討している。事業の取り組みは、共通的な経営基盤の考え方を基本的且つ総合的な視点からグループ各社の意図のもとで戦略、運用、利益の価値を創造している。

中期経営計画では、三菱商事の目指すべき方向として「継続的企業価値の創出は、継続的経済価値、継続的社会価値、継続的環境価値の"三つの価値"の創出である」を掲げている。そしてグループ企業だけでなく、全ての利害関係者の要望や期待に応えるために長期的・短期的な視点から、世界市場の開拓、事業部門の多角化等、事業活動や日本や世界の課題解決を通じて貢献し、「継続的企業価値」の創出を目指すこととしている。

4.2　情報サービスの潮流に組織能力で適応したリクルート

(1) 情報化社会と創業からの経緯

経営者も資本も劇的に入れ替わったがリクルート本体は、目に見えないサービスを提供して大きく成長軌道から外れることなく自転し続けて高収益を維持している。その背景には、経営理念を守り、組織能力を練磨し続けた企業能力がある。企業理念は「私たちは常に社会との調和を図りながら、新しい情報価値の創造を通じて、自由で活き活きした人間社会の実現を目指す」と謳っている。経営の三原則は、まず新しいサービス価値の創造に向けて、時代の変化を先取りして市場動向の洞察から予想される新しい情報の内容や価値を生み出し、市場のニーズを最大限に充たしていく情報サービスの企画や提供を行うことである。続いて業務活動は、個人を尊重し、各人の持てる個性や能力を最大限発揮できるように積極的な支援をし、企業業績だけでなく、結果的に社会に貢献する成果を通じて「個」の存在と社会的な企業価値を求めていくことを基本としている。

創業は1960年で半世紀を経たリクルートは、個人と組織の能力の「自転する力」が存在価値であり原動力となっている。現在の企業概要は、従業員数は5400名強、売上高が約3200億円であり、事業内容は情報サービスを核として、人材、教育、住宅、旅行・観光、ブライダルなど生活やライフスタイルに関する情報の提供とそのマッチングサービスである。情報化社会の到

来と急激なライフスタイルの変化を読みとり、情報サービスの市場ニーズに応え、情報メディアや配布方法の多様化に対して、技術的なイノベーションによって応え、市場から存在価値を認められ、成長の成功要因となったのである。消費者個人は、収集困難で幅広い分野の情報について一覧性と適切な切り口から情報を手にすることができることである。豊富な情報をもつリクルートは、徒手空虚の消費者に対して、情報の非対称性を埋める情報サービスを提供するビジネスであり、情報を手に入れた消費者は、相場観の情報を参考に仕事探しや買い物、レジャーなどの分野で生活上の支援者として依存性を高めていった。コンピュータとインターネットの情報技術は、検索手段や情報品質を格段に向上して情報の非対称性を急速に解消していったが、同社の介在価値は低下しなかった。理由は情報化社会とともにリクルートが創ったオープンな情報市場の需要の喚起から情報価値を定着化させており、生活上の支援者として存在になったからである。

　ネット社会では、紙媒体からパソコンやモバイルなどの手段が加わり、有料と無料の区別、多様な情報の需要の喚起、情報を入手する場所やタイミングを多様化させた。そしてコンピュータとインターネットは、データベースの検索と情報獲得までのスピード化によって、消費者に最適な情報提供者として定着していった。有料紙を無料紙とWebに変更するその変化は、消費者動向にきめ細かく対応するサービスビジネスのイノベーション創発と新しいビジネスモデルの創造であり、それは組織能力によって生まれたものである。企業の人や組織が、自律・自転する力は、まさに市場や消費者の動向を読みとり、激変する市場環境に企業内部の経営資源を適合させ、さらに外部のアウトソーシングの手段をも含めて新しいビジネスの種をまき続ける戦略こそ、成長を続ける企業といえる。

(2) 情報サービスをビジネスモデルとした自律・自転の組織能力

　リクルート本体は、さほど成長軌道から外れることなく情報サービスを中心に据えて、自律・自転し続ける組織能力によってサービスメニューを拡大し、高収益を維持して成長を続けてきた。市場や消費者の動向に敏感に反応して企業内の経営資源、特に無形資源の人的資産、組織資産、情報資産は、

経営理念や経営三原則である「個」のビジネス活動と密接な関係がある。無形資源とビジネス活動は、市場の動向に敏感に適応していくために、局面ごとにビジネスの創造・修正・追加を目論み、さらに将来のサービスビジネスに備えて準備する組織能力を強化してきたのである。

　市場動向は、情報化社会に伴い情報サービスやその価値が、消費者の間で定着化されて社会で認知されていった。市場の背景は、労働市場の個人の生活スタイルの変化があり、企業側は、流動的な即戦力としての多様な人材の要求があり、双方の要件は情報サービスの効率的なマッチング機能によって満たされるようになった。このような経緯から情報サービスが、飛躍的に普及してサービスビジネスとして認められたことである。またリクルートは、社会の変化や労働市場の動向を読み、労働市場の求職条件、企業からの雇用求人要件に応えて、新しいサービスの開発や方法を改善してその品質を高めてきたことである。まさにH・イゴール・アンゾフ（H. Igor Ansoff）が提唱した、企業の成長戦略と多角化戦略であり、新しい情報サービス概念の商品軸を情報サービス、市場軸を情報要求者に対比させ、その流通と配布媒体として多彩な情報メディアを活用したのである。また既存のユーザー層を基盤にして、新しい情報サービスの開発をし、多彩な情報メディアによる新市場の開拓をする多角化戦略を次々に細分化したセグメントに推進してきたのである。最終消費者への情報サービスは、Web技術や情報誌がカバーし、企業向けの情報サービスは、Webによる販売推進と直接的な顧客のコミュニケーションを介して、顧客要件に応えて顧客固有のソリューションサービスを提供している。現在では、サービスに応じて提供しているそのサイト数が12に拡大し、商品・サービスのセグメント数は60以上になっている。

　リクルートの「個」の集合体は、組織能力に支えられて「個」が情報サービスを創造し、既存の情報サービスの追加や修正を加えて「個」間での情報共有とアイディアやソリューションサービスの相互的な増幅作用によって新しいサービスを創造していったのである。サービスビジネスは、顧客企業の経営資源の補完を担うビジネスパートナーとソリューションプロバイダーの両面を持っている。その背景には、リクルート社員の価値観と強い自律化の意思があり、ビジネスの創造活動を通して培われた組織能力があったからで

ある。そのビジネス活動は、市場の受け入れ側の細分化に応じてターゲティングやポジショニングを考える企画・開発、発信メディアの創造である。法人向けのサービス活動は、ソリューション提案から始まり、サービス品質と契約責任の遂行に関する取引条件を、「個」へ大幅に権限委譲しており、自律化やプロフェッショナルとしての能力を培い、企業は環境づくりと運用支援をした結果、好業績に繋がっているのである。企業理念である社会との調和や共生をもとにしたビジネス活動は、経営の三原則と自律・自転の「個」を基本とする組織能力の集合化であり、組織能力が時代の変化を先取りし新しい情報価値を生み出し、相互作用の増幅によって成長を続けているといえる。

4.3　三菱商事とリクルートの組織能力の強化・拡大の検証

(1) 組織能力が整列化された三菱グループ

　三菱商事とリクルートの両社の競争優位性と成長の視点から成功要因について探索を試みる。三菱商事の創立は1954年であるが、1934年に旧三菱商事の行動指針として①初期奉公、②処事光明、③立業貿易の三綱領を制定している。それは1920年、三菱の四代目社長岩崎小彌太の訓諭をもとにつくられており、現在もその精神は役職員の心の中に息づいている。その背景には、事業を通じ物心ともにかけがえのない地球環境の維持や公明正大で品格のある行動を信条に、豊かな社会の実現に貢献することを目指すとしている。現在同社は、国内および海外約80カ国に200超の拠点を持ち、500社を超える連結対象会社と共に色々なビジネスを展開する最大の総合商社である。その事業ドメインは、新産業金融事業をはじめ金属など6グループと新しくビジネスサービス、地球環境事業開発の2グループを加えて製造・流通などのパートナーと共に世界中の拠点で開発・生産・流通などの役割を担っている。

　三菱商事は、戦前戦後、三菱財閥グループの中心として総合商社機能を多面的、複合的、統合的にすすめた経緯と特徴をもっている。同社の特徴は、伝統的な商社機能に加えて、グループ企業の全体最適化のために派生的な機

能といわれた需給調節機能、市場開拓機能（マーケティング機能）、在庫機能、物流機能、バッファー機能（緩衝機能）、貿易ネットワーク機能、リスクマネジメント機能などを担って、その強化とグループ結束力を維持してきた。

　グループ内の組織能力や調整力が、世界的なレベルで経済システム、社会システム、技術システムそして政治システムの将来動向を読む力であり、そのリーダーとして国内だけでなく海外市場に活路を求め、市場開発戦略や産業分野戦略を進めてきた。グループ力を支えた要因は、日本的経営システムの特徴である企業間の業務提携や共同ビジネスの協働と協調の精神であり、特に歴史的にみて経営トップ層の信頼と協調関係は、他の財閥グループに比較して強く、グルーピズムといわれる求心力がグループ企業のすべての組織階層にまで浸透している。情報化社会の進行によって財閥グループの結束力は、弱まる傾向にあるものの、500社を超える連結対象会社のビジネス活動だけではなく、人的資産の交流として経営層の派遣や出向制度などが結束に強い影響を与えている。グループ内の価値観の整列化がなされており、情報のデジタルやアナログ属性、開示・非開示を問わない交信とその活用によってグループ全体の基本的な戦略が策定され、その基本戦略をもとに組織の緊密な繋がりと固有の戦略や実行・運用によって好業績を維持している。

(2) 情報サービスの潮流に乗ったリクルートの「個」と集合体の組織能力

　リクルートの経緯は、情報サービス化の潮流に乗り、市場の色々な要求要件に、社内のソリューションや組織能力によって適応して応えたことである。情報化社会の情報サービスは、社会の多様な就業観や就労観の就職情報と、企業側の雇用が求めるスキルや技能の即戦力と賃金など条件のマッチングビジネスである。求職側の情報サービスは、個人の「個」化による就労場所の分散化や柔軟な就業性の希望に対応した求職ニーズであり、求人側では、企業が要求する即戦略と賃金や勤務時間などの制約条件に関する情報サービスである。当初の情報サービスは、仕事を核とした求人・求職に関する情報によるマッチングサービスであり、その後、社会の生活スタイルの変化に伴って、教育、住宅、旅行・観光、ブライダルなどに拡大され、その情

報はリッチネスが求められ、リクルート側は、情報提供ビジネスの多角化としてそのマッチングサービスを多角化していった。応えるリクルート側は、柔軟的な「個」の組織が、市場・社会の急激なライフスタイルの変化を読みとり、そのソリューションやサービスコンテンツを創造し、情報技術を活用したマルチメディアの伝達手段やコンピュータとインターネットの活用によって多彩な情報提供を行い、ますます情報サービスの定着化と存在価値を獲得したのである。

リクルートの「個」の組織は、消費者単独では、収集困難な広い分野の情報や多彩なメニューや一覧性の形で提供する情報サービスを、リッチネスといわれる詳細で豊富な情報とリーチといわれる広域な範囲に情報を伝達させることによって、消費者と求人側の情報の非対称性を埋めていった。情報サービスは、その潮流に乗って多様な情報サービスを創造し、また新しいサービスの連鎖から派生的に拡大されていく循環サイクルとなっている。その循環を進める原動力は、「個」を基本単位とする自律・自転の組織能力であり、市場や消費者の動向とニーズに応じて情報やソリューションのサービスを企画・開発をする組織能力である。リクルート側の情報サービスは、インフラとして情報技術のメディアやモバイル携帯など多様な情報伝達方法である。市場で需要創造される情報サービスは、「個」と組織が持っている情報・知識・経験の活用と情報インフラの経営資源から創造される循環となっている。

今後の情報サービスの開発の方向は、情報サービスと商品サービスを組合せて電子空間を積極的に活用して市場のマッチング要求に合わせた新しいビジネスを創造していくことである。リクルートは、企業向けや消費者向けとの間に仮想空間としてマーケティングスペースを設け、新鮮な価値ある情報の入手と条件のマッチングプロセスをインタラクティブに進めていく応答システムをインフラとして用意すべきである。このような応答システムでは、サービスソリューションやコンテンツをマーケティングスペースにおいてリアルタイムでインタラクティブに協創していく支援システムである。

さらに情報技術と映像の融合化によるサービスビジネスは、情報や映像による業務の「見える化」を進め、要件のマッチングやソリューションの迅速

化を可能にしていく。例えばサービス業では、顧客数と接客対応に迅速性や対応者の行動に制限があり、作業プロセスの対応に設備機器や作業者の配置などの増減のソリューションがある。「サービスビジネスの提供は、市場の動向に敏感に反応し、まさに「個」固有の臨機応変さや新しいサービスのソリューションを創造し続けていかなければならない。リクルートは、「個」と組織の自律的なビジネス活動を行う組織作りや支援を行い、「個」の集合体に対して将来のビジネスに備える組織能力の強化・拡大とイノベーションの創発を続けていると言える。

　三菱商事はグループの結束力に端を発しており、価値観やビジネスの考え方に共通したものがあり、世界観やビジネス観をいち早くグローバル化や情報化に適用して、独特の企業風土や組織能力を醸成してきたことである。またリクルートは、資本背景こそ変わったものの普遍的な企業理念の下で新しい情報サービスの潮流に乗り、「個」と「個」の集合体が自ら動き、情報サービスを創造していく組織能力の強化・拡大の環境を作り、成果として実を結んだといえる。CSRなど社会とコーポレートガバナンスの規律のもとであくなき新しい事業創造の挑戦が人材の組織能力によって行われている。両社の共通していることは、将来を見通す洞察力の大局観と市場や消費者の動向に応え、人や組織を動かし、情報社会の後押しを得て着実な取り組みから成果を上げていることである。

【注】

1. 公益資本主義とは、企業を社会的存在ととらえ、株主の利益のみを優先するのではなく、顧客・取引先・地域社会などの利害関係者全般への貢献を重視する考え方。
2. JQAとは、「財団法人 日本品質保証機構」の略称。ISOの審査登録、電気製品の安全試験等を行う。マネジメントシステムを指すことが多く「組織が方針および目標を定め、その目標を達成するためのシステム」のこと。
3. エンパワーメントとは、現場の裁量と権限を拡大し、自主的な意思決定を促し、行動を支援すること。現場の責任感やモチベーションを高める手法。

参考文献

(社)日本能率協会[2009]『「第12回新任役員の素顔に関する調査」報告 —— 新たな"公"経営の兆し、日本的経営のプラス要素を追及』(http://www.jma.or.jp/news_cms/upload/release/release20090804_f00053.pdf)。

(社)日本経済団体連合会「新卒採用に関するアンケート調査結果の概要」2010年4月 (参考：http://www.keidanren.or.jp/japanese/policy/2010/030.html)。

日本経済新聞、日本経済新聞記事、2010年6月15日。

加護野忠男［2002］「企業変革」神戸大学大学院経営学研究室編『経営学大辞典』(第2版第四刷) 中央経済社、pp. 163-164。

岩井克人［2006］『資本主義から市民主義へ —— 貨幣論　資本主義論　法人論　信任論　市民社会論　人間論』新書館。

藤本隆宏「日本企業の能力・知識・熟練・人材」伊丹敬之・藤本隆宏・岡崎哲二・伊藤秀史・沼上幹編［2006］『日本の企業システム〈第II期第4巻〉—— 組織能力・知識・人材』有斐閣。

遠藤功［2005］『現場力を鍛える —— 「強い現場」をつくる7つの条件』東洋経済新報社。

ジョン・コッター (John Paul Kotter)、ダン・S・コーエン (Dean S. Cohen) 著、高遠裕子訳［2007］『ジョン・コッターの企業変革ノート』日経BP社。

ジョン・コッター (John Paul Kotter) 著、梅津祐良訳［2007］『企業変革力 —— Leading Change』日経BP社。

野中郁次郎「日本企業の綜合力 —— 知識ベース企業のコア・ケイパビリティ」伊丹敬之・藤本隆宏・岡崎哲二・伊藤秀史・沼上幹編［2006］『日本の企業システム〈第II期第4巻〉—— 組織能力・知識・人材』有斐閣。

NTTデータ・NTTデータ経営研究所著、国領二郎監修［2004］『ITケイパビリティ』日経BP企画。

平野雅章［2007］『IT投資で伸びる会社、沈む会社』日本経済新聞出版社。

岸真理子・相原憲一［2004］『情報技術を活かす組織能力 —— ITケイパビリティの事例研究』中央経済社。

ジェイ・B・バーニー (Jay B. Barney) 著、岡田正大訳［2001］「リソース・ベースト・ビュー —— ポジショニング重視かケイパビリティ重視か」DIAMOND ハーバード・ビジネス・レビュー 2001年5月号、ダイヤモンド社。

ロバート・M・グラント (Robert M. Grant) 著、加瀬公夫訳［2008］『グラント現代戦略分析』中央経済社。

森川信男［2006］『コンピュータとコミュニケーション —— 情報ネットワーク化時代の情報革新』学文社。

根来龍之監修、早稲田大学IT戦略研究所編［2005］『デジタル時代の経営戦略』メディアセレクト。

ゲイリー・L・ネルソン (Gary L. Neilson)、カーラ・L・マーティン (Karla L. Martin)、

エリザベス・パワーズ（Elizabeth Powers）著、編集部編（2008）「戦略実行力の本質──報酬制度や組織構造を変えても効果は薄い」DIAMOND ハーバード・ビジネス・レビュー2008年9月号、ダイヤモンド社。
国領二郎・野中郁次郎・片岡雅憲［2003］『ネットワーク社会の知識経営』NTT出版。
伊藤秀史・沼上幹・田中一弘・軽部大編［2008］『現代の経営理論』有斐閣。
ジョセフ・ポイエット（Joseph Boyett）&ジミー・ポイエット（Jimmie Boyett）著、金井壽宏監訳、大川修二訳［2002］『経営革命大全』日本経済新聞社。
エドガー・H・シャイン（Edgar H. Schein）著、飯岡美紀訳［2003］「学習の心理学──不安感が学ぶ意欲を駆り立てる」DIAMOND ハーバード・ビジネス・レビュー2003年3月号、ダイヤモンド社。
デイビッド・A・ガービン（David A. Garvin）、エイミー・C・エドモンドソン（Amy C. Edmondson）、フランチェスカ・ジーノ（Francesca Gino）著、鈴木泰雄訳［2008］『学習する組織の成熟度診断法──環境、プロセス、リーダー行動から判定する』DIAMOND ハーバード・ビジネス・レビュー2008年8月号、ダイヤモンド社。
ドナルド・A・マーチャンド［2003］「情報操作という深い闇」FINANCIAL TIMES編、日経情報ストラテジー監訳『リーダーシップ革命──人と組織を変える24の鉄則』第5章、日経BP社、pp. 234-245。
橋本輝彦・岩谷昌樹編著［2008］『組織能力と企業経営─戦略・技術・組織へのアプローチ』晃洋書房。
池田辰雄（元日本高周波鋼業代取社長）［2007］「製造業の現場力」資料。
伊丹敬之・西野和美［2004］『ケースブック経営戦略の論理』日本経済新聞社。
原田保［2004］『組織能力革命──持続的競争優位の戦略モデル』同友館。
石川伊吹［2006］「資源ベースの戦略論における競争優位の源泉と企業化の役割」『立命館経営学』第45巻第4号（http://www.ritsbagakkai.jp/pdf/454_12.pdf）。
コンスタンス・ヘルファット（Constance Helfat）、デビッド・ティース（David Teece）、マーガレット・ペトラフ（Margaret Petraf）著、谷口和弘・蜂須旭・川西章弘訳［2010］『ダイナミック・ケイパビリティ──組織の戦略変化』勁草書房。
湯浅忠［2011］「企業変革のダイナミックケイパビリティと情報活用の考察」2011年日本情報経営学会第62回春季大会予稿集。
三菱商事（参照：http://www.mitsubishicorp.com/jp/ja/about/profile/）。
リクルート（参考：http://www.recruit.jp/company/index.html）。
日経ビジネス「商社は世界で勝てるか」日経ビジネス2010年10月25日号、日経BP社。
日経ビジネス「不滅の永続企業」日経ビジネス2009年10月12日号、日経BP社。

結 章

本書のまとめと論じた新規性と有意性

本書のまとめ

　本書の目的は、企業の持続的成長は企業変革が命題であるとして、その方向性と牽引機能、推進機能による実践過程を明らかにすることであった。経営者やリーダーに直言したい要旨は、現下の企業変革とは、絶え間ない変革や改善が必要であり、それは多様性、総合性・統合性、機能性の要件を論理と感性の両輪によって人や組織を動かすと言うことである。企業変革の方向性は、変革体質の素地づくり、イノベーションの創発、組織能力の強化・拡大の三つを指摘している。その実践過程では、初期設定として牽引機能と推進機能であり、牽引機能はリーダーシップと情報技術の活用、推進機能は四つの推進要因と推進基盤から構成されている。企業変革の方向性と牽引機能や推進機能の相互作用による実践や形成のステップは、論理の構造部と人間の感性による次の過程を通して進めることである。

(1) SNS時代の企業変革を進める推進基盤は、企業環境や企業独自の要件に即した戦略的企業情報システムを構築することであり、そのシステム要件として企業環境と独自の多様な経営課題に経営資源を適合化させる業務要件を定義することである。ビジネスシステムを包摂する情

報処理システムは、基幹業務を標準化して定型的な処理方式と、もう一つは、変化への多様な対応性、運用の柔軟性、稼働の迅速性に応える非定型的な処理方式を実施した二つのシステム構造を共存させることである。前者をオペレーショナルシステム、後者をプロフェッショナルシステムとし、その分類基準は、対象業務の特性とシステム稼働の緊急性、及び運用従事者も選定基準によって分別する。このシステム構造では、変革要件からデータ・マネジメントの定義と情報を一元化する規程と機能が必要であり、システム稼働の迅速性と変更容易性の特長を持っている。

(2) 企業変革の方向性として素地づくりとは、その意識改革や組織能力によってビジネスシステムの進化であり、その実践過程を明らかにしている。企業変革は、人や組織の意識改革をすすめることから始め、次に牽引機能のリーダーシップと情報技術の活用のもとで、推進機能の四つの推進要因や推進基盤の支援を受けて、人や組織が日常的な業務活動をすることである。四つの推進要因は、経営者の戦略的意図、コミュニケーション（情報活用）の強化、業務活動の活動指針、そして「場」の論理と感性の状況対応力であり、推進基盤は戦略的企業情報システムである。また四つの推進要因は、①戦略的意図として価値共有、情報・ナレッジ共有、自律化・プロフェッショナル化、②コミュニケーションとして、情報活用と一体化し、人・組織と業務活動を結び付ける肝的機能、③業務活動の活動指針として、システム思考、学習思考、合意思考の規範的な活動基準、④「場」の状況対応力として、「論理的な手法」と「感情的な作法」の相補性の運用であり、それぞれの要因と因子である。

企業変革の素地づくりは、ビジネスシステムの進化となって発現するが、外部の市場適合と内部の経営資源のインターフェース機能の適合として、実践過程について三つの類型が考えられる。一番目は、論理的な手法を中心とするビジネスシステムの進化、二番目は、人間属性の影響力の強い課題にはコミュニケーションや感情的な作法を重視して進めていく、三番目は、利害関係の対立が企業間や企業内の部門間に及ぶ解決には、その利害について可視化によって協議を重ね、調整と譲歩の合意

形成を図っていく方法の、3類型である。
(3)「イノベーション」の創発の方向性に対する実践過程を明らかにしている。イノベーションは、時代背景とともに進化、適用分野、特性・形態が変容しており、プロダクト、プロセス、ビジネスプロセスへと拡張・発展している。特に市場・消費者目線によるバリュー・チェーンのビジネスプロセスイノベーションは、市場環境の変化と内部経営資源の適合に関して、戦略、人・組織の再設計、戦略分野の選択、業務設計と技術設計の摺り合わせが大切である。さらにイノベーションは業務プロセスの合理化・効率化のためとインターフェース機能の強化だけでなく、多様化に伴って、人間系の生活スタイルや感動づくりのことづくり化のイノベーション、さらに社会的課題に応えるイノベーションとして多様な形態に発展している。
(4)「組織能力」の強化・拡大の方向性に対する実践過程を明らかにしている。企業変革は、現在の変化とスピードや将来の不確実性に対して、戦略策定や人・組織など経営資源の創造・変更・修正に対応していく、見直しや再設計の組織能力が必要である。組織能力は、顕在的な企業能力だけでなく、人や組織の深層に潜在している、経験や知識、業務ノウハウや現場の技などがあり、その共有化と活用が十分なされていない。実践過程では、経営層は、組織能力の強化・拡大の活用と醸成に対して、リーダーシップと情報技術の活用によって潜在する知識や経験を顕在化させ汎用化させる環境づくりをする。また現場層では、自律化・プロフェッショナル化の意識を浸透させて、新しい分野や新しいスキルでもって、挑戦する組織風土を作ることである。また企画部門と現場層が協働して策定を行い、その実践過程では、中間評価やその修正計画を策定するなど両者の見届け責任を共有化することである。

本書で論じた新規性と有意性

　本書で論じた新規性と有意性は、論点や提示した内容に、共通した推進基盤と三つの企業変革の方向性から整理すると次の通りである。

第一に共通の推進基盤は、SNS時代の企業環境に即した戦略的企業情報システムの構築であり、従来の手続き型の構築手法から、定型型と柔軟型の二つのシステム構造の共存を提示している。新規性は、異なるシステム構造を共存させ、業務処理と情報処理に定型性と柔軟性の二つのシステム実装を可能にしたことである。データの独立と情報の一元化の要件は、それぞれのデータベースの統合化と情報規程の一元化であり、追加機能によって運用を行うこととする。また有意性は、後者のシステムの迅速な開発と早期システムの稼働であり、それは業務要件の不確実性や変更の多頻度に対するシステム技法として利点をもっている。

　第二に企業変革の方向性である素地づくりは、牽引機能と推進機能の相互作用によって、人や組織は、意識改革の徹底と危機認識や行動様式を改めることである。企業変革の方向性の枠組みは、牽引と推進の機能化を促すものであり、外部環境と内部の経営資源の適合を進め、斬新的なビジネスシステムの進化として成果を上げることである。新規性は、業務活動がすべて論理的手法によって処理されるには限界があり、「場」の状況対応的な場面に感情的な作法を補足させることと、もう一つは業務プロセスの変革に関して利害が発生する課題について合意形成型の手法を主張している点である。優位性は二つの特徴が実践的な変革を納得性と可視化によって円滑に進めることである。前者の相補性は、「場」の状況対応力として説明性と納得性を持ち、後者の合意形成型は、利害関係者の利害に関する対立を可視化によって調整と譲歩を進めることである。いずれも前向きな企業変革の展開に有意と言える。特に、他部門や企業間の利害関係では、ビジネスルールや業務ルールの争点を明らかにし、双方が合意するソリューションに至る。

　第三に、「イノベーション」の創発は、最も重要視されている企業変革としてその実践過程を明らかにするものである。イノベーションは、その適用分野が、技術的な単独要素から他の部門や企業との連携や協働化に拡がり、機能面では多くの要素技術を整合化と統合化することである。イノベーションは、情報技術の活用による直接的機能や支援的機能があり、その適用範囲は広範囲化に拡がり、特にビジネスプロセスイノベーションは、全ての利害関係者と業務プロセスの機能連携を可能にしている。また生活スタイルと感

覚的機能の融合の視点から、ことづくりや感動づくりの新しい価値創造へさらに社会的な課題のソリューションとして発展している。新規性は、ノベーションの源泉として自由闊達な組織風土づくりを強化することである。それは論理と感性から自己実現を図り、過去の成功にこだわらない、形式主義や短期的な数値評価をしない、実質や実態を重んじ、自己の自律化や責任感の意識改革を進めることである。短期的な有意性は、情報技術の活用による適用範囲の拡大化と機能強化を行い、市場開拓、製品・サービスの多角化、パートナーとの連携機能を進め、対内的には有形資産のムリ・ムダの削減を進めることである。長期的には、人間系の感覚的な部分に入り込み、さらに社会的な課題解釈に取り組むことである。

　第四に、「組織能力」の強化・拡大は見えない資産形成の実践過程を明らかにしたものである。組織能力は、人や組織が持つ思考能力、表現能力、実行能力としての集合的なスキル、専門知識、経験、コミュニケーション力である。そうした強化・拡大とは、組織体の自律的な組織満足、個人の自己満足と自己実現である。その実践過程は、有形・無形の経営資源の調達と運用を行う業務活動であり、効率と品質を向上させ戦略の創造、修正、追加など思考や表現による策定能力と実行能力である。業務活動は、策定能力の源泉として情報・知識・経験から行われ、実行能力の価値生産は、策定能力にシステム化能力を付加したものである。両者に共通的な価値創造は、策定能力と実行能力の創造力であり、それを支えるコミュニケーション（情報活用）能力から生まれている。新規性は、組織能力として、迅速性やコミュニケーション（情報活用）能力と論理と感性による相補的な状況対応力を基本的な戦略と現場力に任せて実践することである。有意性は、相補的な二面性の実践が業務プロセスでの協調性や全体的な最適化を追及する優位性を指摘している。経営層は、現場層の情報・知識の共有と自律性による自己実現の活動を支援し、コミュニケーションの環境づくりや機会を持つことである。また背景にある異文化経営の壁である民族、社会、文化の早急な融合化や標準化は、不可能に近い課題である。さらに2013年のWBCベースボールで記憶に新しいサインによる戦略指示は残念ながら失敗に終わったが、「行けたらいけ！」は基本的な戦略とセオリーを共有して現場側が最終判断を下す、こ

れが組織能力の将来像を示している。

　最後に、今経済社会は、慣れ親しんできた多くの分野の制度疲労が見られ、またSNS時代の企業環境は、市場の急激な変化や業界秩序の崩壊によって、オペレーションのパラダイムチェンジが進んでいる。従来の資本主義の経済原理が大きく変わろうとしていることをまず認識しなければならない。企業変革は、人間本位の企業経営と持続的成長を続けるために、本書で設定したその方向性に従って、経営層、現場層が一体となって企業変革に取り組むことである。それは日常の素地づくりを積み重ね、イノベーションの創発、組織能力を強化・拡大することであり、人間の持つ論理性と人間固有の感覚性の両面から実践していくことが基本であるといえる。さらに企業変革の文脈は、人を得て組織が動き、企業環境や幾多の偶然と時勢が後押しして結果を出すことである。

【著者略歴】

湯浅　忠（ゆあさ・ただし）

学歴：　1968 年　福井大学工学部応用物理学科卒業
　　　　2002 年　関西学院大学大学院商学研究科博士課程前期課程修了
　　　　　　　　修士（経営学）、MBA（ビジネス情報、経営学）

職歴：　**実務歴**
　　　　日本アイビーエム株式会社
　　　　神戸支店長、本社ワークステーション営業部長、GF 事業本部西日本営業部長歴任
　　　　1996 年　日本ビジネスコンピュータ株式会社西日本事業部取締役事業部長歴任
　　　　2001 年　ビジネスブレイン太田昭和主管コンサルタント

　　　　教員歴
　　　　2005 年〜 2012 年　大阪市立大学大学院創造都市研究科都市ビジネス専攻システム
　　　　　　ソリューション研究分野　準教授　担当科目：経営学概論、IT マネジメ
　　　　　　ント、企業経営分析、修論指導
　　　　現在　同上　非常勤講師
　　　　同志社女子大学現代社会学部／同大学院嘱託講師：ネットビジネス論、国際情報シ
　　　　ステム特論

　　　　所属学会：工業経営研究学会、経営情報学会、日本情報経営学会、創造都市研究

　　　　書籍出版歴
　　　　単著『経営を活かす情報環とコミュニケーション』[2009] 大阪公立大学出版会。
　　　　共著『中堅企業のための戦略的 IT 投資マネジメントのバイブル』[2009]（財）関
　　　　　　西情報・産業活性化センター。
　　　　共著『これからの IT 投資』[2011]（財）関西情報・産業活性化センター。

SNS 時代の論理と感性による企業変革
イノベーションの創発と組織能力の強化・拡大

2013 年 6 月 20 日初版第一刷発行

著　者　湯浅　忠

発行者　田中きく代
発行所　関西学院大学出版会
所在地　〒 662-0891
　　　　兵庫県西宮市上ケ原一番町 1-155
電　話　0798-53-7002

印　刷　株式会社クイックス

©2013 Tadashi Yuasa
Printed in Japan by Kwansei Gakuin University Press
ISBN 978-4-86283-132-3
乱丁・落丁本はお取り替えいたします。
本書の全部または一部を無断で複写・複製することを禁じます。
http://www.kwansei.ac.jp/press